Thomas Vašek

PHILOSOPHIE!

Die 101 wichtigsten Fragen

Thomas Vašek

PHILOSOPHIE!

Die 101 wichtigsten Fragen

Geist & Erkenntnis

Mensch & Beziehung 92

Ethik & Moral

Gesellschaft & Politik 222

Geist & Erkenntnis

Wie wirklich ist die Wirklichkeit?

Stellen Sie sich vor, Sie sitzen in einem Café und schauen sich um. Die Tische und Stühle, die Gäste, die Kellner – alles erscheint Ihnen vollkommen real. Aber woher wissen Sie, dass Sie nicht alles nur träumen? Was macht Sie so sicher, dass außerhalb Ihres eigenen Bewusstseins überhaupt etwas existiert? Und wer oder was ist dieses „Ich", das die Szene im Café beobachtet? Seit Jahrtausenden denken die Philosophen über den menschlichen Geist und die Grenzen unserer Erkenntnis nach. Ihre Theorien lassen uns die Realität mit anderen Augen sehen.

Ich

Was ist das Ich?

Existiert es überhaupt oder ist nur Einbildung?
Viele moderne Philosophen halten das Ich für eine
nützliche Fiktion.

Künstler haben sich
seit jeher selbst
porträtiert und sich
dabei mit dem inneren und äußeren
Bild ihres Ich auseinandergesetzt.
(Gustave Courbet,
„Selbstporträt/Der
Verzweifelte", um
1843)

Das Wort „ich" verwenden wir im Deutschen ständig: „Ich glaube", „Ich hoffe", „Ich tue dies oder das". Mit dem Wort „ich" beziehen wir uns zum einen auf uns selbst als Subjekt. Zugleich benutzen wir das Wort aber auch als Substantiv, wir sprechen vom „Ich", als gäbe es eine solche Entität wirklich. Zwar beschäftigten sich schon die antiken Philosophen mit Fragen der Selbsterkenntnis. Doch die Vorstellung von einem „Ich" hat sich erst in der Moderne entwickelt. Sie ist untrennbar verbunden mit dem Namen des französischen Philosophen René Descartes (1596–1650) – und dem vielleicht berühmtesten Schluss der Philosophiegeschichte: *„Cogito ergo sum* – ich denke, also bin ich." Die Überlegung von Descartes beginnt mit der Frage, worüber wir überhaupt sicheres Wissen haben können. Ein geschickter Betrüger könnte uns schließlich alles Mögliche vorgaukeln – wie in einem Traum. Doch in einem Punkt kann uns dieser Betrüger nicht täuschen, nämlich darin, „dass ich nicht sei, solange ich denke, ich sei etwas". Was denkt, das muss auch existieren. Wie Descartes zeigt, können wir uns alles wegdenken, nur eines nicht: das Denken selbst. Das Ich ist also eine rein geistige Substanz, ein „denkendes Ding" (*res cogitans*), das sogar ohne den Körper existieren kann. Der schottische Philosoph David Hume (1711–1776) vertrat die

Indem sich das Mädchen in der
Schule meldet, ruft es gleichsam
„Ich". Unser Ich ist nicht nur ein
passiver Zuschauer. Es nimmt teil
an der Welt. Wenn wir die Hand
heben, dann wissen wir, dass wir
selbst es sind und nicht jemand
anderer.

gegenteilige Position. Im Unterschied zu Descartes, der an die Möglichkeit reiner Vernunfterkenntnisse glaubte, war Hume der Auffassung, dass sich alle Erkenntnis auf Erfahrung stützen muss. Wir beobachten jedoch kein Ich, sondern nur eine Abfolge von Wahrnehmungen und Denkakten, die nach Hume keinen Träger voraussetzen. Was wir für unser Ich halten, das sei nichts anderes als ein „Bündel von verschiedenen Perzeptionen, das durch gewisse Beziehun-

gen zur Einheit verbunden ist". Die Idee eines beständigen Ich, einer geistigen Substanz, sei also eine Fiktion. An Humes Theorie knüpfte auch Immanuel Kant in seiner Erkenntnistheorie an. Ihm zufolge ist das Ich schlicht das, was Gedanken in einem Bewusstsein vereinigt. Jeder Gedanke bezieht sich auf etwas, er hat ein intentionales Objekt. Aber dann muss es auch ein Subjekt geben – einen „Denker", der diesen Gedanken denkt. „Das: Ich denke, muss alle meine Vorstellungen begleiten können." Dieses „transzendentale Ich" ist bei Kant jedoch keine geistige Substanz wie bei Descartes. Den Schluss von „Ich denke" auf ein „denkendes Ding" hielt er für unzulässig. Dieser Meinung war auch Friedrich Nietzsche (1844–1900), der ihn mit dem Schluss von einem „Tun" auf einen „Täter" verglich. In der Vorstellung eines „Ich" sah er bloß „grammatische Gewöhnung". Das Subjekt, das Ich, ist für ihn eine Fiktion, etwas „Hinzugedichtetes, Dahinter-Gestecktes". Wenn wir uns etwa im Spiegel betrachten, sehen wir nur einen Körper. Wir sehen kein „Ich".

Nach Ludwig Wittgenstein (1889–1951) unterliegen wir beim Gebrauch des Wortes „Ich" einer Täuschung: Wir verwenden das Wort, „um von etwas Körperlosem zu sprechen, das jedoch seinen Sitz in unserem Körper hat". Die Philosophin G. E. M. Anscombe (1919–2001), eine Schülerin Wittgensteins, meinte sogar, dass das Pronomen „ich" überhaupt keine Entität bezeichne. Wenn wir etwa von „Selbstbewusstsein" sprächen, dann meinten wir damit nicht das Bewusstsein eines „Ich", sondern einfach nur unser Wissen von unserem Körper. In eine ähnliche Richtung geht der US-Philosoph Daniel Dennett (* 1942). Aus seiner Sicht haben wir zwar den Eindruck, als würde vor unserem Bewusstsein ein Geschehen ablaufen – als wären wir der Zuschauer in einem „kartesianischen Theater". Und wir denken, dieser Zuschauer wäre das „Ich". Doch was wir für unser Ich halten, ist nur eine nützliche Fiktion, die uns hilft, uns gegen andere abzugrenzen. Das Ich ist für Dennett nichts als ein „narratives Gravitationszentrum" all jener Geschichten (Narrative), die wir als Menschen anderen – und uns selbst – darüber erzählen, wer wir sind. Ähnlich wie Spinnen Netze bauen, spinnen wir unsere Geschichten, um gleichsam unser „Revier" abzugrenzen. Das Ich sei zwar keine wirkliche Entität, aber dennoch ein sinnvoller Begriff, der eine Rolle in unseren Handlungserklärungen spielt. Heutige Hirnforscher gehen davon aus, dass das „Ich" letztlich auf Funktionen unseres Gehirns beruht. Dem schließen sich Philosophen wie der Deutsche Thomas Metzinger (* 1958) an. Seiner Meinung nach ist das „Ich" nichts anderes als ein evolutionär entstandenes Selbstmodell unseres Gehirns, das es Menschen erlaubt, sich als Ganzheit zu sehen. Metzinger beruft sich dabei auf neurowissenschaftliche Experimente wie etwa jenes, bei dem Probanden eine Gummihand nach einer gewissen Zeit als Teil ihres eigenen Körpers erleben. In einem sind sich die meisten Philosophen heute einig: Das „Ich" ist keine immaterielle geistige Substanz, wie man lange Zeit gedacht hatte. Aber auch wenn es eine Fiktion ist, so können wir doch nicht darauf verzichten.

„Das Ich setzt sich selbst, und es ist, vermöge dieses Setzens durch sich selbst."

JOHANN GOTTLIEB FICHTE
Grundlage der gesamten Wissenschaftslehre, 1794

Der mythische Jüngling Narziss verliebte sich in sein Spiegelbild. Nach ihm ist die Eigenschaft benannt, sich übermäßig auf das eigene Ich zu konzentrieren und darüber andere zu vernachlässigen. (John William Waterhouse, „Echo und Narziss", 1903)

siehe auch: **Existenz**, *Seite 114* • **Selbsterkenntnis**, *Seite 166*   13

Bewusstsein

Wie fühlen sich Farben an?

Was ist eigentlich Bewusstsein? Wie kommen subjektive Erfahrungen zustande? Und warum fühlt sich die Welt für uns überhaupt nach etwas an?

Halten Sie einen Augenblick lang inne und lauschen Sie in sich hinein. Gerade lesen Sie in diesem Buch, Sie spüren das Papier unter diesen Fingern, Sie sehen schwarze Buchstaben. Vielleicht schießen Ihnen Gedanken durch den Kopf, vielleicht fühlen Sie sich müde oder angestrengt, vielleicht ist Ihnen warm oder kalt, Sie nehmen Gerüche und Farben wahr. All das passiert gerade in Ihrem Inneren – und nur dort.

Von Farbempfindungen bis zu Zahnschmerzen – wir erleben die Welt auf bestimmte Weise, sie fühlt sich für uns nach etwas an. Dieses „Sich-nach-etwas-Anfühlen" ist es, was wir gemeinhin unter „Bewusstsein" verstehen. Ein Tisch hat kein Bewusstsein. Ein Computer (bislang) auch nicht: Zwar kann er sagenhaft schnell rechnen, aber die Welt fühlt sich für ihn nach nichts an. In seinem Inneren ist es dunkel. Unter Bewusstsein verstehen Philosophen innere, qualitative und subjektive Zustände. Ohne Bewusstsein gibt es keine Wahrnehmung und keine Emotionen im gewöhnlichen Sinn. Aber was ist Bewusstsein? Und wie entsteht es? Wie kann ein physikalisches System wie das Gehirn überhaupt subjektive Erfahrungen produzieren?

Für den australischen Philosophen David Chalmers (* 1966) liegt darin der „schwierige Teil" des sogenannten Leib-Seele-Problems, mit dem sich die Denker seit Jahrhunderten herumschlagen – also der Frage, wie Materie und Geist überhaupt miteinander interagieren können. Zwar wissen wir heute immer mehr darüber, wie unser Gehirn Informationen verarbeitet und wie geistige und psychische Vorgänge entstehen. Aber wir wissen nicht, wie Bewusstsein zustande kommt, warum sich die Welt für uns also überhaupt nach etwas anfühlt. Das Problem des Bewusstseins ist ein Problem der Subjektivität. Im Unterschied zu „objektiven" körperlichen Merkmalen lassen sich subjektive Erfahrungen nämlich nicht messen. Jeder von uns kann nur von sich selbst mit Gewissheit sagen, dass er Bewusstsein hat. Zwar können wir annehmen, dass auch andere Menschen, die sich ähnlich verhalten

Ohne Bewusstsein wüssten wir zum Beispiel nicht, wie sich Farben anfühlen. Es gäbe keine subjektiven Erfahrungen. Was wir erleben, hätte kein Qualität.

wie wir, über Bewusstsein verfügen. Aber wir können es nicht wissen. Es könnte sich auch um Zombies im philosophischen Sinn handeln, also um hypothetische Wesen, die uns physikalisch in jeder Hinsicht gleichen, aber eben keine subjektiven Erfahrungen machen. Bewusstsein ist „ontologisch subjektiv", sagt der US-Philosoph John Searle (* 1932): Es existiert nur für uns selbst, für niemanden sonst.

Heute geht man weithin davon aus, dass Bewusstsein aus neurophysiologischen Prozessen entsteht, auch wenn man diese Prozesse noch nicht genau kennt. Hirnforscher verfolgen heute verschiedene Ansätze, das Rätsel zu lösen. So suchen sie etwa mit dem Hirnscanner nach „neuronalen Korrelaten", also nach Aktivierungsmustern im Gehirn, die mit Bewusstseinsvorgängen einhergehen.

Viele Philosophen vertreten allerdings die Ansicht, dass Bewusstsein nicht auf neuronale Vorgänge im Gehirn reduziert werden kann. Selbst wenn wir wissen, welche Hirnprozesse Bewusstsein hervorbringen, erkläre das noch nicht, wie subjektives Erleben entsteht. Der US-Philosoph Thomas Nagel (* 1937) stellte dazu einmal ein berühmtes Gedankenexperiment an, in dem er die Frage stellte, wie es sei, eine Fledermaus zu sein. Stellen wir uns vor, wir wüssten alles, was im Gehirn einer Fledermaus passiert, also zum Beispiel, wie sich Fledermäuse im Dunkeln orientieren. Trotzdem wüssten wir nicht, wie es sich anfühlt, eine Fledermaus zu sein

„*Nur das Bewusstsein kann fernstehende Existenzen zu ein und derselben Person vereinigen.*"

JOHN LOCKE
Versuch über den menschlichen Verstand, 1690

– und zwar aus einem ebenso einfachen wie schlagenden Grund: Wir sind eben keine Fledermäuse. Daher können wir auch niemals wissen, wie es für eine Fledermaus ist, eine Fledermaus zu sein.

Die meisten Philosophen und Neurowissenschaftler halten das Rätsel des Bewusstseins für eines der größten ungelösten Probleme unserer Zeit. Einige Denker weigern sich allerdings, überhaupt ein Problem darin zu sehen. Bewusstsein beruht auf einem biologischen Phänomen wie die Verdauung, meint Searle. Für ihn ist Bewusstsein nichts weiter als eine Eigenschaft des Gehirns, wie es eine Eigenschaft von Wasser ist, flüssig zu sein. Und irgendwann würden die Neurowissenschaftler herausfinden, wie das Bewusstsein genau funktioniere, so wie sie auch den Verdauungsapparat entschlüsselt haben. Aber selbst wenn Bewusstsein nur eine Eigenschaft des Gehirns ist: Das erklärt noch lange nicht, warum sich die Welt für Sie so anfühlt, wie sie sich anfühlt – und warum sie sich für Sie anders anfühlt als für einen anderen Menschen.

Seit Jahrhunderten versucht man, geistige Fähigkeiten in bestimmten Hirnregionen zu lokalisieren, wie in der Abbildung zu der Abhandlung „De triplici animae in corpore visione" (1619) des britischen Philosophen und Mediziners Robert Fludd. Doch den Sitz des Bewusstseins hat man bis heute nicht gefunden.

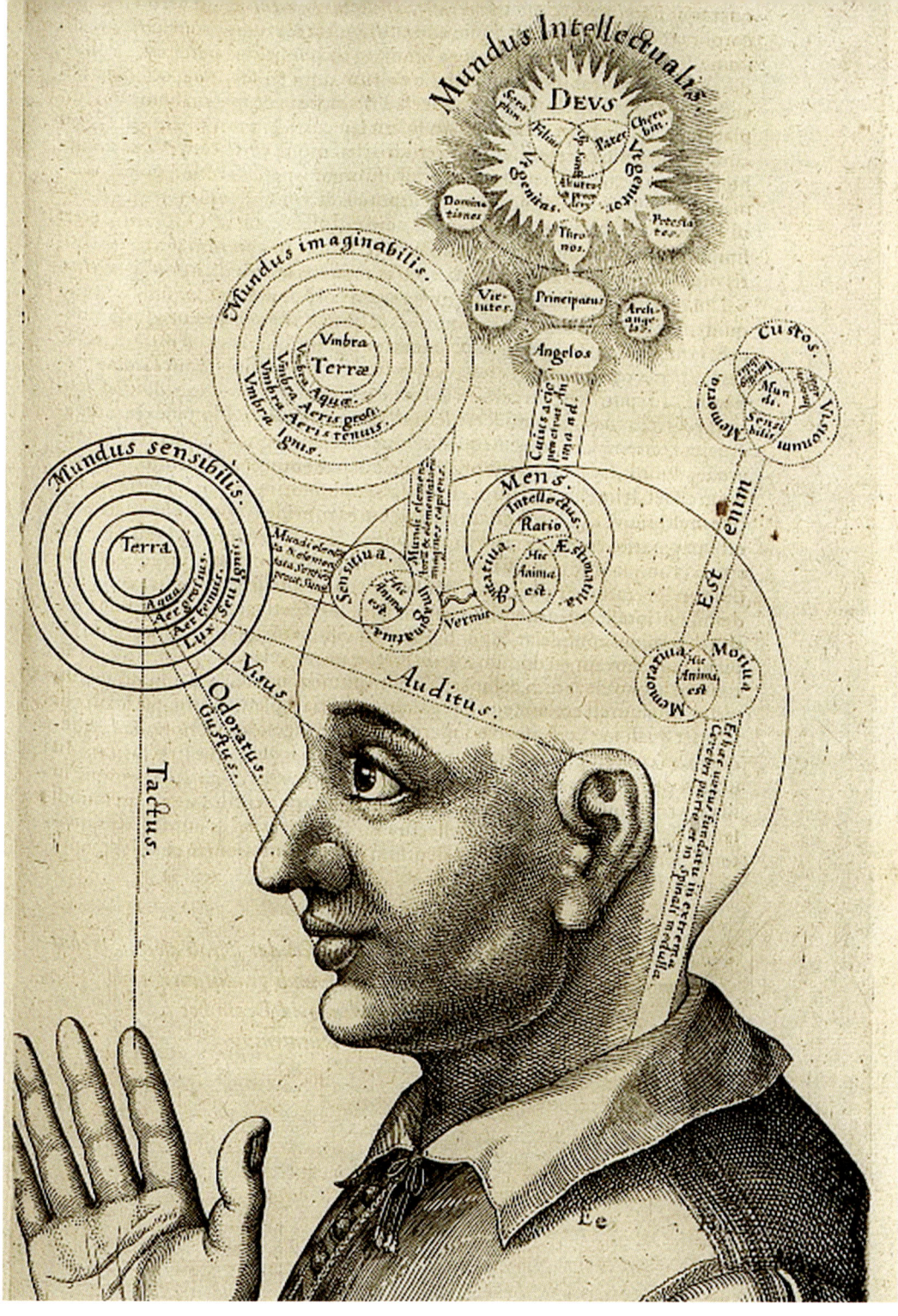

17

Wahrnehmung

Kann man seinen Augen trauen?

Wir können gar nicht anders, als dem zu vertrauen, was wir sehen. Für Philosophen ist dies aber gar nicht so selbstverständlich. Vielleicht sieht die Welt ganz anders aus, als wir sie sehen.

Optische Täuschungen führen uns vor Augen, dass die Realität nicht immer so ist, wie sie uns erscheint. Mit unseren Sinnen allein können wir die Wirklichkeit nicht erkennen.

Unsere Sinne sind unser Zugang zur Welt. Wir nehmen etwas wahr, indem wir es sehen, riechen, schmecken, hören oder fühlen. Ohne sinnliche Wahrnehmung wären wir völlig isoliert, könnten keinen Kontakt zu Gegenständen und Personen herstellen. Wahrnehmen bedeutet aber nicht nur, etwas zu bemerken, sondern auch, es für „wahr" zu halten und unsere Konsequenzen daraus zu ziehen: Wir sehen das grüne Signal der Ampel und gehen los, weil wir unseren Sinnen vertrauen. Wir sind – jedenfalls im Normalfall – davon überzeugt, dass unser Eindruck ein Abbild der Realität ist.

Philosophen haben sich seit jeher darüber gestritten, wie Sinneswahrnehmung und Wirklichkeit miteinander zusammenhängen. Denn Wahrnehmung scheint einerseits sehr subjektiv und anfällig für Täuschungen zu sein, andererseits spricht vieles dafür, dass unsere sinnlichen Eindrücke von irgendetwas Objektivem verursacht werden. Schon in der Antike fiel dem Philosophen Demokrit (460/459– frühes 4. Jh. v. Chr.)auf, dass das, was wir wahrnehmen, nicht die ganze Wahrheit ist. Wir können etwas nur oberflächlich erfassen, nicht aber seine innerste Struktur. „Nur scheinbar hat ein Ding eine Farbe, nur scheinbar ist es süß oder bitter; in Wirklichkeit gibt es nur Atome im leeren Raum", so Demokrit. Die Sinne

sind also dem Denken unterlegen. Schließlich können sie uns über die wahre Realität täuschen, man denke nur an Halluzinationen. Platon (428/427–348/347 v. Chr.) teilt diese Ansicht und empfiehlt, sich möglichst weit von den trügerischen Sinneseindrücken zu entfernen, um im reinen Denken der Wahrheit näherzukommen. Dieser Gedanke wurde im 17. Jahrhundert von Rationalisten wie René Descartes (1596–1650) aufgegriffen, der die Erhabenheit des Denkens über die Sinneswahrnehmungen postuliert. Die Gegenposition dazu wird von den Empiristen wie John Locke (1632–1704), Francis Bacon (1561–1626) oder George Berkeley (1685–1753) vertreten. Sie sind davon überzeugt, dass alles Wissen aus der Wahrnehmung stammt. „Sein heißt wahrgenommen werden" (lateinisch: *esse est percipi*), lautet eine berühmte These Berkeleys, die besagt, dass die Existenz von etwas unmittelbar davon abhängt, dass es wahrgenommen wird. Immanuel Kant (1724–1804) wiederum versuchte, Verstand und Wahrnehmung zu versöhnen.

Gregor Wosik
Marion Ruthardt

„Nichts ist im Verstand, das nicht vorher in den Sinnen war."

JOHN LOCKE
Ein Versuch über den menschlichen Verstand, 1690

Seine These lautete: „Gedanken ohne Inhalt sind leer, Anschauungen ohne Begriffe sind blind." Das soll heißen: Nur wenn Wahrnehmung und Verstand zusammenarbeiten, kommt etwas Sinnvolles dabei heraus. Kant wies außerdem darauf hin, dass wir gar nicht anders können, als uns die Welt durch die Brille unserer Wahrnehmung zu erschließen. Somit sei es uns völlig unmöglich, unseren subjektiven Standpunkt zu verlassen. Wir können und müssen uns also auf unsere Sinne verlassen, weil wir gar keine andere Wahl haben. Trotzdem sind die Dinge manchmal anders, als sie auf den ersten Blick erscheinen. Es lohnt sich also, sie zu hinterfragen. Wir könnten überrascht werden.

siehe auch: Wirklichkeit, Seite 24 • Begriff, Seite 28 • Wahrheit, Seite 38 • Einbildung, Seite 60

Sein

Was ist?

Antike Ruinen und Kunstwerke sind Sinnbilder für Wandel und Vergehen, für unsere Geschichtlichkeit. Nach Heidegger zeigt sich das Sein heute anders als für die alten Römer und Griechen.

Was bedeutet „Sein"? Gibt es das Sein überhaupt oder handelt es sich um ein philosophisches Scheinproblem? Seit Jahrtausenden streiten die Philosophen über die Frage, was es heißt, dass etwas „ist".

Der Ball *ist* rot, heute *ist* Samstag, ein Mensch *ist*. Das Wort „ist" verwenden wir im Alltag ständig, ohne viel darüber nachzudenken. Aber was heißt es, dass etwas „ist"? Was ist „sein" überhaupt? Das Wort (griechisch: *einai*, lateinisch: *esse*) gehört zu den grundlegenden Begriffen der Philosophiegeschichte. Doch bis heute streiten die Philosophen darüber, was er bedeutet – und ob man darüber überhaupt sinnvoll sprechen kann. Einig ist man sich allenfalls darüber, dass das Sein weder selbst ein Seiendes ist noch eine Eigenschaft.

Die Frage nach dem Sein entzweite schon die alten Griechen. Die vorsokratischen Philosophen, vor allem Parmenides (um 520/515–um 460/455 v. Chr.), verstanden das Sein als innere Einheit alles Seienden. Nichtseiendes hielten sie für gar nicht denkbar und daher unmöglich. Für Platon (428/427–348/347 v. Chr.) hingegen kommt wahres Sein nur den raum- und zeitlosen „Ideen" zu, während die Gegenstände der sinnlichen Welt nur Abbilder dieser Ideen sind, die an deren Sein teilhaben. Die Existenz eines roten Dings besteht für Platon also in der Teilhabe an der Idee der Röte.

Erst Platons Schüler Aristoteles (384–322 v. Chr.) fragte nach dem wesensmäßigen Sein der Einzeldinge. In seiner „Metaphysik" machte er als Erster das „Seiende als Seiendes" zum Gegenstand der Untersuchung und begründete damit die philosophische Disziplin der Ontologie. Wie Aristoteles erkannte, gebrauchen wir den Begriff „Sein" auf vielfältige Weise. So sagen wir etwa, dass ein Gegenstand rot oder groß ist, dass er also eine bestimmte Qualität oder Quantität hat, dass er an einem bestimmten Ort oder zu einer bestimmten Zeit existiert. Doch diese Bestimmungen sagen uns nicht, was dieser Gegenstand ist. Wenn wir angeben wollen, dass etwas ein Ball ist, dann nennen wir ihn „Ball" und nicht „rot" oder „groß.". Das primär Seiende eines Einzeldings ist dieses „Was", seine Substanz oder Wesenheit (griechisch: *ousia*). Die Substanz eines Balls ist der Ball und nicht seine Farbe oder Größe.

„Der Mensch ist nicht der Herr des Seienden. Der Mensch ist der Hirt des Seins."

Martin Heidegger
Brief über den Humanismus, 1946

Ein Ball bleibt nämlich ein Ball, unabhängig davon, ob er rot oder grün, klein oder groß ist. Das Sein fügt dem Seienden also nichts hinzu, sondern es ist schon in seinem Wesen, also der Substanz, enthalten.

Für den deutschen Philosophen Martin Heidegger (1889–1976) begann schon mit Platon eine katastrophale Fehlentwicklung. Die gesamte Metaphysik habe das Sein als ein Seiendes gedacht, als einen Gegenstand, der

Wir stehen der Welt nicht völlig fremd gegenüber. Wir haben ein Verständnis für sie; sie ergibt Sinn für uns. Zugleich stehen wir in einer Beziehung zu unserem eigenen Dasein in dieser Welt.

unserem Denken und Handeln gegenüberstehe. Die Frage nach dem „Sein" hingegen sei in Vergessenheit geraten, behauptete Heidegger in seinem 1927 erschienenen revolutionären Hauptwerk „Sein und Zeit". Er ging nun seinerseits daran, den Seinsbegriff der abendländischen Metaphysik radikal umzukrempeln. Das Sein selbst sei nichts Seiendes, keine Substanz oder Wesenheit. Zwischen Sein und Seiendem bestehe vielmehr ein Unterschied. Selbst wenn wir alle Eigenschaften eines Seienden kennten, sage uns das noch nichts über dessen Sein. Als Menschen besäßen wir allerdings ein vorgängiges Seinsverständnis, das nicht auf theoretischem Wissen beruhe, sondern auf unserem täglichen Umgang mit der Welt. Was

etwa ein Hammer ist, verstehen wir Heidegger zufolge nicht aufgrund einer begrifflichen Definition, sondern indem wir ihn dazu gebrauchen, einen Nagel einzuschlagen. Das Sein ist für Heidegger eine Art Verständnishorizont, in dem uns die Dinge begegnen. Es braucht daher das menschliche Dasein, und dieses wiederum braucht das Sein. Unser menschliches Dasein zeichnet sich dabei gegenüber allem anderen Seienden dadurch aus, dass es nicht nur in einer Beziehung zur Welt, sondern auch in einer Beziehung zum eigenen Sein steht. Wir können zwar nicht sagen, was das Wesen dieses Daseins ist, doch wir verstehen unser Sein, indem wir existieren, uns also auf unsere Möglichkeiten hin „entwerfen". In unser „eigentliches" Sein kommen wir dabei erst, wenn wir uns mit der Möglichkeit unserer Nichtexistenz, also mit der Endlichkeit unseres Daseins, konfrontieren. Die fundamentale Struktur unseres Daseins wird also bestimmt durch die Zeitlichkeit. Dies ist der Grundgedanke von „Sein und Zeit".

Das Sein selbst ist für Heidegger ebenfalls keine unveränderliche, ewige Wesenheit, keine Substanz oder Idee. Sein Wesen liegt vielmehr in seiner Geschichtlichkeit, die auch das menschliche Dasein bestimmt: Das Sein zeigt sich uns heute anders als den alten Griechen oder den Menschen des Mittelalters. In der „Seinsvergessenheit" sah Heidegger die Ursache für den Niedergang der modernen Welt. Einen „neuen Anfang" erhoffte er sich eine Zeit lang vom Nationalsozialismus. Als glühender NS-Revolutionär und Rektor der Universität Freiburg sah er in der Naziherrschaft die Chance einer geistigen Erneuerung. Doch Heideggers Seinsphilosophie ist nicht nur wegen der NS-Verstrickung des Denkers umstritten. Seine Gegner werfen ihm eine vernunftfeindliche, antihumanistische Tendenz vor: Wer alles dem Sein unterordnet, der verliert das Seiende – und damit den konkreten Menschen – leicht aus dem Blick.

siehe auch: Gott, *Seite 48* • Existenz, *Seite 114*

Wirklichkeit

Was ist real?

Wie wirklich ist die Wirklichkeit? Was existiert tatsächlich – und was erscheint uns nur so? Kann es sein, dass wir uns alles nur einbilden? Zumindest eins steht fest: Auf unsere Sinne allein können wir uns nicht verlassen.

Stellen Sie sich vor, Sie sehen eine Katze. Natürlich halten Sie die Katze für völlig real. Und doch könnte es sein, dass Sie schlicht einer Halluzination unterliegen, dass die Katze also gar nicht wirklich da ist. Schließlich unterscheidet sich eine Halluzination ja durch nichts von einer realen visuellen Wahrnehmung. Folglich können wir nie sicher sein, ob eine „Vorstellung", also ein Sinneseindruck, auch einem realen Gegenstand entspricht. Zur Wirklichkeit selbst haben wir keinen direkten Zugang. Der reale Gegenstand, das „Ding an sich", wie Kant es nannte, entzieht sich unserer Erkenntnis. Aber woher wissen wir dann, dass die Welt da draußen überhaupt existiert? Es könnte ja alles nur Einbildung sein. Ein einziger Traum. Eine Computersimulation.

Der irische Bischof und Sensualist George Berkeley (1685–1753) glaubte tatsächlich, dass die Welt nur in unserem Geist existiere. Dass da scheinbar eine Katze ist, bedeutet lediglich, dass die Katze „gesehen" wird, aber nicht, dass sie wirklich da ist. *Esse est percipi* („Sein heißt wahrgenommen werden"). Nach Berkeley ist es sogar unmöglich, dass Dinge außerhalb des Geistes existieren, der sie wahrnimmt oder sich vorstellt. Es gibt keinen Beweis, dass die Katze, die wir da sehen, real ist.

Tatsächlich „sehen" Menschen – etwa unter Drogeneinfluss – immer wieder Dinge, die gar nicht wirklich existieren. Einige heutige Philosophen aber glauben, dass auch solche Gegenstände existieren, allerdings in einem anderen, „ontologisch subjektiven" Sinn, nämlich nur für denjenigen, der diese Vorstellung hat. Wenn Sie also eine Katze halluzinieren, dann existiert diese Katze tatsächlich. Allerdings nur für Sie.

Auch eingebildete Gegenstände oder Situationen wie bei einer Halluzination oder in einem Traum sind in gewissem Sinne real – allerdings nur für uns (Hieronymus Bosch, „Der Garten der Lüste", um 1500).

siehe auch: Wahrheit, *Seite 38* • Einbildung, *Seite 60*

Nichts

Was ist etwas, das es nicht gibt?

Was ist das Nichts? Existiert es überhaupt? Oder lassen wir uns von der Sprache täuschen? Manche Philosophen halten das „Nichts" für einen leeren Begriff, andere für eine Grunderfahrung des menschlichen Daseins.

Beim „absoluten Nichts" denken wir meist an den Weltraum. Aber selbst der leere Raum zwischen den Himmelskörpern ist nicht das Nichts. Und sogar ein „Schwarzes Loch" ist „etwas".

Etwas taucht plötzlich „aus dem Nichts" auf. Jemand steht „vor dem Nichts". Und wenn etwas schlecht gelaufen ist, dann sagen wir: „Das war nichts." Im alltäglichen Sprachgebrauch haben wir mit dem Begriff „Nichts" offenbar keine Schwierigkeiten. Wir wissen, was gemeint ist, wenn wir etwa feststellen, dass wir „nichts" mehr im Kühlschrank haben.

Für Philosophen ist die Sache nicht so einfach. Manche verstehen unter dem Nichts einen Mangel an etwas, andere meinen das „absolute Nichts", also einen Zustand, in dem es überhaupt nichts gibt. Schon die alten Griechen fragten sich, ob dieses „absolute Nichts" überhaupt existiere. Der Philosoph Parmenides (um 520/515–um 460/455 v. Chr.) gab in seinem Lehrgedicht „Über die Natur" eine glasklare Antwort: „Das Nichts ist nicht." Von Nichtseiendem können wir nichts aussagen, wir können es gar nicht denken. Das „Nichts" kann nicht Teil der Wirklichkeit sein, schließlich „ist" es ja nicht.

Bereits Platon (428/427–348/347 v. Chr.) zeigte allerdings, dass man über Nichtseiendes in einem bestimmten Sinne durchaus sprechen kann. Wenn wir etwa sagen, dass ein Stein „nicht ein Baum" sei, dann meinen wir damit nicht etwa, dass ein Stein „nichts" ist, sondern lediglich, dass ein Stein etwas anderes ist als ein Baum. Das Nichtseiende ist also Verschiedenheit. Und diese ist für Platon eine geistige Wesenheit oder „Idee", die die Beziehungen zwischen den Körperdingen ordnet.

Die Vorstellung eines „absoluten Nichts" hingegen bereitet den Philosophen bis heute große Probleme. Aus Sicht der modernen Logik scheint der Begriff sogar sinnlos zu sein. Denn sobald man versucht, über das Nichts etwas auszusagen, steht man vor einem unauflöslichen Dilemma: Durch jegliche inhaltliche Bestimmung wird das „Nichts" bereits zu einem „Etwas" – und damit ist es nicht mehr „Nichts". Rudolf Carnap (1891–1970) hielt Aussagen über das Nichts sogar für metaphysische Scheinsätze. Wenn wir etwa sagen: „Draußen ist nichts", dann heißt das eigentlich nur, dass „nicht etwas" existiert, das da draußen ist. Es heißt

nicht: „Draußen ist das Nichts." Gleichwohl scheint das Nichts eine menschliche Grunderfahrung zu sein. In der Begegnung mit dem Tod sind wir alle schließlich konfrontiert mit der Möglichkeit der eigenen Nichtexistenz. Das versetzt uns in eine Stimmung der Angst, in der wir uns unseres endlichen Daseins erst bewusst werden, meinte Martin Heidegger (1889–1975). So gesehen ist das Nichts untrennbar mit dem Sein verbunden. Erst das Nichts verleiht unserem Dasein einen Sinn.

„Warum ist überhaupt etwas und nicht vielmehr nichts?"

Gottfried Wilhelm Leibniz
Die Vernunftprinzipien der Natur
und der Gnade, 1714

siehe auch: **Sein**, *Seite 20*

Begriff

Wie erkennen wir die Welt?

Wie erfasst unser Denken Gegenstände? Und was hat das mit Sprache zu tun? Die Antwort liegt in unserer Fähigkeit, Begriffe zu bilden, die unsere Welt so strukturieren, dass wir sie erkennen können.

Mit dem Tastsinn beginnt schon beim Kleinkind die Begriffsbildung. Auch als Erwachsene erfahren wir unsere Umgebung physisch und eignen uns neue Begriffe nicht durch Definitionen an, sondern indem wir lernen, sie in unserer Sprache richtig zu verwenden.

Auf einer Weide grast eine Kuh, die wir noch nie zuvor gesehen haben. Natürlich erkennen wir sofort, dass es sich um eine Kuh handelt, obwohl wir dieser Kuh gerade zum ersten Mal begegnet sind. Der Grund liegt darin, dass wir einen „Begriff" davon haben, was eine Kuh ist. Begriffe sind für unser Denken fundamental. Ohne Begriffe könnten wir uns keine Urteile bilden, wir könnten weder Dinge wiedererkennen noch sinnvoll miteinander kommunizieren. Begriffe spielen eine zentrale Rolle in der Beziehung zwischen unserem Geist und der Welt. Sie ermöglichen es uns, Gegenstände der Welt zu erfassen, und zwar über den Einzelfall hinaus. Wer über den Begriff „Kuh" verfügt, der ist in der Lage, eine Kuh zu erkennen, egal ob es sich um eine braune, schwarze oder scheckige Kuh handelt – und ob er die Kuh je zuvor gesehen hat oder nicht.

Immanuel Kant (1724–1804) trennte in seiner „Kritik der reinen Vernunft" deshalb scharf zwischen Begriffen und sinnlicher Anschauung: „Der Begriff ist der Anschauung entgegengesetzt, denn er ist eine allgemeine Vorstellung oder eine Vorstellung dessen, was mehreren Objekten gemein ist, also eine Vorstellung, sofern sie in verschiedenen enthalten sein kann." Begriffe sind demnach etwas Allgemeines, unter dem unser Verstand eine Vielheit von Gegenständen zusammenführt. Ohne Begriffe hätten wir von Gegenständen nur ungeordnete Sinneseindrücke. Im obigen Beispiel hätten wir dann zwar die sinnliche Anschauung einer grasenden Kuh, also bestimmte visuelle Eindrücke oder Geruchsempfindungen, doch wir könnten nicht sagen, dass es sich um eine Kuh handelt. Um die Kuh als „Kuh" zu identifizieren, müssen wir zuerst den Begriff „Kuh" haben; erst dann können wir urteilen, ob das, was wir da sehen, tatsächlich eine Kuh ist. Erst unsere Begriffe formen das Anschauungsmaterial zu einer Einheit. Sie sind für die Erkenntnis daher konstitutiv. Der Verstand allein kann nichts anschauen, die Anschauung allein nichts denken. Ohne Anschauung bleiben Begriffe nach Kant „leer", weil sie keinen Gegenstand haben; umgekehrt sind Anschauungen ohne Begriffe „blind", weil ihnen jede objektive Bestimmtheit fehlt. Unser Denken hat nach Kant nur einen indirekten, über Begriffe vermittelten Zugang zur Welt. Begriffe sind Regeln, die sich der Verstand gleichsam selbst ausdenkt, um das Chaos der Sinneseindrücke zu ordnen. Mit anderen Worten: Unsere Begriffe strukturieren die Welt so, dass wir sie überhaupt erkennen können.

Aber wie entstehen unsere Begriffe? Und was heißt es, einen Begriff von etwas zu haben? Seit der Antike dachten die Philosophen, Begriffe ließen sich anhand bestimmter Merkmale eindeutig festlegen. Über den Begriff eines Gegenstands zu verfügen, hieße dann einfach, die richtige Definition zu kennen. Doch viele Begriffe lassen sich nicht eindeutig bestimmen. Ludwig Wittgenstein (1889–1951) erläuterte dies am Begriff des Spiels. Offenbar gibt es viele Arten von Spielen, die kaum etwas miteinander gemein haben. So gibt es bei manchen Gewinner und Verlierer, bei anderen nicht; manche spielt man allein, andere zu zweit. Anscheinend können wir nicht genau definieren, was ein Spiel ist. Dennoch wissen wir, was der Begriff „Spiel" bedeutet. Über einen Begriff zu verfügen, heißt nach Wittgenstein nicht, eine Definition zu kennen, sondern zu wissen, wie man den Begriff richtig verwendet: „Die Bedeutung eines Wortes ist sein Gebrauch in der Sprache." Wie wir ein Wort richtig gebrauchen, hängt ab von den Gepflogenheiten der Sprachgemeinschaft, in der wir uns befinden. Begriffe lassen sich daher nicht zuletzt als soziale Regeln der Wortverwendung verstehen. Damit richtet sich Wittgenstein gegen die Vorstellung, Begriffe seien „mentale Repräsentationen", also geistige Bilder, die wir uns von Gegenständen machen. Tatsächlich brauchen wir solche Vorstellungen nicht, um mit Begriffen richtig umzugehen. Man muss kein Biologiestudium absolviert haben, um zu erkennen, dass auf der Weide eine Kuh steht – und nicht etwa ein Elch.

> *„Die Bedeutung eines Wortes ist sein Gebrauch in der Sprache."*

LUDWIG WITTGENSTEIN
Philosophische Untersuchungen, 1936–1946

Kleine Kinder müssen langsam lernen, Begriffe Gegenständen zuzuordnen, damit sie sich verständlich machen können. Sie beginnen mit vermeintlich eindeutigen Zuordnungen anhand von Dingen, denen sie in ihrer direkten Umwelt begegnen.

siehe auch: Wahrnehmung, *Seite 18* • Sprache, *Seite 32* • Kommunikation, *Seite 122*

Sprache

Wozu reden wir?

Mit Sprache können wir weit mehr tun, als mit anderen zu kommunizieren. Unsere Sätze beschreiben nicht nur Sachverhalte, sie verändern auch die Welt.

Sprache brauchen wir nicht nur, um uns zu verständigen. Ohne Sprache könnten wir weder Informationen darstellen und weitergeben noch unser Handeln mit anderen koordinieren. Die griechischen Philosophen sahen die Funktion der Sprache zunächst in der richtigen Benennung der Dinge; nach ihrer Auffassung benennen sprachliche Ausdrücke lediglich, was die Vernunft bereits erkannt hat. Einige fragten allerdings skeptisch, worauf die Entsprechung zwischen Wörtern und Sachen beruhe. So erörterte Platon (428/427–348/347 v. Chr.) in seinem Dialog „Kratylos" die grundlegende sprachphilosophische Frage, ob Wörter (Namen) Gegenstände von Natur aus richtig bezeichnen oder ob es sich bei ihrer Benennung um bloße Konvention handelt. Wie die Diskussion zeigt, lassen sich Wörter den Dingen nicht immer sinnvoll zuordnen. Über die Untersuchung von Wörtern allein kommen wir nach Platon zu keiner gesicherten Erkenntnis. Dazu müssen wir schon das Wesen der Dinge selbst betrachten. Bei Aristoteles (384–322 v. Chr.) tritt die „repräsentative" Funktion der Sprache in den Vordergrund. Wörter sind für Aristoteles Zeichen für Vorstellungen, die wir von den Dingen haben; sie benennen also nicht einfach die Dinge, wie sie wirklich sind, sondern verweisen auf nichtgegenwärtige Sachverhalte. Ihre Bedeutung haben sie nicht von Natur aus, sondern aufgrund einer Übereinkunft.

Über Jahrhunderte war man sich darüber einig, dass es die Funktion der Sprache sei, mithilfe von Begriffen die Wirklichkeit zu repräsentieren. Erst im 20. Jahrhundert veränderte sich das philosophische Verständnis von Sprache fundamental. Vor allem im englischsprachigen Raum befand man, dass alles Erkennen letztlich auf Sprache angewiesen sei. Im Zuge des sogenannten *linguistic turn* versuchte man daher, philosophische Probleme mithilfe von sprachlogischen Analysen zu klären. Als einer der Begründer der modernen sprachanalytischen Philosophie gilt der deutsche Mathematiker und Philosoph Gottlob Frege (1848–1925). Nach seiner Auffassung kann ein Satz das logische Abbild eines Gedankens sein; nur im Kontext eines Satzes haben Wörter überhaupt eine Bedeutung. Die Aufgabe der Philosophie sah Frege darin, Täuschungen aufzudecken, die durch den gewöhnlichen Sprachgebrauch entstehen. In seiner „Begriffs-

Wir können uns auch nonverbal ausdrücken, etwa durch Mimik und Gestik. Aber wir müssen uns darüber einig sein, was bestimmte Zeichen bedeuten, sonst können wir uns nicht sinnvoll miteinander verständigen.

> *„Die Philosophie ist ein Kampf gegen die Verhexung unseres Verstandes durch die Mittel unserer Sprache."*

LUDWIG WITTGENSTEIN
Philosophische Untersuchungen, 1953

Der „Stein von Rosetta" (links) enthält ein Priesterdekret in Hieroglyphenschrift mit griechischer Übersetzung. Er bildete die Grundlage für die Entzifferung der Hieroglyphen. In der modernen Sprachwissenschaft geht man allerdings davon aus, dass gleiche Wörter in verschiedenen Sprachen unterschiedliche Bedeutungen haben.

schrift" versuchte er, eine rein logische „Universalsprache" zu entwickeln, um solche Täuschungen auszuschließen. Der junge Ludwig Wittgenstein (1880–1951) sah die Sprache sogar als Bild der Welt. In seinem „Tractatus logico et philosophicus" versuchte er zu beweisen, dass Sätze in einer logischen Relation zu Sachverhalten stehen; dieses Unterfangen scheiterte jedoch. Später sah er die Bedeutung eines Wortes in dessen Gebrauch in der Sprache. Ob wir über etwas berichten, etwas beschreiben oder jemandem einen Witz erzählen: Jedes Mal spielen wir ein regelgeleitetes „Sprachspiel", das nach Wittgenstein Teil einer bestimmten „Lebensform" ist. An Wittgenstein knüpft auch die Theorie der „Sprechakte" an, die von John Langshaw Austin (1911–1960) und John Searle (*1932) entwickelt wurde. Ihre zentrale These lautet: Mit Sprache können wir nicht nur Sachverhalte be-

schreiben, sondern auch viele andere Dinge tun, etwa jemandem drohen, etwas befehlen oder versprechen. Die Sprechakttheorie geht dabei von der Annahme aus, dass das Sprechen einer Sprache eine Form von regelgeleitetem Verhalten ist. Jeder Sprechakt besteht zunächst aus einem „lokutionären" Akt, das heißt, der Sprecher macht eine sprachliche Äußerung nach den Regeln der Grammatik. Mit dem „propositionalen Akt" nimmt er auf etwas Bezug und mit dem „illokutionären" Akt verfolgt er eine bestimmte Intention. Außerdem hat ein Sprechakt eine Wirkung auf andere Menschen. Diesen Aspekt nennt Austin „perlokutionär".

„Performative" Sprechakte schließlich verändern die Welt. So schafft etwa die Äußerung „Ich verspreche" den gleichen Sachverhalt, den sie beschreibt – nämlich das Versprechen. Andere Beispiele sind Heiraten, Schiffstaufen oder Kriegserklärungen. Performative Sprechakte können gelingen oder misslingen. Um zu gelingen, müssen sie bestimmten Praktiken entsprechen. Die Äußerung „Ich verspreche" hätte keinerlei bindende Wirkung, wenn es die Praxis der Versprechens nicht gäbe. Und genauso wenig kann man heiraten ohne einen Priester oder Standesbeamten.

Nach der Theorie von John Searle hilft die Sprechakttheorie auch, unsere soziale Realität besser zu verstehen. Die Kernidee liegt darin, dass Sprechakte „institutionelle Tatsachen" konstituieren. Ein Beispiel ist das Geld. Was Geld zu Geld macht, ist nicht seine physische Beschaffenheit, sondern dass wir ihm den Status von Geld zuweisen. Erst solche „Statusfunktionen" schaffen nämlich Verbindlichkeiten und Befugnisse. Auf analogen Statuszuschreibungen beruhen weite Teile unserer gesellschaftlichen Wirklichkeit, vom Eigentum bis zu politischen Funktionen. Sprache dient eben nicht bloß der Kommunikation. Sie ist auch die Grundlage unserer Zivilisation.

siehe auch: *Begriff, Seite 28* • *Dialog, Seite 120* • *Kommunikation, Seite 122*

Glaube

Was halten wir für wahr?

Religiöser Glaube gilt oft als kindlich oder naiv, weil er sich nicht beweisen lässt. Aber es kommt darauf an, welche Rolle der Glaube für unser Leben spielt.

Ohne Glauben könnten wir nicht leben. Aber was heißt es, (an) etwas zu glauben? Und wie lässt sich ein Glaube rechtfertigen?

Menschen glauben die unglaublichsten Dinge: dass sich die Erde um die Sonne bewegt, dass es ein allmächtiges Wesen gibt oder eine Vielzahl von Universen. Etwas zu glauben heißt, es für wahr oder richtig zu halten. Glauben kann man etwa an Tatsachen, an Werte oder an einen Gott. Der schottische Philosoph David Hume (1711–1776) verstand unter einem Glauben „die Vorstellung eines Gegenstandes, die lebhafter, lebendiger, stärker, fester und beständiger ist als alles, was die Einbildungskraft allein erreichen kann". Was wir glauben, hat mehr Gewicht, mehr Bedeutung für uns als eine bloße Fantasie. Ohne etwas zu glauben, könnten wir weder planen noch handeln. Zu glauben ist dabei keine Tätigkeit, sondern eine Haltung. Der amerikanische Philosoph W. V. O. Quine (1908–2000) definierte den Glauben als Disposition, auf bestimmte Weise auf etwas zu reagieren: „Zu glauben, dass Hannibal die Alpen überquert hat, heißt, geneigt zu sein, mit Ja zu antworten, wenn man danach gefragt wird."

Ein Glaube oder eine Überzeugung ist ein intentionaler geistiger Zustand. Er bezieht sich also auf etwas wie zum Beispiel ein Wunsch oder eine Hoffnung. Zugleich liefert er Handlungsgründe. Wer etwa glaubt, dass es regnet, wird womöglich einen Regenschirm mitnehmen. Dabei gründet der Glaube durchaus auf etwas Realem, den grauen Wolken am Himmel etwa, oder auch auf einer subjektiven Erfahrung. Eine wichtige philosophische Frage lautet, wie sich Überzeugungen rechtfertigen lassen. Sogenannte Kohärentisten etwa vertreten die Ansicht, dass es dabei darauf ankommt, wie gut eine Überzeugung zu anderen Überzeugungen passt, die wir bereits als wahr anerkennen. Pragmatisten hingegen glauben, dass sich Überzeugungen im praktischen Handeln bewähren müssen, etwa bei der Lösung von Problemen. Das gilt auch für religiöse Überzeugungen. Zwar können wir nicht beweisen, dass Gott existiert, meinte der amerikanische Philosoph und Psychologe William James (1842–1910). Doch wir kommen nicht umhin, Entscheidungen über unsere religiösen Überzeugungen zu treffen. Am Ende kommt es darauf an, welche Rolle der Glaube in unserem Leben spielt.

37

Wahrheit

Was ist eine Tatsache?

Ohne Wahrheit könnten wir nicht vernünftig urteilen und handeln, wir bewegten uns wie im Blindflug durch die Welt. Doch über die Frage, was Wahrheit genau ist und ob es sie überhaupt gibt, streiten die Philosophen bis heute.

Unter „Wahrheit" verstehen wir zumeist, dass etwas (eine Behauptung, ein Gedanke etc.) den Tatsachen entspricht. Eine klassische Wahrheitsdefinition geht zurück auf Aristoteles (384–322 v. Chr.): „Zu sagen nämlich, das Seiende sei nicht oder das Nicht-Seiende sei, ist falsch, dagegen zu sagen, das Seiende sei und das Nicht-Seiende sei nicht, ist wahr." Wahr ist eine Aussage demnach dann, wenn es ein „Seiendes" gibt, das der Aussage entspricht. Wahre Sätze spiegeln gleichsam die Wirklichkeit. Der mittelalterliche Scholastiker Thomas von Aquin (um 1225–1274) hat das auf folgende Formel gebracht: *Veritas est adaequatio rei et intellectus* – „Wahrheit ist Übereinstimmung zwischen Sache und Denken." Diese „Korrespondenztheorie" vertreten bis heute viele Philosophen. Allerdings gibt es dagegen eine Reihe von Einwänden. So ist ja nicht klar, inwiefern sich Aussagen und Sachen ähneln. Schließlich hat die sprachliche Aussage „Schnee ist weiß" als solche keinerlei Ähnlichkeit mit Schnee. Zugleich ist der Begriff der „Tatsache" selbst fragwürdig, weil er die Wahrheit ja schon voraussetzt. Einige sogenannte postmoderne Philosophen glauben sogar, dass es überhaupt keine Tatsachen gibt, sondern nur Interpretationen. Aus dieser Sicht ist jede „Tatsache" ein kulturelles Konstrukt, das von der jeweiligen Perspektive abhängt. Sogenannte neue Realisten wie der deutsche Philosoph Markus Gabriel (* 1980) treten dieser Auffassung entgegen. Ihrer Meinung nach kann es zwar sein, dass wir einen Begriff wie „Schnee" oder „weiß" unterschiedlich interpretieren. Aber trotzdem bleibt der Umstand bestehen, dass die Aussage „Schnee ist weiß" dann und nur dann wahr ist, wenn Schnee wirklich weiß ist.

Was wir in den Nachrichten hören, nehmen wir als Wahrheit hin. Wir glauben die Informationen, die wir hören. Denn das gibt uns Sicherheit. Aber ob sie der Wirklichkeit entsprechen, wissen wir nicht. Es ist womöglich eine Frage der Perspektive.

siehe auch: Wahrnehmung, *Seite 18* • Wirklichkeit, *Seite 24* • Einbildung, *Seite 60*

Wissen

Glauben wir das Richtige?

Was ist Wissen? Was unterscheidet es vom bloßen Glauben? Heutige Philosophen meinen, dass man etwas wissen kann, ohne darüber reden zu können.

Bibliotheken speichern seit Jahrtausenden das Wissen der Welt. Heute übernimmt diese Funktion immer mehr das Internet. Doch je mehr Wissen wir ansammeln, umso schwieriger wird es, das Wichtige vom Unwichtigen zu unterscheiden.

Wissen ist nicht nur in Quizsendungen gefragt. Tagtäglich kommt es darauf an, dass wir bestimmte Dinge wissen – von Telefonnummern bis zu den richtigen Schaltvorgängen im Auto. Ohne die gigantischen Fortschritte im menschlichen Wissen gäbe es all die Errungenschaften der modernen Welt nicht, die wir heute für so selbstverständlich halten; wir würden vielleicht immer noch in Höhlen leben und an Magie glauben. Bereits der englische Philosoph Francis Bacon (1561–1626) hielt Wissen für die Grundlage der Beherrschung der Natur.

Grundsätzlich versteht man unter Wissen einen Erkenntniszustand der Sicherheit. Platon (428/427–348/347 v. Chr.) ordnet das wahre Wissen dem bloßen Glauben oder Meinen über. Meinung ist für ihn Glauben ohne Wissen. Wissen aber ist der Zugang zur Wahrheit, den wir nur durch das Denken erlangen, nicht durch Sinneswahrnehmungen. Aristoteles (384–322 v. Chr.) zufolge hat Wissen nur derjenige, der etwas beweisen kann. Anders als Platon aber gesteht er zu, dass man „aktuelles, wirkliches Wissen" auch durch direkte Wahrnehmung erwerben kann.

Kant wiederum bestimmt den Wissensbegriff auf der Basis einer aufgeklärten Vernunft. Sein Kriterium ist der Grad des „Fürwahrhaltens". Das bloße Meinen ist ihm zufolge ein subjektiv wie objektiv unzureichendes Fürwahrhalten. Das Glauben ist subjektiv zureichend, aber objektiv nicht. Erst das sowohl subjektiv wie objektiv hinreichende Fürwahrhalten ist Wissen. Nach Kant darf man niemals etwas meinen, ohne zumindest etwas zu wissen. Ohne eine „Verknüpfung mit der Wahrheit" sei eine Aussage nämlich bloße „Erdichtung".

Andersherum kann man nur wissen, was man auch glaubt oder meint. Man kann nicht behaupten, man wisse zwar, dass es regnet, aber man glaube es nicht, ohne sich selbst zu widersprechen. Etwas zu glauben heißt, es für wahr zu halten. Allerdings kann ein Glaube natürlich auch falsch sein. Wissen erfordert also, dass der Glaube wahr ist. Nicht jeder wahre Glaube ist allerdings Wissen. Jemand könnte ja zufällig das Richtige glauben, ohne es wirklich zu wissen. So könnte jemand die Lottozahlen richtig erraten, obwohl er natürlich keine Ahnung hat, wie sie ausfallen werden. Offenbar muss man nicht nur eine wahre Überzeugung, sondern auch gute Gründe für die Überzeugung haben, damit man von „Wissen" sprechen kann. Lange Zeit glaubten die Erkennt-

> *„Wissen und Macht des Menschen fallen zusammen, weil Unkenntnis der Ursache auch über deren Wirkung täuscht."*

Francis Bacon
Novum Organum, 1620

nistheoretiker daher, Wissen sei gerechtfertigter, wahrer Glaube – eine Auffassung, die auch Platon schon erörterte.

In der modernen Erkenntnistheorie unterscheidet man gemeinhin drei Arten von Wissen. Die erste ist das praktische Wissen, *wie* man etwas tut – wie man etwa Auto fährt. Die zweite Art von Wissen hat man, wenn man etwa eine Person *kennt*, ohne etwas Näheres über diese Person zu wissen. Die dritte Art ist das Wissen von Tatsachen, also etwa der Tatsache, dass Kant in Königsberg geboren wurde. Unterschieden wird heute auch zwischen explizitem und implizitem Wissen. Wer etwa genau weiß und sagen kann, wie man Auto fährt, der hat explizites Wissen. Beim impliziten Wissen hingegen steckt das Wissen im praktischen Können. Man handelt kompetent, ohne die Regel angeben zu können, nach der man handelt. Um zu wissen, wie man Auto fährt, muss man die Fahrphysik nicht verstehen. Es genügt, dass man Autofahren kann.

siehe auch: Glaube, *Seite 36* • Wahrheit, *Seite 38* • Weisheit, *Seite 54*

Emotionen

Wie vernünftig sind Gefühle?

Nichts scheint so irrational zu sein wie Gefühle. Wenn wir wütend oder ängstlich sind, schalten wir nicht selten tatsächlich unseren Verstand aus. Doch Emotionen sind oft viel vernünftiger, als wir meinen.

Ganz plötzlich steigen sie in einem hoch, in wenigen Millisekunden – unkontrollierbar, einseitig und gnadenlos subjektiv: Angst, Hass, Wut, Neid, Liebe, Mitgefühl oder Freude. Emotionen werfen uns aus der Bahn, sie bringen uns aus dem Gleichgewicht – manchmal sogar im ganz physischen Sinn: Wenn wir vor Wut zittern, können wir oft nicht einmal eine Tasse halten. Emotionen können das Denken völlig blockieren, sie treiben Menschen zu scheinbar unvernünftigen Handlungen, im positiven wie negativen Sinne. Lange genossen Emotionen oder Affekte unter Philosophen einen schlechten Ruf. Doch heutige Denker sehen sie in einem neuen Licht. Viele halten die scheinbar irrationalen Aufwallungen für Formen der Wahrnehmung und des Urteilens, die uns womöglich sogar Wissen über die Welt vermitteln.

Jahrhundertelang trennten die Philosophen strikt zwischen Denken und Fühlen. Emotionen galten als blinde, irrationale Triebe, von denen man sich befreien musste. Wahre Unabhängigkeit, so glaubten etwa die Stoiker, könne nur derjenige erlangen, der sich nicht von seinen Emotionen beherrschen lasse. Auch Platon (428/427–348/347 v. Chr.) misstraute den Emotionen. Aus seiner Sicht verzerren sie unseren Blick auf die Welt. Doch immer wieder gab es gegen solche Vorstellungen Widerstand. Schon Blaise Pascal (1623–1662) etwa zweifelte am obsessiven Glauben, dass sich nur durch Vernunft Erkenntnis gewinnen ließe: „Unser Herz hat seine Gründe, von denen die Vernunft nichts weiß."

Zwischen Emotionen und Vernunft besteht offenbar ein Spannungsverhältnis. Einerseits erscheinen uns Emotionen blind und irrational, andererseits halten wir sie oft für angemessen. Viele Emotionen hängen zudem von unseren Urteilen ab. Wenn wir wütend sind, weil wir denken, dass man uns betrogen hat, wird sich unsere Wut schnell wieder legen, wenn wir erkennen, dass wir uns getäuscht haben.

Die Freude über einen Erfolg kann uns überwältigen und sogar zu Tränen rühren. Unser Körper bewertet eine Situation positiv, ohne dass wir darüber nachdenken müssen.

„Unser Herz hat seine Gründe,
von denen die Vernunft nichts weiß."

Blaise Pascal
Pensées IV, 1670

Nicht nur im Straßenverkehr gilt Wut als unerwünschte Emotion, die wir besser unterdrücken sollten. Doch manchmal hilft sie uns dabei, anderen zu signalisieren, dass wir uns durch ihr Verhalten verletzt oder ungerecht behandelt fühlen.

Emotionen treten meist dann auf, wenn wir eine Veränderung unserer persönlichen Situation wahrnehmen. Sie helfen uns dabei, die Aufmerksamkeit blitzartig auf ein Problem zu richten – oft bevor wir es überhaupt rational bewerten können. Aus Sicht der Neurowissenschaft brachten Emotionen im evolutionären Selektionsprozess daher einen entscheidenden Vorteil: Wer nicht lang nachdenken musste, wenn er mit einer Gefahr konfrontiert war, hatte eben eine höhere Chance zu überleben.

Emotionen sind immer auf etwas in der Welt gerichtet, sie beziehen sich auf ein Objekt. Im philosophischen Jargon heißt das: Emotionen sind „intentionale Zustände". Offenbar erschöpfen sie sich nicht einfach im Erleben selbst. Vielmehr „repräsentieren" sie dieses Objekt auf bestimmte Weise. Wer sich vor einer Schlange fürchtet, hält sie für gefährlich. „Emotionen sind Urteile", behauptete der amerikanische Philosoph Robert Solomon (1942–2007). Darunter verstand er allerdings keinen intellektuellen Akt, keinen reinen Gedanken, sondern eine Form der subjektiven Beteiligung an der Welt. Wenn wir uns freuen oder wütend sind, fällt unser Körper ein Urteil über die jeweilige Situation. Und anscheinend spielen Gefühle auch eine zentrale Rolle für unser Moralgefühl.

Auch der schottische Philosoph David Hume (1711–1776) vertrat die Ansicht, dass moralische Urteile nicht auf rationalem Nachdenken gründen, sondern auf Emotionen. Offenbar spüren wir instinktiv, was richtig ist und was falsch. Die Vernunft mag hinterher abwägen, doch der Antrieb kommt aus einem angeborenen moralischen Instinkt, der unsere Entscheidungen und Handlungen lenkt: „Die Vernunft ist, und sollte es nur sein, die Sklavin der Leidenschaften", schrieb Hume.

Aus philosophischer Sicht können Emotionen und Gefühle also durchaus rational sein, sofern sie die angemessenste Reaktion auf eine bestimmte Situation darstellen. Sie ergänzen unsere Vernunft und schaffen einen Zugang zu Werten – zu Dingen, die wir für wichtig für unser Leben halten. Zwar kommen wir nicht umhin, über unsere Emotionen zu reflektieren, wenn wir uns als rationale Wesen ernst nehmen wollen. Aber anscheinend müssen wir ihnen eine eigene Form von Rationalität zubilligen, die ganz anders funktioniert als bloßes Nachdenken. Einen interessanten Kompromiss bietet der israelische Philosoph Aaron Ben Ze'ev (* 1949) an: „Bei Emotionen ist Vernunft nicht bloß eine Frage der Überlegung, sondern vor allem eine Frage der Sensibilität."

siehe auch: Vernunft, Seite 66 • Liebe, Seite 128 • Gelassenheit, Seite 154 • Hass, Seite 160

Wunder

Was ist übernatürlich?

Wunder widersprechen scheinbar aller Vernunft.
Trotzdem glauben viele Menschen
an sie. Das wirft ein erkenntnistheoretisches
Problem auf: Welche Gründe können uns
davon überzeugen, dass es Dinge gibt,
die es eigentlich nicht geben kann?

Jesus Christus soll Wasser in Wein verwandelt haben und sogar über einen See gelaufen sein. Von wundersamen Heilungen bis zur Wiedererweckung von Toten – an Wunder glauben heute noch viele Menschen, und nicht nur gläubige Christen. Unter einem Wunder versteht man ein Ereignis, das durch Naturgesetze scheinbar oder tatsächlich nicht erklärt werden kann und auf das Wirken einer „höheren Macht" schließen lässt. Daher findet man Wundererzählungen in den meisten Religionen. Am präsentesten sind uns die Wunder des Alten und Neuen Testaments, die viele Juden und Christen als Zeichen für das Eingreifen Gottes und damit als Beweise für die Wahrheit des Glaubens ansehen. Wunder bzw. „Zeichen" gibt es aber auch im Islam und in großer Menge in den östlichen Religionen, wo sie ähnliche Funktionen übernehmen. Heute gelten Berichte über Wunder oft als Mythen aus einer vorwissenschaftlichen Zeit. Aber was kann uns rationalerweise davon überzeugen, an ein „Wunder" zu glauben? Diese Frage beschäftigte den schottischen Philosophen David Hume (1711–1776). Ein kluger Mensch, so meinte Hume, gründe sein Urteil auf Erfahrung.

Wenn wir überlegen, ob ein bestimmtes Ereignis eintreten wird, wägen wir also verschiedene Erfahrungstatsachen gegeneinander ab und fragen uns, was für das Eintreten des Ereignisses spricht und was dagegen. Da wir Wunder selten selbst erleben und daher nicht auf eigene Erfahrungen zurückgreifen können, sind wir auf Zeugenaussagen angewiesen. Nun ist die Behauptung eines Wunders besonders außergewöhnlich. Daher braucht sie auch besonders starke Beweise, weil eben alle Erfahrungstatsachen dagegen sprechen. Hume kommt daher zum Schluss, dass „kein Zeugnis genügt", um ein Wunder zu beweisen, „es sei denn, das Zeugnis sei solcher Art, dass seine Falschheit wunderbarer wäre als die Tatsache, die es zu konstatieren trachtet". Wenn jemand tatsächlich behauptet, es habe sich ein Wunder zugetragen, dann gibt es nämlich zwei Möglichkeiten: Entweder die Person lügt oder sie sagt die Wahrheit. Nach Hume müssen wir nun abwägen, welche Variante die wahrscheinlichere ist – dass die Person lügt oder dass ein Wunder geschehen ist, dass allen Naturgesetzen widerspricht. Religiöse Menschen werden vermutlich immer an Wunder glauben, wie unplausibel diese auch sein mögen. Eine andere Möglichkeit besteht darin, Wundergeschichten in einem metaphorischen Sinn zu verstehen – als Zeichen einer höheren Macht, deren Wirken wir eben nicht immer erklären können.

siehe auch: Gott, *Seite 48* • Vernunft, *Seite 66* • Lüge, *Seite 206*   47

Gott

Wie alle monotheistischen Religionen kennt auch der Islam einen allmächtigen Gott, der die Welt und den Menschen erschaffen hat. (Kalligrafie „Allah")

Gibt es ihn wirklich?

Christliche Philosophen des Mittelalters waren davon überzeugt, dass man die Existenz Gottes beweisen könne. Doch sind ihre Argumente wirklich stichhaltig?

Die Existenz Gottes halten wir heute zumeist für eine Glaubensfrage – für eine Frage, die sich der wissenschaftlichen Erkenntnis prinzipiell entzieht. Vom Mittelalter bis in die Neuzeit hinein versuchten Philosophen und Theologen vergeblich, die Existenz Gottes mit streng rationalen Argumenten zu beweisen. Einer von ihnen war der Benediktinermönch und Bischof Anselm von Canterbury (um 1033–1109), dessen »ontologischer Gottesbeweis« die Philosophen bis heute beschäftigt. Anselms scharfsinnige Argumentation setzt beim Gottesbegriff selbst an. Wir können uns ein vollkommenes Wesen denken – ein Wesen, über das hinaus nichts Größeres gedacht werden kann. Also existiert Gott in unserem Verstand. Angenommen nun, Gott existierte nur in unserem Verstand und nicht in Wirklichkeit. Dann müsste es ein Wesen geben, das vollkommener ist als Gott – nämlich eines, das nicht nur in unserem Verstand, sondern wirklich existiert. Aber das ist unmöglich, weil Gott seinem Begriff nach ja dasjenige Wesen ist, über das hinaus nichts Größeres gedacht werden kann. Also kann Gott nicht nur im Verstand existieren, was wiederum heißt: Gott muss auch in Wirklichkeit existieren. Doch Anselms Argumentation ist nicht schlüssig. Von einer Definition allein kann man nicht auf die reale Existenz von etwas schließen. Immanuel Kant (1724–1804) zeigte in seiner „Kritik der reinen Vernunft", dass Existenz keine Eigenschaft sei wie „rot" oder „schön", die einem Ding zukommen könne. Der Satz „Gott ist allwissend" enthält ein solches Prädikat, nämlich „allwissend". Der Satz „Gott existiert" hat hingegen kein Prädikat. Zu sagen, dass ein Ding existiert, fügt also dem Begriff von diesem Ding nichts hinzu. Mit anderen Worten: Wir können ein Ding – und sei es ein vollkommenes Wesen – nicht einfach „in die Welt denken". Ob es wirklich existiert, können wir nur durch Erfahrung feststellen.

Aus Sicht des Logikers Gottlob Frege (1848–1925), der sich wie viele vor und nach ihm kritisch mit Anselms Gottesbeweis auseinandersetzte, ist Existenz eine Eigenschaft, die wir nicht Dingen zuschreiben, sondern Begriffen. Dass ein Ding existiert, bedeutet dann einfach nur, dass unter seinen Begriff mindestens ein Ding

fällt. Der „ontologische Gottesbeweis" verwechselt also gleichsam die Ebenen: Wenn wir behaupten, dass Gott existiert, dann behaupten wir in Wirklichkeit nur, dass es ein Objekt gibt, das unter den Begriff „Gott" fällt. Aus der Definition Gottes folgt aber nicht, dass Gott die besondere Eigenschaft besitzt, wirklich zu existieren – und zwar einfach deshalb, weil Existenz überhaupt keine Eigenschaft realer Dinge ist. Daraus folgt allerdings keineswegs, dass Gott nicht existiert, wie die Atheisten meinen. Die Nichtexistenz Gottes lässt sich nämlich ebensowenig beweisen.

„Ich suche nicht zu verstehen, warum ich glaube, sondern glaube, um zu verstehen."

ANSELM VON CANTERBURY
Proslogion, 1077/78

siehe auch: *Sein, Seite 20* • Glaube, *Seite 36*

Seele

Was ist unser Inneres?

Haben wir tatsächlich eine immaterielle Seele, die unseren Tod überdauert? Oder ist das nur ein Irrglaube von religiösen Menschen und Esoterikern? Die Frage beschäftigt die Menschen seit Jahrtausenden. Dabei hat sich die Seelenvorstellung grundlegend verändert. Moderne Philosophen und Wissenschaftler glauben nicht mehr an immaterielle, geistige Wesenheiten, die unabhängig vom Körper existieren können.

Die mythische Liebesbeziehung zwischen dem Gott Amor (Liebe) und der Königstochter Psyche (Seele) kann man auch als Metapher verstehen. Die Liebe verbindet die Seelen von Menschen, etwa wenn wir an den anderen denken (Antonio Canova, „Amor und Psyche", 1787–1793).

In den frühen Kulturen hielt man die Seele für eine von den Göttern eingehauchte Lebenskraft. Oft verband man sie mit den Atem. So kommt das Wort „Psyche" vom griechischen Verb *psychein* („blasen", „atmen"), und auch das indische Seelenwort *atman* bedeutet eigentlich Atem. Platon (428/427–348/347 v. Chr.) hielt die Seele für das immaterielle, vernünftige Wesen eines Menschen, das aufgrund seiner rein geistigen Natur auch unabhängig vom Körper existieren kann. Ihm zufolge ist die Seele daher unsterblich, der Körper nur das „Gefängnis" der Seele. Sein Schüler Aristoteles (384–322 v. Chr.) hingegen lehnte diese dualistische Trennung zwischen Körper und Seele ab. Der Mensch ist für ihn eine Einheit. Erst Körper und Seele zusammen bilden ein Lebewesen. Die Seele ist das, was ein materielles Ding lebendig macht. Sie ist keine eigenständige Substanz, sondern eine Art Disposition, wie etwa das Sehvermögen beim Auge. Nach Aristoteles gehört es zum Wesen des Auges, Sehfähigkeit zu besitzen, sonst ist es kein Auge. In einem analogen Verhältnis stehen Körper und Seele. Im menschlichen Körper ist zunächst nur eine Möglichkeit zum Menschsein angelegt. Erst die Seele macht ihn wirklich zum Menschen. Dabei haben nach Aristoteles nicht nur Menschen Seelen. Vielmehr beschreibt er eine Stufenordnung des Seelischen. Die niedrigste Stufe, die „vegetative" Seele, findet man bereits bei Pflanzen. Die Tiere besitzen eine „sensitive" Seele; die höchste Stufe, die „rationale" Seele oder Geistseele hingegen hat nur der Mensch. Von diesen drei Seelenteilen besitzt für Aristoteles nur der letzte Unsterblichkeit, weil er mit dem göttlichen Geist verbunden ist.

Die wissenschaftliche Revolution des 16. und 17. Jahrhunderts brachte ein vollkommen neues Verständnis der Natur – und damit auch der Seele. Man verstand den menschlichen Körper nun als eine Art Maschine, die nach physikalischen Gesetzen funkti-

„Der Körper ist das beste Bild der Seele."

LUDWIG WITTGENSTEIN
Philosophische
Untersuchungen, 1953

Nicht nur Hinduisten und Buddhisten glauben an einen ewigen Kreislauf der Wiedergeburten (Samsara), der wie in dieser bhutanischen Wandmalerei oft als Rad dargestellt wird. Die Vorstellung der Seelenwanderung gab es auch in der griechischen Philosophie, etwa bei Platon.

onierte. Die Annahme einer immateriellen Lebenskraft war daher nicht mehr notwendig. Der französische Philosoph René Descartes (1596–1650) versuchte dennoch, die Existenz einer immateriellen und unsterblichen Seele zu beweisen. Der Mensch ist für ihn wesenhaft ein „denkendes Ding" (*res cogitans*), das im Prinzip auch ohne Körper existieren kann. In seinen „Meditationen" zeigte er in einem der berühmtesten Gedankenexperimente der Philosophiegeschichte, dass wir uns alles Körperliche von uns „wegdenken" können, nicht aber das Denken selbst. Und solange wir denken, existieren wir („Ich denke, also bin ich."). Also kann das „denkende Ding" auch ohne den Körper existieren.

Körper und Seele, Materie und Geist waren für Descartes grundverschiedene Substanzen. Damit stellte sich allerdings das berühmte Leib-Seele-Problem, das Philosophen noch heute beschäftigt – nämlich die Frage, wie Körper und Geist miteinander interagieren können, wenn sie doch so grundverschieden sind. Der englische Philosoph Gilbert Ryle (1900–1976) verspottete Descartes' „denkendes Ding" einmal als „Geist in der Maschine". Empiristische Philosophen des 17. und 18. Jahrhunderts wie John Locke (1632–1704) und David Hume (1711–1776), die alle Erkenntnis auf die Erfahrung gründen wollten, kratzten an dem metaphysischen Seelenbegriff. Später zeigte Immanuel Kant, dass wir über die Seele gar keine sichere Erkenntnis gewinnen können, weil wir aus der Tatsache, dass wir denken, nicht auf ein „denkendes Ding" schließen können, also auf eine eigenständige Substanz.

Der traditionelle Seelenbegriff verlor seine Bedeutung, und an seine Stelle traten schließlich Bewusstsein und Selbst. Zugleich hat die moderne Philosophie den Dualismus von Descartes grundlegend erschüttert. Nur noch wenige Denker glauben heute, dass Geist und Körper wesensverschiedene Substanzen sind, die unabhängig voneinander existieren können. Damit ist aber der Vorstellung einer immateriellen Seele der Boden entzogen. Die moderne Neurobiologie schließlich hat unsere Seelenvorstellungen ein weiteres Mal grundlegend verändert. Aus ihrer Sicht brauchen wir die Vorstellung einer immateriellen Seele schlicht nicht, um geistige und psychische Vorgänge zu erklären. Wir sind demnach nichts anderes als unser Gehirn.

siehe auch: Bewusstsein, *Seite 14* • Leben, *Seite 112* • Körper, *Seite 138* 53

Weisheit

Was lernen wir vom Leben?

Wer klug ist, muss noch lange nicht weise sein. Die griechischen Philosophen verstanden unter Weisheit die beste Lebensführung – eine Einheit von Erkennen und Handeln.

Als „weise" gilt jemand, der über ein tiefes Verständnis der Welt und des Lebens verfügt – und der entsprechend handelt. Wir sprechen von weisen Entscheidungen, einem weisen Urteil oder einem weisen Rat. Von einer weisen Person erwarten wir, dass sie die Mitte zwischen Extremen sucht und Probleme aus einer gewissen Distanz betrachtet, dass sie die Begrenztheit des eigenen Wissens anerkennt. Weisheit erfordert Menschenkenntnis und Lebenserfahrung; meist schreiben wir sie daher älteren Menschen zu. Arthur Schopenhauer (1788–1860) bestimmte die Weisheit einmal als „vollendete, richtige Erkenntnis der Dinge im Ganzen und Allgemeinen, die den Menschen so völlig durchdrungen hat, dass sie nun auch in seinem Handeln hervortritt, indem sie sein Tun unmittelbar leitet."

Philosophie ist die „Liebe zur Weisheit" (griechisch *philos*, „Freund", *sophia*, „Weisheit"). Doch die Weisheit ist eigentlich älter als die Philosophie. In den frühen Kulturen verstand man unter Weisheit überlegene geistige und spirituelle Fähigkeiten, etwa die Vertrautheit mit Mysterienkulten. So galt der griechische Mathematiker Pythagoras in seiner Zeit auch als Magier und Schamane. Es hieß, dass er sogar mit den Tieren

reden könne. Im frühen Griechenland hatte die Weisheit aber auch eine praktische und politische Bedeutung, als besondere Kundigkeit zum Nutzen der Gemeinschaft. Zu den „sieben Weisen Griechenlands", einer Gruppe hochstehender Persönlichkeiten des 7. und 6. Jahrhunderts v. Chr., zählten der Astronom Thales und der Staatsmann Solon. Ein Philosoph im engeren Sinn hingegen war nicht dabei.

Erst zur Zeit Platons (5. Jh. v. Chr.) rückte der Begriff „Weisheit" in die Nähe der Philosophie. Als Philosophen galten jene, die nach Weisheit strebten – nach einem vollendeten Wissen, das eigentlich den Göttern vorbehalten war. Im Streben nach der Weisheit sah man den Weg zum gelingenden, glückseligen Leben. Platon (428/427–348/347 v. Chr.) ernannte die Weisheit zur Kardinaltugend und be-

Das Urteil Salomons gilt bis heute als Inbegriff einer weisen Entscheidung, die auf Menschenkenntnis und Lebenserfahrung gründet. (Nicolas Poussin, „Das Urteil des Salomo", 1649, Ausschnitt)

stimmte sie als geistige Schau der Ideen, jener Wesenheiten, die für ihn die wahre Realität bilden. Aristoteles (384–322 v. Chr.) grenzte die Weisheit von der Klugheit (*phronesis*) ab. Während die Weisheit auf der theoretischen Einsicht in ewige Wahrheiten beruhe, gehe es bei der Klugheit um praktisches Wissen, das zu einem gelingenden Leben beitrage. Stoiker und Epikureer folgten dieser Differenzierung nicht, sondern verstanden unter Weisheit gerade die praktische Lebenskunst. Für die Stoiker wie Seneca (ca. 1–65 n. Chr.) bestand die Haltung des Weisen darin, das ihm zugeteilte Schicksal hinzunehmen, weil es ohnehin nicht zu ändern sei. Im Christentum hielt man die Weisheit später für ein Gnadengeschenk Gottes. Nach Augustinus (354–430) hat die Wissenschaft mit den zeitgebundenen Wahrheiten zu tun, die Weisheit jedoch mit dem Ewigen. Der deutsche Humanist Nikolaus von Kues (1401–1464) war sogar der Auffassung, dass sich der Mensch zur Ähnlichkeit mit der Weisheit Gottes erheben müsse, um diese ewigen Wahrheiten zu finden.

In der Neuzeit verloren die Philosophen immer mehr das Interesse an der Weisheit. Die Philosophie verstand sich selbst als Wissenschaft, nicht mehr als Lebenskunst. Zugleich stieß das stoische Ideal der Weisheit auf Kritik. Friedrich Nietzsche (1844–1900) spottete über die modernen Philosophen: „Sie nennen sich nicht mehr ‚Philosophen' und hängen die ‚Liebe zur Weisheit' wie eine steife Amtstracht an den Nagel." Andererseits hielt er das Weisheitsideal selbst für ein „Zeichen von Schwäche", für ein „Versteck des Philosophen, hinter welches er sich aus Ermüdung, Alter, Erkältung, Verhärtung rettet". Ein wahrer Philosoph lebe „unphilosophisch" und „unweise", der „stoische Typus" hingegen sei der „vollkommene Hornochs". Nicht viel besser dachte Ludwig Wittgenstein (1889–1951) über die Weisheit: „Die Weisheit verhehlt dir nur das Leben." Weisheit sei

„leidenschaftslos", sie sei „etwas Kaltes und Leidenschaftsloses".

Die Ausgrenzung der Weisheit tat der westlichen Philosophie nicht nur gut. Sie nahm ihr auch etwas von ihrer Relevanz für das Leben der Menschen. Viele finden ihre Inspiration heute in der Esoterik und in fernöstlichen Weisheitslehren anstatt in den Gedanken der Philosophen. Doch in der Idee der Weisheit steckt die Einsicht, dass das Wissen allein nicht genüge, dass theoretische Erkenntnis und praktische Lebensführung zusammengehören. Einst waren Philosophen mit ihrer „Liebe zur Weisheit" Vorbilder für ein gelingendes Leben. Sie sollten es auch heute wieder sein.

> ## „Auf die Absicht aller Dinge, nicht auf den Erfolg blickt der Weise."
>
> SENECA
> „Briefe", 1. Jahrhundert

Von Sokrates können wir lernen: Weise ist derjenige, der die Begrenztheit seines eigenen Wissens anerkennt.

siehe auch: Wahrheit, *Seite 38* • Wissen, *Seite 40*   57

Schönheit

Was gefällt uns und warum?

Der „Giraffenhals"
der Padaung-Frauen
auf Myanmar ent-
spricht nicht dem
abendländischen
Schönheitsideal,
gilt aber vor Ort
als ausgesprochene
Zierde.

Schönheit ist uns wichtig. Wir träumen von einer „schönen Wohnung", wir lieben „schöne Dinge" – und natürlich wären wir auch selbst gern „schön". Gleichwohl ist „Schönheit" ein umstrittener Begriff. Liegt die Schönheit in den Dingen? Oder im Auge des Betrachters?

Für Platon (428/427–348/347 v. Chr.) ist das Schöne eine rein geistige Idee, an der die sinnlich wahrnehmbaren Einzeldinge mehr oder minder teilhaben können. Es steht in einer engen Beziehung zum Guten und zum Wahren – eine Vorstellung, die noch immer nachwirkt. Bis heute haben wir Schwierigkeiten, das Böse oder Verlogene schön zu finden.

Platon bestimmt das Wesen der Schönheit nicht konkret. Vielmehr geht er von einer Idee des Schönen aus, an der die schönen Dinge teilhaben. Eines seiner Kriterien für Schönheit waren harmonische Proportionen. Diese Bestimmung blieb gültig bis in die Renaissance. Schönheit galt damit als objektive Eigenschaft von Dingen, die man mit dem Intellekt erfassen und sogar berechnen konnte. Erst im 18. Jahrhundert rückte die subjektive Sinneserfahrung in den Vordergrund. Das Schöne galt nicht mehr als Eigenschaft der Dinge, sondern als Produkt des sinnlich wahrnehmenden Geistes. Es wandelte sich von einer objektiven Idee zur subjektiven Empfindung. Das bedeutet allerdings nicht, dass Geschmacksurteile als völlig beliebig angesehen wurden. Immanuel Kant (1724–1804) bestimmte in seiner „Kritik der Ur-

teilskraft" das Schöne als „Gegenstand interesselosen Wohlgefallens". Es genügt also nicht, dass wir etwas „schön" finden. Wir müssen es um seiner selbst willen schön finden, und nicht, weil es irgendwelche Bedürfnisse oder Zwecke erfüllt. Zwar können wir nicht einfach davon ausgehen, dass auch andere unser Urteil teilen werden. Aber wir müssen voraussetzen, dass sie es tun werden, dass es also eine Norm gibt, an der sich unser Urteil orientiert. Sonst könnten wir nämlich gar keine Geschmacksurteile fällen. In Kants Worten: „Schön ist, was ohne Begriff als Gegenstand eines *notwendigen* Wohlgefallens erkannt wird."

Über Kants Begriff des „interesselosen Wohlgefallens" wurde schon zu seiner Zeit heftig gestritten, später geriet das klassische Schönheitsideal selbst in die Kritik. Friedrich Nietzsche (1844–1900) etwa bestritt jegliche Verbindung zwischen dem Schönen, dem Guten und dem

> *„Schön ist, was ohne Begriff als Gegenstand eines notwendigen Wohlgefallens erkannt wird."*

IMMANUEL KANT
Kritik der Urteilskraft, 1790

Wahren. Im Schönen sah er eine Form von Selbsttäuschung, die für das menschliche Dasein notwendig sei, den „Willen zum Schein". Endgültig suspekt wurde der Begriff der Schönheit schließlich im 20. Jahrhundert unter dem Eindruck von Weltkriegen und NS-Terror. Das Schöne vermag uns nicht mit dem Furchtbaren zu versöhnen, meinte Theodor W. Adorno (1903–1969) in seiner „Ästhetischen Theorie". Schönheit als „Ersatz fürs nicht existente Leben" verrate sich vielmehr selbst. In unserer modernen, durchökonomisierten Welt brauchen wir das Schöne nach Adorno gleichwohl als kritisches Korrektiv, indem es über die Wirklichkeit hinausweist – und uns ein Anderes zeigt, ein Mögliches jenseits der Welt, in der wir leben.

siehe auch: Wirklichkeit, *Seite 24* • Norm, *Seite 172*

Einbildung

Täuschung oder Fantasie?

„Das hast du dir nur eingebildet!" Einbildung setzen wir im Alltag oft mit Täuschung gleich. Philosophisch ist sie allerdings viel bedeutsamer, denn sie verleiht der Wahrnehmung erst ihren Sinn.

In der Philosophie versteht man unter „Einbildung" meist eine Art Bindeglied zwischen Wahrnehmung und Verstand. Durch die Einbildung können wir uns einen Gegenstand vorstellen, ohne ihn tatsächlich vor uns zu sehen. Wir benutzen sie auch, um Verknüpfungen zwischen unseren Sinneseindrücken herzustellen oder Lücken in der Wahrnehmung aufzufüllen. Insofern ist die Einbildung – oder Einbildungskraft – eine geistige Fähigkeit, die sowohl der Fantasie als auch der Erinnerung ähnelt. Viele Philosophen wie etwa Immanuel Kant (1724–1804) maßen und messen ihr eine große Bedeutung für das Erschließen unserer Lebenswelt bei.

Nach Kant ist die Einbildung eine unserer Erkenntnisquellen, die sowohl „reproduktiv" wirkt, also vergangene Sinneseindrücke wieder ins Bewusstsein ruft, als auch „produktiv" ist, indem sie verschiedene Eindrücke miteinander synthetisiert, sie mithilfe des Verstandes zusammenfasst und erweitert. Darum nennt Kant diese produktive Einbildung auch „dichtend", obwohl er es strikt ablehnt, dass die Einbildungskraft etwas Neues erschaffen kann, das seinen Ursprung nicht in einer sinnlichen Erfahrung hat.

Wir können uns demnach zwar ein Einhorn vorstellen, obwohl es dieses nicht wirklich gibt, aber nur deswegen, weil wir es aus Teilen zusammensetzen, die uns aus der Erfahrung bekannt sind. Die Einbildungskraft eröffnet uns also die Möglichkeit, über unsere Sinneseindrücke hinauszugehen und sie neu zusammenzustellen. Ohne Einbildung gäbe es keine Kreativität, keine Kunst, keine Fiktion. Der romantische Philosoph und Dichter Friedrich Schlegel (1772–1829) sah die künstlerische Betätigung der Einbildung sogar als Ausdruck menschlicher Freiheit an: „Der eigene Zweck der Einbildungskraft ist das innere, freie, willkürliche Denken und Dichten." Wer sich etwas „nur einbildet", ist also vielleicht kein Träumer, sondern denkt weiter als der, der sich auf das vordergründig Sichtbare verlässt.

Einhörner existieren nur in unserer Fantasie. Dennoch können wir sie uns bildlich vorstellen und sogar über sie sprechen. Manche Philosophen glauben sogar, dass auch Fantasiegebilde in einem bestimmten Sinn real sind.

siehe auch: **Wahrnehmung**, *Seite 18* • **Wirklichkeit**, *Seite 24*

Materie

Woraus besteht die Welt?

Was ist Materie? Und in welchem Verhältnis steht sie zum Geist? Die moderne Naturwissenschaft kommt manchen Vorstellungen der antiken Philosophen wieder nahe.

Alle Dinge des Universums bestehen aus Materie. Heute wissen wir, dass auch der vermeintlich leere Raum voller Quantenteilchen ist, die kurzfristig existieren und gleich wieder verschwinden.

Unter „Materie" verstehen wir den Stoff, aus dem alle Naturdinge bestehen, unabhängig von ihrer Erscheinungsform. Der griechische „Materialist" Demokrit (460/459–frühes 4. Jh. v. Chr.) hielt die Atome für die unzerstörbaren Grundbausteine aller Dinge, aus denen sich das gesamte Naturgeschehen erklären lässt. Neben dem „Atomismus" gab es bei den Griechen allerdings noch zwei weitere Materiekonzeptionen. Platon (428/427–348/347 v. Chr.) unterschied zwischen ewigen, unveränderlichen Formen (den Ideen) und den wahrnehmbaren Dingen. Dabei ging er einerseits von bestimmten geometrischen Grundformen materieller Dinge aus, den „platonischen Körpern". Zugleich nahm er eine unbestimmte Urmaterie (griechisch *chora*, „Raum") an, in die sich im Zuge der Weltentstehung das geistige Sein der Ideen gleichsam einprägte. Durch den Eingriff des Schöpfergottes entstanden daraus die Grundelemente Erde, Wasser, Luft und Feuer, die schließlich die Form der platonischen Körper annahmen, aus denen dann die materiellen Dinge zusammengesetzt waren.

Bei Aristoteles (384–322 v. Chr.) hingegen ist die Materie (*hyle*) der Stoff, aus dem etwas zu einem bestimmten Ding wird, indem es sich mit einer Form (*morphé*) verbindet. Unter Form ist dabei nicht einfach die äußere Gestalt zu verstehen, sondern gewissermaßen der gedankliche Entwurf eines Dings, der aber in der Materie als Disposition bereits angelegt ist. So ist Marmor der Stoff, aus dem eine Statue werden kann. Alle Dinge, auch der Mensch, bestehen für Aristoteles aus dieser Einheit von Materie und Form, wobei es bei lebendigen Organismen die Seele ist, die aus einem bloß materiellen Körper ein Lebewesen macht.

Unsere heutigen Vorstellungen von Materie haben mit den antiken Ideen scheinbar wenig zu tun. So definiert man Materie seit Galilei (1564–1642) nach messbaren Eigenschaften, unabhängig vom aristotelischen Formbegriff. Im 19. Jahrhundert setzte sich dann die Auffassung durch, dass alle Materie aus lokalisierbaren Teilchen besteht, zwischen denen Kräfte wirken. Einstein verwarf die Idee eines Äthers, eines hypothetischen Mediums, in dem sich Licht ausbreitet, und entdeckte die Äquivalenz von Masse und Energie

> *„Die Materie hat die Substanz außer ihr; der Geist ist das Bei-sich-selbst-Sein."*

Georg Wilhelm Friedrich Hegel
Vorlesungen über die Philosophie der Geschichte, 1837

($E = m \times c^2$). Die moderne Quantenphysik veränderte unser Bild von Materie ein weiteres Mal. Die Quantenwelt besteht nicht einfach aus Materieteilchen, die sich in bestimmten Zuständen befinden, sondern aus Tendenzen und Möglichkeiten. In dieser Welt herrscht eine fundamentale Unsicherheit. Da können sich Teilchen in mehreren Zuständen zugleich befinden. Und erst, wenn man eine Messung durchführt, entscheiden sie sich gleichsam für einen bestimmten Zustand. Das Prozesshaft-Lebendige der Quantenwelt führt manche Interpreten zu der Spekulation, dass am Grunde der Materie selbst etwas Geistiges wirkt – eine Vorstellung, die manchen antiken Vorstellungen durchaus wieder nahekommt.

Natur

Warum müssen wir die Erde schützen?

Sind wir Teil der Natur oder ihr schlimmster Feind? Obwohl „natürlich" für uns als positive Auszeichnung gilt, tun wir alles, um die Natur zu beherrschen.

Das Wort „Natur" verwenden wir in verschiedenen Kontexten. Wir fahren zum Beispiel raus in die Natur, kaufen Produkte mit natürlichen Inhaltsstoffen oder bezeichnen einen heiteren Menschen als Frohnatur. Gemeinsam ist diesen Beispielen, dass sie sich auf eine Idee der Ursprünglichkeit beziehen. Das griechische *physis*, das mit „Natur" übersetzt wird, umfasste in der Antike all das, was „einfach so" entsteht. Auch der Mensch gehört also zur Natur, genau wie Tiere, Pflanzen oder Erde. Nach Aristoteles (384–322 v. Chr.) ist das grundlegende Prinzip von Natur die Bewegung. Ohne sie gäbe es keine Veränderung und daher auch kein Wachstum.

Das Verhältnis von Mensch und Natur ist seit jeher von einer gewissen Ambivalenz geprägt. Einerseits ist der Mensch als organisches Lebewesen Teil der Natur und andererseits ist er das einzige Lebewesen, das Kultur und Künstlichkeit erzeugt. Damit „erheben" wir uns über die Natur und schaffen eine „zweite Natur", wie der Philosoph und Anthropologe Arnold Gehlen (1904–1976) die Kultur bezeichnet. Allerdings ist es kaum möglich, trennscharf zwischen Natur und Kultur zu unterscheiden, da eine gewisse Kulturschaffung offenbar zum Menschen gehört. Mindestens Kleidung, eine Behausung und Werkzeuge finden sich in jeder Gemeinschaft. Wo man die Grenze zieht, scheint ziemlich willkürlich zu sein. Ist es unnatürlicher, Auto zu fahren, als Weizen auf einem Feld anzubauen?

Während sich die klassischen Philosophen noch vor allem mit der Frage befassten, was die Natur des Menschen sei, wird heute auch der Umgang des Menschen mit den natürlichen Ressourcen immer mehr zum Thema der Philosophie. Als Vordenker der Umweltschutzbewegung gilt vielen der Philosoph Hans Jonas, der in seiner Schrift „Das Prinzip Verantwortung" von 1979 auf die weitreichenden Folgen des technischen Fortschritts für den Erhalt des Planeten hinweist und zu denken gibt: „Nur, weil der Mensch sich die Natur unterwerfen kann – sollte er es deswegen auch tun?"

Die unberührte Natur bietet uns scheinbar Zuflucht vor den Zumutungen der Zivilisation. Doch die Grenze zwischen Natur und Kultur lässt sich nicht so leicht ziehen. Auch wir Menschen sind Teil der Natur.

„Während die Philosophen noch streiten, ob die Welt überhaupt existiert, geht um uns herum die Natur zugrunde."

Karl Raimund Popper, 1993

siehe auch: Verantwortung, *Seite 176* • Kultur, *Seite 252*

Vernunft

Was ist rational?

Der Glaube an die Vernunft bestimmt die gesamte abendländische Philosophietradition. Doch die Philosophen haben ihre Möglichkeiten auch überschätzt.

„Jetzt sei doch mal vernünftig", sagen wir manchmal zu anderen. Meist meinen wir damit, dass sich die Person nicht von spontanen Impulsen oder Gefühlen leiten lassen soll, sondern dass sie sich stattdessen an bestimmte Regeln und Prinzipien halten soll. Wenn wir an die „Vernunft" eines Menschen appellieren, dann erwarten wir, dass sie auf Gründe reagiert und nachdenkt, bevor sie handelt. Zugleich gehen wir davon aus, dass wir uns mit ihr über diese Gründe verständigen können. Eine „private" Vernunft, über die nur das Subjekt selbst verfügt, wäre nämlich keine Vernunft.

Auf der Vernunft beruht unsere gesamte westliche philosophische Tradition. Im Zentrum steht dabei die Überzeugung, dass es die Vernunft ist, wodurch sich der Mensch von allen anderen Lebewesen unterscheidet. Bereits Aristoteles (384–322 v. Chr.) bestimmte den Menschen als *zoon logon echon*, also als Wesen, das über Vernunft und Sprache verfügt. Unter dem *logos* verstand man in der Antike ein kosmisches Gesetz der Weltordnung; die Stoiker etwa sahen darin ein eigenständiges Prinzip, das die „objektive" Vernunft der Weltordnung genauso erklärt wie die „subjektive" Vernunft des Menschen. Der Stoiker Seneca (ca. 1–65 n. Chr.) glaubte, der Mensch habe durch seine Vernunft Anteil am göttlichen Geist.

Naturwissenschaftler müssen ihre Hypothesen mit Experimenten beweisen. Ohne Erfahrung gibt es keine Erkenntnis. „Franklins Experiment" (1876) mit einem Drachen führte zur Erfindung des Blitzableiters.

Noch im Mittelalter war die göttliche Vernunft der Maßstab aller Erkenntnis. Da Gott die Welt geschaffen hatte, musste alles Sein vernünftig sein – objektive und subjektive Vernunft waren also eins. Erst in der Neuzeit schwand der Glaube an eine von Gott garantierte Vernunftordnung. Der Mensch wurde mehr und mehr auf seine eigene, menschliche Vernunft zurückgeworfen. Die Aufklärung wandte sich vor allem gegen die Autorität der Tradition. Ihr Leitbild war die moderne Naturwissenschaft. Die Vernunft sollte ihr eigener Maßstab sein. Immanuel Kant (1724–1804) erklärte sie zum „Gerichtshof", vor dem die eigenen metaphysischen und dogmatischen Abirrungen angeklag werden. Für Kant ist die Vernunft das oberste Erkenntnisvermögen. Während der Verstand für die Verknüpfung der Erscheinungen mit Begriffen zuständig ist, besteht die Aufgabe der Vernunft darin, die Verstandeserkenntnisse unter die Einheit von Prinzipien zu bringen. Sie ist also die Voraussetzung für jede sinnvolle Welterschließung: Die theoretische Vernunft erkennt, „was da ist", die praktische Vernunft hingegen sagt uns, „was da sein soll". Doch nicht nur die Erkenntnis hat sich dem Anspruch der Vernunft zu unterwerfen, sondern auch das menschliche Handeln.

Der deutsche Idealismus trieb die Vorherrschaft der Vernunft später auf die Spitze. Im vernünftigen Subjekt sah man die Grundlage für die objektive Vernunft der Welt. Für Johann Gottlieb Fichte (1762–1814) ist die Vernunft wesenhaft praktisch, sie handelt also: Im Ich setzt sie sich selbst, das Ich wiederum setzt die Realität. Für Schelling (1775–1854) hingegen sind Vernunft und Geist Spiegelungen der Natur. In seiner Philosophie behauptet er die Einheit von Denken und Sein, von Freiheit und Natur. Hegel (1770–1831) schließlich begreift die gesamte Geschichte als Vernunftprozess, in dem sich der Geist selbst entfaltet.

Die Überschätzung der Vernunft im Idealismus stieß schon bald auf Kritik. So setzten etwa die Romantiker das Gefühl gegen den Allmachtsanspruch der Vernunft. Und Arthur Schopenhauer (1788–1860) hielt nicht den vernünftigen Logos für das Prinzip der Welt, sondern den irrationalen Willen. Friedrich Nietzsche (1844–1900) warf der Vernunft sogar Lebensfeindlichkeit vor; gegen die kopflastigen Vorstellungen von Kant und den Idealisten stellte er die „Vernunft des Leibes".

Die Vernunftkritik setzte sich im 20. Jahrhundert fort. Großen Einfluss hatte vor allem das Denken Martin Heideggers (1889–1976), der die neuzeitliche Rationalität für „rechnendes Den-

Die Aufklärung gründete auf dem Glauben an Vernunftprinzipien und Werte, die für alle Menschen gelten sollten. Zur Zeit der Französischen Revolution wurde die Vernunft sogar vergöttlicht („Fest des Höchsten Wesens" in den Tuilerien am 8. Juni 1794).

„Die Vernunft ist das Prinzip der allgemeinen Gleichheit, der Verstand ist das Prinzip der Ungleichheit unter den Menschen."

FRIEDRICH WILHELM JOSEPH SCHELLING
Darstellung des philosophischen Empirismus, 1836

ken" hielt, das den Zugang zum wahren Sein verloren habe. Auch die „Kritische Theorie" mit Vertretern wie Max Horkheimer (1895–1973) vertrat die These, dass die Vernunft zum bloßen Instrument der technischen Naturbeherrschung und des zweckrationalen Denkens abgewertet worden sei. Doch bei aller berechtigten Kritik an einer Überschätzung der Vernunft: Auf rationales Denken, das auf Gründe reagiert, können wir nicht verzichten, gerade im Kampf gegen Fundamentalismus und Aberglauben jeglicher Art.

siehe auch: Sein, *Seite 20* • Emotionen, *Seite 42* • Wunder, *Seite 46* • Körper, *Seite 138* • Geschichte, *Seite 244*   69

Logik

Wie denkt man richtig?

Was ist ein Argument? Und was unterscheidet einen gültigen von einem ungültigen Schluss? Die Logik hilft uns, Denkfehler zu vermeiden.

Unter Logik versteht man die Lehre vom korrekten Schließen und Argumentieren. Zu argumentieren heißt, für einen Glauben oder eine Meinung Gründe anzuführen. Argumente sind das Herzstück unseres vernünftigen Denkens. Sie erlauben uns nämlich, Behauptungen miteinander zu vergleichen. Manche Argumente führen zu zwingenden Schlussfolgerungen, andere erweisen sich als unhaltbar. Argumentieren erfordert logisches Denken. Eine Behauptung, die inkonsistent ist, also sich selbst widerspricht, ist schlicht sinnlos.

Ein Schluss ist dann logisch gültig, wenn aus den Voraussetzungen (Prämissen) zwingend der Schlusssatz (Konklusion) folgt. So folgt aus „Alle Menschen sind sterblich" (Prämisse 1) und „Sokrates ist ein Mensch" (Prämisse 2) die Konklusion „Sokrates ist sterblich". Hingegen folgt aus „Alle Menschen sind sterblich" (Prämisse 1) und „Sokrates ist sterblich" (Prämisse 2) keineswegs die Konklusion „Sokrates ist ein Mensch". Schließlich könnte Sokrates auch ein nichtmenschliches Lebewesen sein. Andererseits muss die Konklusion nicht falsch sein, wenn eine oder mehrere Prämissen falsch sind. Aus „Alle Menschen sind Griechen" (Prämisse 1) und „Sokrates ist ein Mensch" (Prämisse 2) folgt die Konklusion „Sokrates ist Grieche" – obwohl die Prämisse 1 falsch ist.

Eine traditionelle Aufgabe der Logik besteht darin, Fehlschlüsse aufzudecken. So könnte jemand folgenden Schluss ziehen: „Rauchen und trinken senkt die Lebenserwartung" (Prämisse 1) und „X ist jung gestorben" (Prämisse 2), also folgt: „X hat geraucht und getrunken" (Konklusion). Das ist jedoch ein Fehlschluss, weil es noch andere Ursachen gegeben haben könnte, die das Leben von X verkürzten. Ein typischer Fehlschluss, eine *petitio principii* („Beanspruchung des Beweisgrundes"), liegt auch dann vor, wenn eine zu beweisende Behauptung bereits als wahr vorausgesetzt wird. Beispiel: „Schwarzfahren ist unsozial, weil es auf Kosten der Allge-

"Es gibt nur eine logische Notwendigkeit."

LUDWIG WITTGENSTEIN
Tractatus logico-philosophicus, 1918

meinheit geht." Die Prämisse sagt hier im Kern nichts anderes als die Konklusion. Dass Schwarzfahren „auf Kosten der Allgemeinheit" geht, wäre eben erst noch zu beweisen.

Die Lehre vom richtigen Schließen (Syllogistik) begründete bereits Aristoteles (384–322 v. Chr.), in dessen Werk die antike Logik ihren Höhepunkt erreichte. Eine seiner wesent-

Kausale Zusammenhänge lassen sich nicht durch Logik allein feststellen, sondern auch durch empirische Beobachtung. Das Kugelstoßpendel (oder Newton-Wiege) demonstriert die Richtigkeit des Impuls- und Energieerhaltungssatzes.

lichen Einsichten bestand darin, dass es beim logischen Schließen nicht auf den Inhalt ankommt, sondern auf die formale Struktur. Für jeden Schluss mit der gleichen logischen Form gilt nämlich: Wenn die Prämissen wahr sind, dann ist auch die Konklusion wahr; sie ist in den Prämissen gleichsam schon enthalten. In der Syllogistik geht es nun darum zu zeigen, welche Schlüsse gültig sind und welche Struktur sie aufweisen. Bestimmte Aussagen sind sogar notwendig oder analytisch wahr, wie etwa der Satz: „Kein Junggeselle ist verheiratet." Dass dieser Satz notwendig wahr sein muss, geht auf Aristoteles' Satz vom Widerspruch zurück: »Dass ein und dasselbe ein und demselben nach derselben Hinsicht gleichzeitig zukommt und nicht zukommt, ist unmöglich.« Man kann also nicht widerspruchsfrei behaupten, etwas sei der Fall und zugleich nicht der Fall.

Im Laufe ihrer Entwicklung hat die Logik verschiedene formalisierte Sprachen entwickelt, um die logische Form von Aussagen in eindeutiger Weise unabhängig vom Inhalt darzustellen. Die moderne Logik schuf allerdings erst der deutsche Mathematiker und Philosoph Gottlob Frege (1848–1925). Frege versuchte sogar, die gesamte Arithmetik und damit die Mathematik überhaupt auf die Logik zurückzuführen. Doch der britische Philosoph und Mathematiker Bertrand Russell (1872–1970) entdeckte in Freges Arbeiten einen unauflöslichen Widerspruch, bekannt als Russelsches Paradoxon, welches das ganze Projekt zunichte machte. Freges logische Theorie war dennoch enorm einflussreich, unter anderem inspirierte sie die „analytische Philosophie", die traditionell versucht, mithilfe logischer Begriffsanalyse Klarheit in die philosophische Sprache zu bringen.

Auch im Alltag erfordert logisches Argumentieren präzisen Sprachgebrauch. Oft scheitern Argumente daran, dass bestimmte Wörter „äquivok", also in verschiedenen Bedeutungen, gebraucht werden. In alltäglichen Diskussionen begegnen uns zudem viele Arten von Fehlschlüssen, die letztlich auf unsauberen Argumenten oder rhetorischen Tricks beruhen wie etwa dem „Ad-Hominem-Argument", das auf persönliche Umstände oder Eigenschaften des Diskussionspartners zielt, oder dem „Strohmann-Argument", bei dem man dem anderen eine Position unterstellt, die dieser gar nicht vertritt, um diese leichter widerlegen zu können. Logisches Denken kann helfen, solche Fehler aufzudecken. Nicht nur der „Logik" wegen, sondern auch, um besser miteinander auszukommen.

siehe auch: Gründe und Ursachen, Seite 214

Aufklärung

Was ist ein mündiger Mensch?

Freiheit, Toleranz, Menschenwürde: Um die Werte der Aufklärung wurde lange erbittert gerungen; bis heute stehen sie im Zentrum vieler gesellschaftlicher und politischer Debatten.

Der Anspruch der Aufklärung ist die Mündigkeit des Individuums. Ein „aufgeklärter" Mensch verlässt sich nicht auf Autoritäten, er kann selbstständig denken und autonom handeln. Die Ideen der Aufklärung – Freiheit, Toleranz, geistige Offenheit und Vielfalt – gelten in der westlichen Welt als Grundlage jeder modernen Gesellschaft. Begegnungen mit anderen Kulturen, die andere Werte vertreten, tragen jedoch dazu bei, dass wir uns ihrer immer wieder versichern müssen.

Als Epochenbegriff ist die Aufklärung verbunden mit dem 17. und 18. Jahrhundert, vor allem in England, Frankreich und Deutschland, mit der Französischen Revolution und der Erklärung der Menschenrechte. Zu den maßgeblichen Philosophen zählten John Locke, David Hume, Shaftesbury, Diderot und Voltaire, Christian Wolff, Moses Mendelssohn und natürlich Immanuel Kant. Das Denken der Aufklärung war bestimmt durch den Glauben an Fortschritt und Erziehung, an Vernunft und Wissenschaft und zugleich durch die Ablehnung von Dogmatismus jeder Art. Die Aufklärer wollten sich nicht mehr auf die alten Autoritäten und Traditionen stützen. Doch sie gingen auch weiter als der Rationalismus, der die Vernunft als geschlossenes System ansah, das seine Erkenntnisse „a priori", also vor aller Erfahrung gewinnt. Vielmehr orientierten sie sich am Vorbild der empirischen Naturwissenschaft. Erkenntnis gründete nicht mehr allein in der Vernunft, sondern in der Erfahrungswelt.

Die Aufklärung erhob den Anspruch auf Universalität. Ihre Werte sollten für alle gelten, unabhängig von Nationalität oder Kultur. Nach Immanuel Kant erfordert Aufklärung nichts als die Freiheit, „von seiner Vernunft in allen Stücken öffentlichen Gebrauch zu machen". Doch die Aufklärung stieß schon bald auf Widerstand. Die Romantiker wandten sich gegen die einseitige Betonung der Vernunft, gegen die Herrschaft der modernen Wissenschaft, die den Menschen auf eine seelenlose Maschine reduzierte. Im 20. Jahrhundert kritisierten u. a. Max Horkheimer (1895–1973) und Theodor W. Adorno (1903–1969) den Vernunftanspruch der Aufklärung. Unter dem Eindruck des Holocaust vertraten sie in ihrem Buch „Dialektik der Aufklärung" die These, dass Vernunft und Wissenschaft nicht zur Befreiung des Menschen geführt hätten, sondern, in Gestalt der modernen Technik, zu seiner Verdinglichung und Entfremdung. Doch bei aller Kritik können wir auf die Werte der Aufklärung gerade heute nicht verzichten, wie sich etwa in der Auseinandersetzung mit dem radikalen Islam zeigt.

siehe auch: Vernunft, *Seite 66* • Toleranz, *Seite 148* • Freiheit, *Seite 226*

Zweifel

Zweifel bringen uns dazu, über Probleme nachzudenken und Argumente abzuwägen, bis wir eine befriedigende Lösung gefunden haben.

Muss man alles infrage stellen?

Man ist sich nicht sicher, man zögert, man weiß nicht so recht. Soll man eine Aussage glauben oder nicht? Ist womöglich das Gegenteil richtig? Kann man oder muss man an allem zweifeln? Und bringt uns das Zweifeln überhaupt weiter?

Der Zweifel sei ein „unangenehmer, unbefriedigender Zustand", schrieb der amerikanische Philosoph Charles Sanders Peirce (1839–1914). Er steht im Gegensatz zum Glauben ebenso wie zur Gewissheit. Insofern ist er zumeist eine Irritation, die wir beseitigen wollen. Gerade deshalb hielt Peirce den Zweifel für ein Leitprinzip des Denkens. Der Zweifel bringt uns nämlich dazu, ein Problem, eine Frage überhaupt erst näher zu untersuchen. Erst wenn wir etwas glauben, sind wir zufrieden und werden versuchen, an unserer neugewonnenen Überzeugung festzuhalten. Bereits der französische Rationalist René Descartes (1596–1650) hatte den Zweifel zur zentralen Denkmethode erhoben. Als Regel legte er fest, „niemals eine Sache als wahr anzuerkennen, von der ich nicht evidentermaßen erkenne, dass sie wahr ist". Der metho-

> *„Ein Zweifel ohne Ende ist nicht einmal ein Zweifel."*
>
> Ludwig Wittgenstein
> Über Gewissheit, 1970

dische Zweifel bei Descartes dient dazu, die Erkenntnis auf ein sicheres Fundament zu stellen. Philosophische Skeptiker bestreiten allerdings, dass wir überhaupt etwas sicher wissen können. Zwar kann man den Skeptizismus nicht grundsätzlich entkräften, aber man kann gute Argumente dagegen vorbringen wie etwa jenes, dass wir letztlich nicht handeln können, wenn wir immer nur alles bezweifeln. Ein anderes Argument stammt von Georg Edward Moore (1873–1958). Es beruht schlicht auf gesundem Menschenverstand und richtet sich gegen den

sogenannten Außenwelt-Skeptizismus, wonach wir nicht sicher wissen können, ob überhaupt etwas außerhalb unseres eigenen Geistes existiert. Moore demonstrierte seine Meinung mithilfe seiner eigenen Hände: Es ist offensichtlich, dass wir zwei Hände haben. Auch wenn man den Skeptiker nicht widerlegen kann, der genau das bezweifelt, so kann doch auch er umgekehrt nicht widerlegen, dass wir zwei Hände haben. Und die Annahme, wir hätten zwei Hände, ist offensichtlich plausibler ist als die Annahme, dass nichts außerhalb des eigenen Geistes existiere. Und wenn die zwei Hände existieren, dann existiert auch etwas außerhalb des Geistes – und der Skeptiker ist widerlegt.

Natürlich wissen wir nicht wirklich, dass wir zwei Hände haben, meinte Ludwig Wittgenstein (1889–1951). Aber es sei auch sinnlos, daran zu zweifeln. Letztlich müssen wir immer von Tatsachen ausgehen, die wir nicht hinterfragen. Solche Überzeugungen bestimmen unser „Weltbild", also den Hintergrund, vor dem wir zwischen wahr und falsch unterscheiden. Wenn wir an allem zweifeln, können wir überhaupt nicht mehr sinnvoll über irgendetwas nachdenken. In den Worten Wittgensteins: „Ein Zweifel ohne Ende ist nicht einmal ein Zweifel."

siehe auch: Glaube, *Seite 36* • Wissen, *Seite 40*

Möglichkeit

Was kann sein?

Alles ist möglich, sagen wir manchmal. Und in gewisser Weise stimmt das auch. Manche Philosophen glauben sogar an die Existenz möglicher Welten, in denen Einhörner existieren und Elvis Presley noch lebt.

Selbst der Weltuntergang ist logisch möglich, wenn auch nicht sehr wahrscheinlich. Aus der Sicht mancher Logiker existieren sogar „mögliche Welten", in denen solche Katastrophen tatsächlich eingetreten sind. Der Film „The Day after Tomorrow" (2004) führt uns die Möglichkeit einer Klimakatastrophe und ihrer Konsequenzen vor Augen.

Unter einer Möglichkeit verstehen wir, dass etwas sein könnte, aber nicht ist. Der Begriff „Möglichkeit" bezeichnete ursprünglich eine Fähigkeit oder einen „Zustand der Kraft". Schon Aristoteles (384–322 v. Chr.) ging dem Begriff genauer auf den Grund. Unter Möglichkeit (griechisch: *dynamis*) verstand er zunächst das Vermögen, etwas zu werden; die Möglichkeit steht damit zwischen Nichtsein und Wirklichkeit, sie bildet eine Art Vorstufe der Realität. Dabei unterschied Aristoteles zwischen realen Möglichkeiten und Denkmöglichkeiten, die nur in der Seele, also im Geist bestehen. Reale Möglichkeiten haben ihre Grundlage im Seienden selbst, sie setzen nach Aristoteles bereits die Existenz eines Dings voraus, das allerdings erst „in Möglichkeit Seiendes" ist. Die Möglichkeit wird erst wirklich durch die „Form", die das Seiende zu dem macht, was es ist. So macht erst die Sehkraft das Auge zum Auge; ohne Sehkraft ist es eben kein wirkliches Auge, sondern nur ein mögliches. Logisch möglich hingegen sind Dinge oder Sachverhalte, die sich widerspruchsfrei denken lassen. Logisch unmöglich wäre etwa die Existenz eines Dinges, das nicht mit sich selbst identisch ist; so etwas kann nach den Gesetzen der Logik nicht existieren. Die Existenz von Einhörnern hingegen wäre logisch durchaus möglich, auch wenn es sie in Wirklichkeit nicht gibt. Aus Sicht moderner Philosophen ist ein Sachverhalt dann möglich, wenn der betreffende Aussagesatz nicht notwendig falsch ist. Solche logischen Möglichkeiten lassen sich im Rahmen „möglicher Welten" beschreiben, also mit fiktiven Welten, in denen diese Möglichkeiten real sind. Mit dem Konstrukt „möglicher Welten" analysiert man heute zum Beispiel, ob bestimmte Sätze notwendig oder nur kontingent wahr sind, also auch unwahr sein könnten. Wie der US-amerikanische Logiker Saul Kripke (* 1940) in seinem Buch „Name und Notwendigkeit" gezeigt hat, ist es in allen möglichen Welten wahr, dass Wasser H_2O ist, während es Welten gibt, in denen Aristoteles nicht der Lehrer von Alexander dem Großen war. Sicher ist, dass es mögliche Welten gibt, in denen auch Einhörner existieren. Aber sehr wahrscheinlich gehört unsere reale Welt nicht dazu.

siehe auch: Sein, *Seite 20* • Wirklichkeit, *Seite 24*

Zufall

Könnte alles auch anders sein?

Wie kann etwas zufällig geschehen, wo doch jede Wirkung einen Auslöser braucht? Die Antwort könnte lauten: Zufälle gibt es nur, weil wir nicht alles wissen. Wir können uns eben nicht alles erklären. Das heißt aber nicht, dass nicht doch alles erklärbar oder gar vorherbestimmt ist.

Bei Glücksspielen wie Roulette scheint der Zufall zu walten. Aus deterministischer Sicht hingegen ist das Ergebnis vorherbestimmt. Wir verstehen nur die Kausalketten nicht, die zu diesem Ergebnis führen.

Nichts geschieht ohne eine Ursache. Das Betätigen des Lichtschalters bewirkt, dass die Glühbirne zu leuchten beginnt. Wenn kein technischer Defekt vorliegt, ist das Erglühen der Lampe eine notwendige kausale Folge des Einschaltens. Wir verlassen uns täglich auf solche Kausalketten. Doch es gibt Situationen, die für uns unvorhersehbar sind, für deren Eintreten wir keine Ursache erkennen können. Wir sprechen dann von einem Zufall. Aristoteles (384–322 v. Chr.) nannte ein Geschehnis dann zufällig, wenn keine „Deswegen-Beziehung" zwischen Ursache und Ereignis ersichtlich ist. „Was für ein Zufall!" mag man ausrufen, wenn einem ein alter Freund mitten im australischen Outback begegnet. Obwohl es natürlich Gründe dafür gibt, weshalb sich der Freund genau zu diesem Zeitpunkt an diesem Ort aufhält, kommt es uns extrem unwahrscheinlich vor, dass genau dieses Ereignis eintritt. Denn wir kennen diese Gründe nicht. Die Unabsehbarkeit von Ereignissen aufgrund unseres lückenhaften Wissens macht den Zufall möglich. Was wäre passiert, wenn ich heute morgen im Bett geblieben wäre, anstatt auf die Tour zu gehen? Dann hätte sich diese zufällige Begegnung nicht ereignet. Zufälle gibt es nur dann, wenn wir davon ausgehen, dass es auch hätte anders kommen können. Vertreter des philosophischen Determinismus bestreiten dies. Sie sind der Meinung, dass wir niemals anders handeln können, als wir tatsächlich handeln. Demnach ist alles vorherbestimmt, eine unendliche Kette kausaler Notwendigkeiten. Das heißt auch, dass theoretisch jedes Ereignis vorhersehbar ist, wenn man nur über genügend Informationen verfügt. Deterministen glauben daher auch nicht an einen freien Willen. Was uns als spontane, eigene Entscheidung erscheint, ist für sie nur die notwendige Folge dessen, was vorher geschah. Dass der Determinismus falsch liegt, lässt sich nicht wirklich beweisen. Ziemlich sicher ist aber, dass wir niemals über so detailliertes Wissen über die Welt verfügen werden, dass wir den Zufall ausschließen können.

siehe auch: *Gründe und Ursachen, Seite 214*

Sinn

Was bedeutet das alles?

Jeder von uns fragt sich irgendwann nach dem Sinn des Lebens. Doch viele Philosophen glauben, dass es diesen Sinn gar nicht gibt.

Das Wort „Sinn" hat viele Bedeutungen. Mal meinen wir damit ein Wahrnehmungsvermögen wie etwa den Seh- oder Tastsinn, mal den Zweck, das „Worumwillen" einer Handlung, mal den Gehalt eines Textes. Manchmal sprechen wir aber auch vom „Sinn des Lebens" und meinen die Frage, wozu wir eigentlich da sind. Aber gibt es den Sinn des Lebens überhaupt? Und hat die Frage selbst überhaupt einen Sinn?

Aristoteles (384–322 v. Chr.) sah den „Sinn des Lebens" in der Entfaltung der besten menschlichen Fähigkeiten. Sie bestand für ihn in einer Kombination aus theoretischem und praktischem Leben. Für den mittelalterlichen Scholastiker Thomas von Aquin (um 1225–1274) dagegen war Gott das letzte Ziel des Menschen. Und der Weg zu Gott führte – in der Tradition von Aristoteles – über ein tugendgemäßes Leben.

In der säkularen Welt verloren die Religionen immer mehr ihre sinnstiftende Kraft. Damit stellte sich die Frage nach einem nicht transzendenten, innerweltlichen Sinn des Daseins. Viele Philosophen glauben heute, dass sich die Frage nach dem „Sinn des Lebens" nicht allgemein beantworten lässt. Am ehesten können wir angeben, worin der Sinn des Lebens nicht besteht, etwa in unrealistischen Zielen oder solchen, die im Konflikt mit anderen Zielen stehen. Sobald man versucht, einen „Sinn des Lebens", der für alle Menschen gilt, positiv zu bestimmen, gerät man unweigerlich in Schwierigkeiten. Bei jedem Kandidaten für einen solchen Sinn könnte man schließlich fragen, worin nun dessen Sinn bestehe und so weiter. Man kommt nie an ein Ende. Ludwig Wittgenstein (1889–1951) kam deshalb zu dem Schluss: „Der Sinn der Welt muss außerhalb der Welt liegen." Das heißt jedoch nicht, dass nicht jeder Mensch einen Sinn für sein eigenes Leben finden kann, an dem er sich sinnvollerweise orientieren kann – auch wenn andere darin überhaupt keinen Sinn erkennen.

Nicht nur Shakespeares Hamlet stellt sich die Frage „Sein oder Nichtsein". Die meisten von uns suchen irgendwann nach dem Sinn ihres Lebens. Doch es gibt keine Antwort, die für alle gilt. Jeder muss ihn für sich finden.

siehe auch: Gott, Seite 48 • Existenz, Seite 114 83

Hoffnung

Was erwarten wir von der Zukunft?

Es gibt viele Dinge, auf die wir hoffen – vom Lottogewinn über die Genesung von einer Krankheit bis zur großen Liebe. Hoffnung kann sich auf ganz banale Dinge des Alltags beziehen, aber auch auf die großen Fragen des Lebens.

Jede Hoffnung richtet sich auf ein zukünftiges Ereignis, das wir für wünschenswert halten. Zwar wissen wir nicht, ob das Erhoffte tatsächlich eintreten wird. Aber wir haben eine gewisse Zuversicht, dass es so kommt. Das unterscheidet die Hoffnung von der Sehnsucht, die unerfüllt bleibt. Hoffnung ist auch nicht dasselbe wie ein Wunsch. Während Wünsche sich auch auf unmögliche Dinge beziehen können, geht die Hoffnung davon aus, dass das Erhoffe realisierbar ist, auch wenn die Chance gering ist. Hoffen können wir einerseits auf ein Ereignis, dass wir selbst nicht beeinflussen können. Wir können aber andererseits auch auf etwas hoffen, das wir zumindest teilweise selbst in der Hand haben, etwa darauf, dass wir bestimmte Ziele erreichen. Die Hoffnung sei „ins Gelingen verliebt statt ins Scheitern", schrieb Ernst Bloch (1895–1977) in seinem Buch „Das Prinzip Hoffnung", das sich mit verschiedenen Formen utopischen Denkens beschäftigt. Eine zentrale Rolle spielen darin Sozialutopien, die von der Hoffnung auf eine bessere Welt geleitet sind.

Lange Zeit hatten die Philosophen einen eher kritischen Blick auf die Hoffnung. Schließlich beruht sie auf defizitärem Wissen und ist insofern nicht vollständig rational. In vielen Fällen würden wir uns auch nicht auf die Hoffnung verlassen. Niemand würde mit verbundenen Augen über die Straße laufen, in der bloßen Hoffnung, dass nichts passieren werde. Hoffnung kann zu gefährlichem Wunschdenken führen, das uns verwirrt und der Realität entfremdet. Wenn ein Hobbybergsteiger aus seiner Hoffnung, den Mount Everest zu erklimmen, den Schluss zieht, er könne dies tatsächlich, obwohl seine Fähigkeiten dazu bei Weitem nicht ausreichen, wird er sich womöglich in große Gefahr bringen. Andererseits: Ohne jeden Funken Hoffnung verlöre unser Leben seinen Sinn. Wenn wir nicht darauf hoffen, dass wir bestimmte Ziele im Leben erreichen können, dann haben wir auch keine Motivation, diese Ziele überhaupt anzustreben. Es ist auch nicht irrational, auf ein bestimmtes Ereignis zu hoffen, solange es den Funken einer

Ein Mensch, der sich einer Kernspintomografie unterzieht, wird voller Sorge, aber auch voller Hoffnung sein, dass sich die Verdachtsdiagnose nicht erhärtet. Hoffnung hilft ihm aber auch, wenn die Diagnose schlecht ist. Sie kann sogar die Heilung unterstützen.

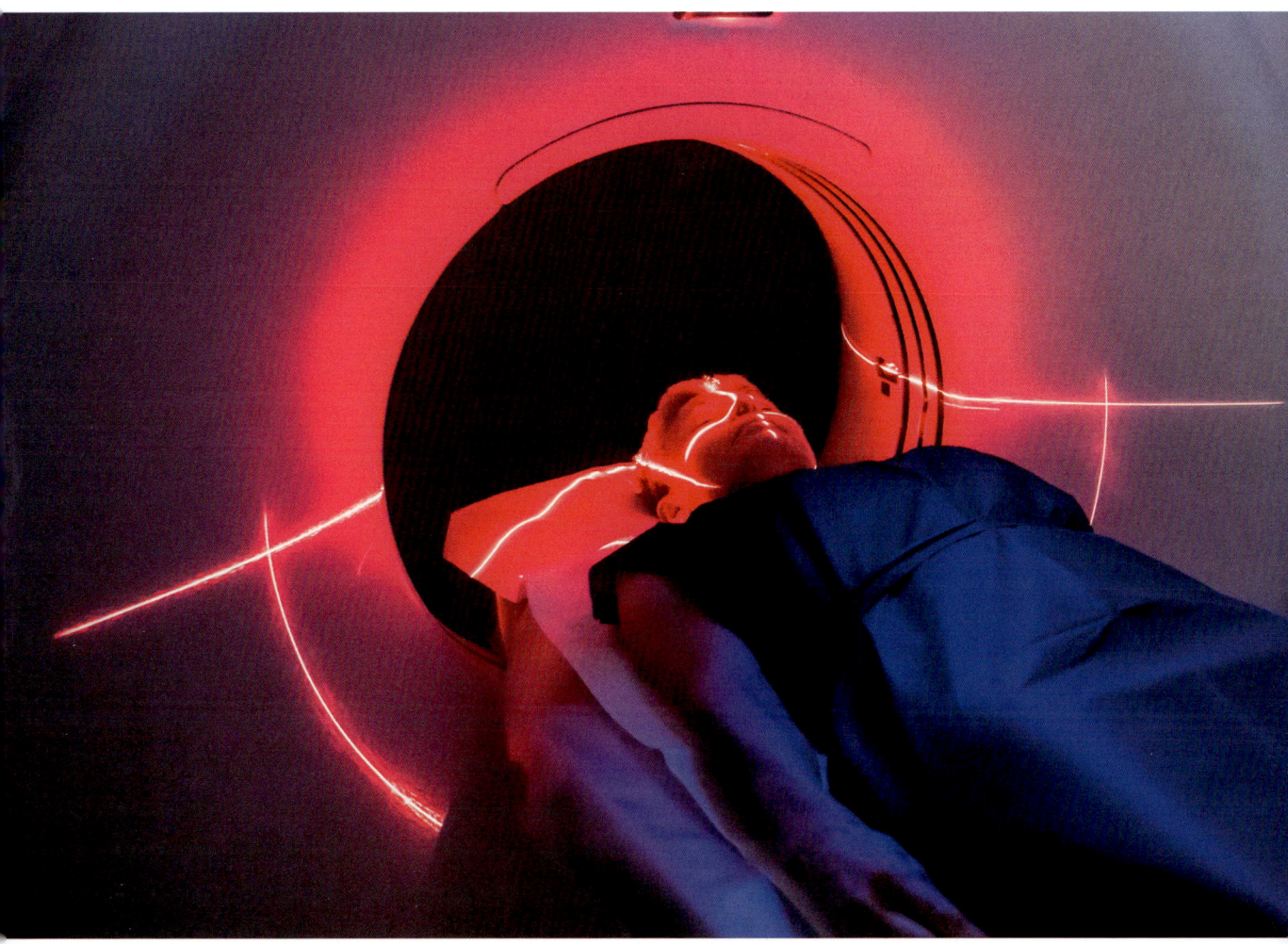

Chance gibt. So haben Schwerkranke, die auf Genesung hoffen, eine bessere Heilungschance als jene, die ihre Hoffnung bereits aufgegeben haben. Irrational und womöglich gefährlich ist es allerdings, aufgrund einer vagen Hoffnung auf das Eintreten eines bestimmten Ereignisses so zu handeln, als würde das Ereignis mit Sicherheit eintreten. Wer sich in der Hoffnung auf einen Lottosechser schon mal einen Porsche kauft, der ist nicht einfach ein hoffnungsvoller Mensch, sondern ein hoffnungsloser Fall.

„Es kommt darauf an, das Hoffen zu lernen. Seine Arbeit entsagt nicht, sie ist ins Gelingen verliebt statt ins Scheitern."

Ernst Bloch
Das Prinzip Hoffnung, 1938–1947

siehe auch: Sinn, *Seite 82* • Utopie, *Seite 270*

Zeit

Was ist das Jetzt?

Die Zeit begleitet uns ständig. Nichts ist uns so vertraut wie die Zeit. Und doch können wir bis heute nicht sagen, was Zeit eigentlich ist. Schon der heilige Augustinus sah sich bei dieser Frage vor einem Paradox: „Wenn mich niemand danach fragt, weiß ich es, will ich einem Fragenden es erklären, weiß ich es nicht."

Bereits die antiken Philosophen glaubten, dass Zeit etwas mit Veränderung zu tun hat. Ohne Zeit gibt es keine Veränderung, und ohne Veränderung keine Zeit, sonst würden wir ja nicht sagen, dass die Zeit „vergeht". Platon (428/427–348/347 v. Chr.) etwa identifizierte die Zeit mit der Bewegung der Himmelskörper, wobei er den Kosmos als beseelten, lebendigen Organismus betrachtete. Sein Schüler Aristoteles (384–322 v. Chr.) hingegen hielt die Zeit lediglich für ein Maß von Veränderung, für eine abstrakte Größe ohne eigenständiges Sein. Schließlich bestehe die Zeit aus lauter Teilen, die gar nicht existieren: Ein Teil der Zeit sei immer schon vergangen, ein anderer stehe erst bevor. Wirklich sei nur das Jetzt, und das sei nichts als ein ausdehnungsloser Punkt, ein Übergang zwischen Vergangenheit und Zukunft, der selbst keine Dauer besitze. Auch Augustinus meinte, dass die Zeit auf das „Nichtsein" zustrebe. In seinen „Bekenntnissen" (397–401 n. Chr.) zog er daraus einen radikalen Schluss: Die Zeit existiert überhaupt nur in unserem Geist. Es ist unser Bewusstsein, das Zeitbestimmungen wie „vergangen", „gegenwärtig" oder „zukünftig" ermöglicht. Wir erwarten ein zukünftiges Ereignis, wir nehmen es als gegenwärtig wahr, und wir erinnern uns daran, wenn es vergangen ist. Vergangenheit, Gegenwart und Zukunft bilden eine „Dreiheit in der Seele".

Bis heute sind sich die Philosophen uneins, ob die Zeit wirklich „verstreicht" oder wir uns das nur einbilden. Aber vielleicht ist die Frage nach dem Wesen der Zeit auch einfach falsch gestellt. Wie wir die Zeit erleben, ist untrennbar mit unserer Erfahrungswelt verbunden. Selbst wenn die Zeit nur eine Illusion wäre, würde dass nichts daran ändern, dass wir uns an ihr orientieren.

Oft haben wir das Gefühl, dass die Zeit verrinnt wie in einer Sanduhr. Und manchmal scheint sie wie angehalten. Doch das Verstreichen der Zeit könnte auch eine Illusion sein, die uns unser Bewusstsein nur vorgaukelt.

siehe auch: **Geschichte**, *Seite 244*

Erinnerung

Was ist unsere Geschichte?

Ohne Erinnerung sind wir nicht wir selbst, glauben viele Philosophen. Tatsächlich schöpfen wir ständig aus unseren in der Vergangenheit gemachten Erfahrungen. Aber welche Rolle spielen Erlebnisse, an die wir uns nicht erinnern können?

Mit zunehmendem Alter leben Menschen immer mehr in der Erinnerung. Ohne Bewusstsein der Vergangenheit hätten wir Schwierigkeiten, unsere Identität aufrechtzuerhalten.

Je älter wir werden, desto mehr leben wir von unserer Erinnerung. Wenn wir uns nicht erinnern könnten, hätten wir gar keinen Begriff von Vergangenheit, bemerkte Ludwig Wittgenstein einmal: Erst indem wir uns erinnern, machen wir uns bewusst, dass die Zeit verstreicht, dass also etwas war und nicht mehr ist. Unter Erinnerung verstehen wir das Hervorbringen früherer Bewusstseinsinhalte. Nach Platon (428/427–348/347 v. Chr.) beruht alles Lernen auf einer Wiedererinnerung (*anamnesis*) der Ideen aus einem früheren Leben. Der Kirchenvater Augustinus sah die *memoria* als Erinnerung an Gott, die in unserer Seele verborgen ist. Erst John Locke (1632–1704) erkannte die Bedeutung der Erinnerung an eigene Erfahrungen und Erlebnisse für unsere personale Identität. Denn es ist die Erinnerung, die für die Einheit des Bewusstseins sorgt. Indem wir uns erinnern, was wir gestern getan haben, sind wir uns auch bewusst, dass wir es sind, die das getan haben – und nicht jemand anderer. Ohne Erinnerung haben wir nach Lockes Theorie kein Selbst. Ohne Bewusstsein des Vergangenen sind wir keine Personen.

Aus den modernen Neurowissenschaften wissen wir heute jedoch, dass die Erinnerung das Erlebte nicht einfach neutral wiedergibt, sondern bewertet und oft auch verzerrt – bis hin zu objektiv falschen Erinnerungen. Vorher hatte bereits die Psychoanalyse Sigmund Freuds unser Verständnis von Erinnerung verändert. Nach Freud sind uns gerade Eindrücke, die stark auf uns eingewirkt haben, oft nicht bewusst. Dies ist häufig eine Schutzfunktion der Seele, doch können diese unbewussten Erinnerungslücken zu seelischen Krankheiten führen. Das psychoanalytische Denken hat auch viele Philosophen beeinflusst. So meinte etwa der Sozialphilosoph Herbert Marcuse (1898–1979), einer der Vertreter der „kritischen Theorie", dass wir als moderne, zivilisierte Individuen sowie als Kultur verdrängte Erinnerungen an „Versprechungen und Möglichkeiten" haben, die früher einmal erfüllt waren und „niemals ganz dem Vergessen anheimfielen". Unsere Wünsche und Sehnsüchte, die niemals ganz eingelöst wurden, sind also in unserer Fantasie immer noch lebendig.

siehe auch: **Zeit**, *Seite 86* • **Person**, *Seite 94* • **Geschichte**, *Seite 244*

Mythos

Wozu sind Geschichten gut?

Lange bevor sich ein von den Wissenschaften geprägtes Weltbild etablierte, übernahmen Mythen die Aufgabe, uns die Welt zu erklären. Sie waren Ausdruck des menschlichen Willens, die Welt und sich selbst zu verstehen. Spielen sie heute noch eine Rolle?

Viele Länder und Kulturen haben Mythen, die für ihre Identität wichtig sind. Dabei kommt es nicht auf den Wahrheitsgehalt solcher Mythen an, sondern auf deren sinnstiftende Funktion. Der Mythos des blutsaugenden Vampirs und Schattenwesens hat sich in vielen Kulturen tradiert (hier Filmszene aus Friedrich Murnaus „Nosferatu", 1922).

Mythen sind Geschichten, die innerhalb einer Gemeinschaft erzählt und weitergegeben werden und die Welt, das Leben oder Aspekte davon erklären. In vielen Kulturen existiert zum Beispiel ein Schöpfungsmythos, der die Entstehung der Welt schildert. Mythen haben Ähnlichkeit mit Fabeln, Sagen oder Märchen. Sie vermitteln anhand von exemplarischen, symbolischen Geschichten, deren Protagonisten nicht selten Götter oder Helden sind, eine Botschaft von moralischer oder sinngebender Bedeutung. Dabei haben sie klassischerweise einen Wahrheitsanspruch, der einer religiösen Lehre ähnelt und der keiner weiteren Begründung bedarf.

Bei dem antiken Philosophen Platon (428/427–348/347 v. Chr.) spielte der Mythos eine große Rolle. Er benutzte ihn in seinen Dialogen allerdings eher als Metapher denn als Abbildung der Realität. Berühmt ist etwa der platonische Mythos der Kugelmenschen aus der Schrift „Symposion". Er erzählt, dass es früher Kugelmenschen gab, die zwei Gesichter und vier Arme und Beine hatten. Da sie den Göttern zu aufmüpfig wurden, schnitt der Göttervater Zeus die Kugeln in zwei Hälften, aus denen die einzelnen Menschen entstanden. Seither sind sie dazu verdammt, in einem ewigen Gefühl der Unvollständigkeit ihre verlorene Hälfte zu suchen. So erklärte Platon den Ursprung des Geschlechtstriebs.

Bis heute beschäftigen sich die Philosophen mit der Bedeutung von Mythen, denn obwohl die Aufklärung versuchte, mit ihrer rationalen Weltsicht den Mythos abzuschaffen, werden sie immer noch rezipiert, in der Literatur aufgegriffen oder als Kindermärchen erzählt. Dem Philosophen Hans Blumenberg (1920–1996) zufolge sind Mythen Ausdruck dessen, dass der Mensch mit der Komplexität und Unerklärbarkeit der ihn umgebenden Welt überlastet ist. Die leicht verständliche Geschichte bricht diese Komplexität herunter, schafft Abhilfe in der Erklärungsnot und gibt Halt und Orientierung. Die griechische oder auch die nordische Mythologie sind voll von Geschichten, die uns vor allem belustigen. „Die Wahrheit der Mythen ist kein Wissen", meinte auch der Philosoph Karl Jaspers (1883–1969). Dennoch scheinen bestimmte Themen und Botschaften ihre Relevanz auch heute nicht verloren zu haben. Wer genau hinsieht, entdeckt, dass die moderne Fantasy-Literatur nicht selten auf Motive alter Mythen zurückgreift.

siehe auch: Sprache, *Seite 32* • Kommunikation, *Seite 122* • Geschichte, *Seite 244*

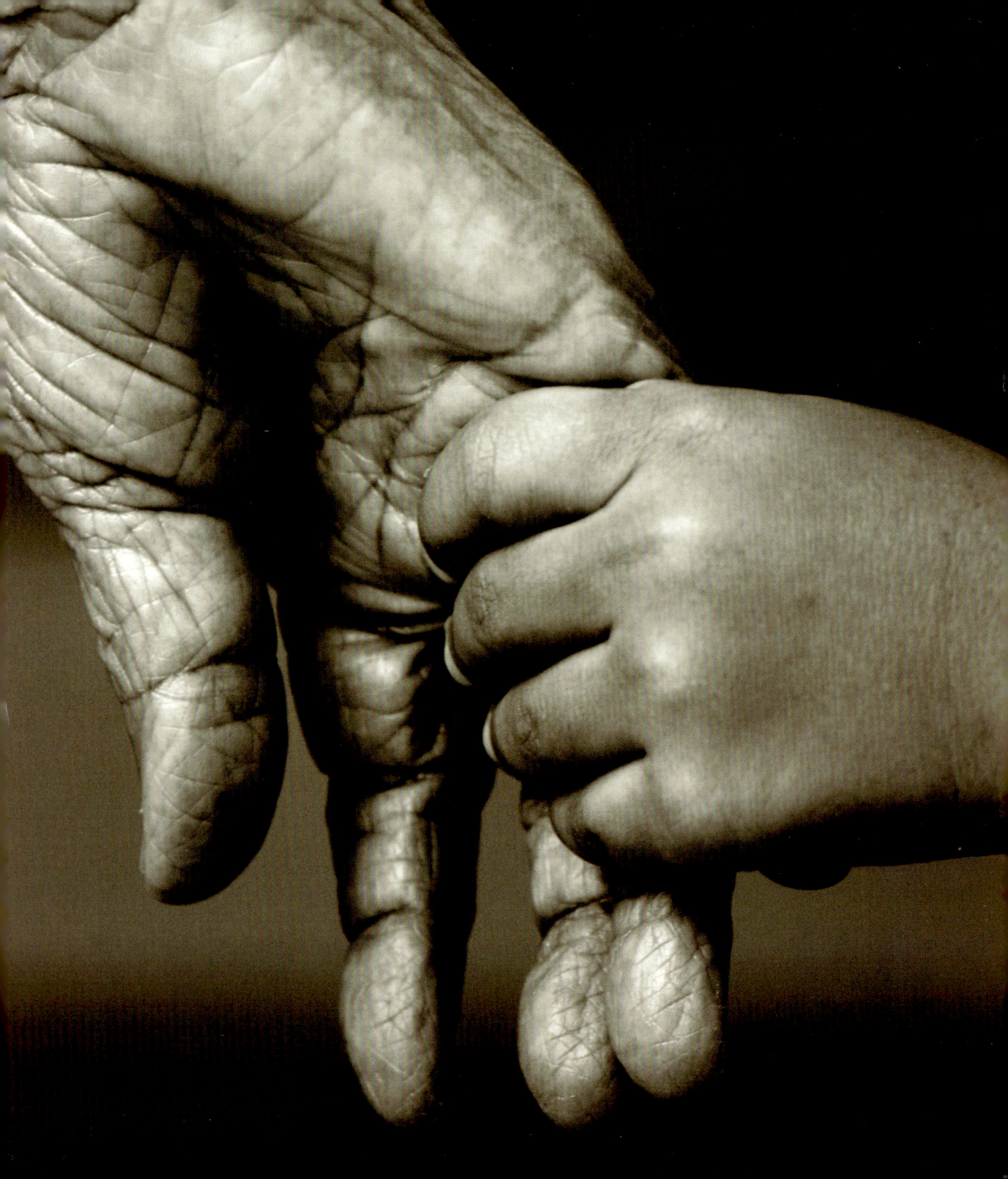

Mensch & Beziehung

Was bestimmt unser Leben?

Der Alltag hat uns meist fest im Griff. Wir müssen arbeiten und Dinge erledigen; es bleibt kaum Zeit, über unser Dasein nachzudenken. Und doch gibt es Momente, in denen wir innehalten und uns die Frage stellen, ob wir auf dem richtigen Weg sind oder etwas ändern sollten, ob wir vielleicht zu viel arbeiten, uns zu wenig um die Menschen kümmern, die uns wichtig sind. Was prägt unser Leben? Was ist uns wichtig? Die Philosophen haben auf diese Fragen Antworten gefunden, an denen wir uns bis heute orientieren können, von Liebe und Freundschaft bis zu unserem Verhältnis zum Tod.

Mensch & Beziehung · Person

Person

Wer kann verantwortlich handeln?

Personen genießen auf dieser Welt eine Sonderstellung. Nur Personen gelten als rechtsfähig, im Unterschied zu Sachen und Tieren. Nur Personen schreiben wir Verantwortung zu. Und die Erklärung der Menschenrechte beruht nicht etwa auf dem Glauben an den Menschen, sondern an „die Würde und den Wert der menschlichen Person". Was genau aber ist eigentlich eine Person?

Roboter besitzen heute bemerkenswerte Fähigkeiten. So können sie selbstständig laufen und einfache Aufgaben lösen. Zwar können sie noch nicht denken wie wir. Dennoch könnten wir ihnen eines Tages den Status von Personen zuschreiben.

Das lateinische Wort *persona* bezeichnete ursprünglich die Maske des Schauspielers. Bereits in der römischen Antike übertrug man es auf die gesellschaftliche Rolle eines Menschen. Aber erst im Mittelalter definierte man die Person als moralisches, vernünftiges Wesen, das sich durch seinen freien Willen auszeichnet. Unser modernes Verständnis von Personalität geht allerdings auf den englischen Philosophen John Locke (1632–1704) zurück, der zwischen „Mensch" und „Person" unterschied. Unter einem Menschen verstand er einfach den biologischen Organismus. Doch eine Person war für ihn etwas ganz anderes: „Meiner Meinung nach bezeichnet dieses Wort ein denkendes, verständiges Wesen, das Vernunft und Überlegung besitzt und sich selbst als sich selbst betrachten kann." („Versuch über den menschlichen Verstand", 1690) Die Identität einer Person hängt nach Locke weder vom Körper noch von der Seele ab, sondern von der Kontinuität des Bewusstseins, also von der Einheit der auf uns selbst bezogenen Vorstellungen über die Zeit hinweg. Eine Person, die sich an vergangene Erfahrungen erinnern kann, weiß zugleich, dass sie es war und niemand sonst, die diese Erfahrungen gemacht hat. Immanuel Kant (1724–1804) wiederum bindet seinen Personenbegriff eng an die menschliche Freiheit. Was den Menschen über alle anderen Wesen erhebt, das ist auch für Kant die Fähigkeit, sich seiner selbst als „Ich" bewusst zu werden. Als vernünftige Wesen sind Personen im Gegensatz zu Dingen keine bloßen Mittel zum Zweck, sondern Zweck an sich selbst. Insofern steht der Personenbegriff im Zentrum von Kants Moralphilosophie. Als Vernunftwesen sind Personen autonom und damit in der Lage, eigenverantwortlich zu handeln: „Person ist dasjenige Subjekt, dessen Handlungen einer Zurechnung fähig sind." Kants Personenbegriff ist allerdings sehr eng. Denn nicht alle Menschen sind eben fähig, ihr Handeln selbst zu bestimmen, sei es aufgrund von einer geistigen Behinderung oder einer Demenz. Nach Kants Personenbegriff haben solche Menschen den Status

> *„Person ist dasjenige Subjekt, dessen Handlungen einer Zurechnung fähig sind."*

IMMANUEL KANT
Grundlegung zur Metaphysik
der Sitten, 1785

von Tieren. Und das ist unter anderem deswegen problematisch, weil wir nach Kant keine Pflichten gegenüber Tieren haben.

In der modernen Philosophie wird der Personenbegriff auf zwei Arten verwendet. Im deskriptiven Sinn meint er eine Entität, ein „Seiendes", die bestimmte Eigenschaften oder Fähigkeiten besitzt, die für das Personsein erforderlich sind wie etwa Vernunft, Selbstbewusstsein, moralisches Bewusstsein oder die Fähigkeit zur Kommunikation. Diese Sicht orientiert sich am Personenbegriff von John Locke. Ihr zufolge kann theoretisch auch ein Affe (oder ein Roboter) eine Person sein, während umgekehrt ein Mensch mit fortgeschrittener Demenz aus dem Personenstatus herausfällt. Die deskriptive Definition sagt also noch nichts über den ethischen Status einer Person, sie benennt lediglich notwendige Kriterien, die für Personalität erforderlich sind. Im präskriptiven, wertenden Sinn hingegen schreiben wir jemandem den Personenstatus zu, um einen ethischen Anspruch zu begründen. So kann man etwa Präimplantationsdiagnostik mit der Begründung ablehnen, dass menschliche Embryonen Personen und damit Träger von Würde seien, ohne damit etwas über die Eigenschaften solcher Personen auszusagen. Aus Sicht mancher Philosophen ist das einzige Kriterium für Personalität die Zugehörigkeit zur Gattung Mensch.

Wie wir gesehen haben, gibt es keine exakten Kriterien, die festlegen könnten, wo das Personsein beginnt und wo es aufhört. Aus guten Gründen schreiben viele Rechtssysteme den Personenstatus grundsätzlich allen Bürgern zu, ohne Rücksicht auf ihre kognitiven Fähigkeiten. Nach Meinung vieler heutiger Philosophen beruht der Personenstatus auf wechselseitiger Anerkennung. Im alltäglichen Umgang mit anderen analysieren wir nicht zuerst, ob das Gegenüber irgendwelche Kriterien für Personalität erfüllt. Vielmehr ist es genau umgekehrt. Wir behandeln andere wie Personen, auch wenn wir nicht ganz sicher sind, ob es sich tatsächlich um vernünftige, selbstbewusste Wesen handelt.

siehe auch: **Ich**, *Seite 10* • **Autonomie**, *Seite 224* 97

Authentizität

Wer bin ich wirklich?

Viele Menschen suchen nach ihrem „wahren Selbst", manche sogar ein Leben lang. Aber was heißt es, „authentisch" zu sein?

Das Wort „Authentizität" bedeutet Echtheit, Zuverlässigkeit oder Verbürgtheit; es leitet sich ab vom griechischen *authentes* („selbstvollbringend", „selbsttuend"). Authentisch kann etwa eine Unterschrift sein oder ein Kunstwerk. Personen empfinden wir oft dann als authentisch, wenn wir sie als aufrichtig, individuell und selbstbestimmt erleben. Was wir heute unter Authentizität verstehen, war den alten Griechen ebenso fremd wie den Menschen des Mittelalters. Erst in der modernen Welt formte sich das Bild vom Individuum, das seine eigenen Vorstellungen vom Leben realisiert, statt sich bloß in eine höhere, göttliche Ordnung einzufügen. Unsere heutige Idee von Authentizität wurzelt in der Welt der Aufklärung des 18. Jahrhunderts. Der französische Philosoph und Schriftsteller Jean-Jacques Rousseau (1712–1778) versprach den Lesern seiner „Bekenntnisse", seiner Autobiografie, nichts weniger als „beispiellose Wahrhaftigkeit", das ungeschönte Bild eines Menschen, wie er „innerlich wirklich war". Das nahm bereits den Ansatz der Romantiker wie Johann Gottfried Herder (1744–1803) voraus, die eine neue Innerlichkeit und radikale Subjektivität, die unverfälschte Originalität des Individuums, propagierten.

Eine besondere Bedeutung bekam der Begriff „Authentizität" in der Existenzialontologie Martin Heideggers (1889–1975), der in seinem Hauptwerk „Sein und Zeit" die Grundstrukturen des menschlichen Daseins analysierte. Nach Heidegger zeichnet sich unser Dasein dadurch aus, dass es in einer Beziehung zu sich selbst steht, zum eigenen Sein. Dabei verstehen wir uns aus unseren Möglichkeiten heraus, wir existieren, indem wir uns auf die Zukunft hin entwerfen. Doch zumeist geht das Dasein auf im „Man", in der Alltäglichkeit unserer Verrichtungen und Routinen. Aus dieser „Verlorenheit des Man" können wir uns nur herausholen durch die Konfrontation mit der Möglichkeit des Todes. Erst dadurch kommt das Dasein in sein „eigentliches", authentisches Sein. Die

französischen Existenzialisten, vor allem Jean-Paul Sartre (1905–1980), knüpften später an Heidegger an. Unter einem authentischen Leben verstanden sie vor allem, die Verantwortung für die eigenen Entscheidungen zu übernehmen.

Heute verbinden wir mit dem Begriff der Authentizität allerdings eher die Vorstellung, im Einklang mit unserem „wahren Selbst" zu leben. Doch diese Vorstellung ist ein Wunschdenken, das letztlich zu Selbsttäuschung führen kann. Denn unser Selbst können wir nur im Dialog mit anderen erkennen. Nach Auffassung des kanadischen Philosophen Charles Taylor (* 1931) brauchen wir für ein authentisches Leben Bedeutungshorizonte, an denen wir uns orientieren können. Authentizität hat immer eine soziale Dimension. Wir brauchen die anderen, um wahrhaft wir selbst zu sein.

siehe auch: Ich, Seite 10 • Möglichkeit, Seite 78 • Existenz, Seite 114

Identität

Wie bleibt man derselbe?

Ohne das Prinzip der Identität wäre das Leben schwierig. Wann immer wir mit Dingen zu tun haben, gehen wir davon aus, dass sie eine gewisse Konstanz besitzen – dass ein Ding also heute dasselbe Ding ist wie gestern. Aber wovon hängt es ab, dass ein Ding „dasselbe" bleibt?

Unter Identität verstehen wir gemeinhin vollkommene Gleichheit. In der Philosophie versucht man jedoch, den Begriff noch präziser zu fassen. Dinge sind hier „numerisch identisch", wenn sie ein und dasselbe Ding sind und nicht zwei. So ist zum Beispiel der Morgenstern identisch mit dem Abendstern, denn beide Namen bezeichnen den Planeten Venus. Von „qualitativer Identität" hingegen spricht man bei exakter Ähnlichkeit von zwei Dingen. Eineiige Zwillinge können insofern zwar qualitativ identisch sein, aber nicht numerisch identisch, weil es eben zwei von ihnen gibt. Für die Identitätsbeziehung gelten grundlegende logische Prinzipien. Nach dem „Leibnizschen Gesetz", das zwar Leibniz (1646–1716) zugeschrieben wird, aber wohl schon in der Antike bekannt war, sind identische Dinge ununterscheidbar. Wenn also X = Y ist, dann muss alles, was für X gilt, auch für Y gelten. Wenn ein Auto einen Kratzer hat und das andere nicht, dann kann es sich nicht um dasselbe Auto handeln. Sonst hätte dieses eine Auto nämlich zugleich einen Kratzer und keinen Kratzer, was ein Widerspruch wäre. Man spricht daher auch vom „Gesetz der Ununterscheidbarkeit des Identischen".

Wenn Dinge identisch sind, dann können sie unter keinen Umständen verschieden sein, sonst wären sie ja nicht identisch. Allerdings muss man berücksichtigen, dass sich Dinge verändern und neue Eigenschaften annehmen können, ohne dass sich ihre numerische Identität dadurch verändert. Mein Auto ist auch dann noch dasselbe Auto, wenn es einen Kratzer abbekommen hat. Verschiedene Dinge haben allerdings verschiedene Identitätskriterien. So sind etwa mathematische Mengen identisch, wenn sie die gleichen Elemente haben.

Im Unterschied dazu bleibt etwa ein Verein derselbe, auch wenn neue Mitglieder beitreten. Wenn wir Identitätsurteile treffen, dann legen wir oft Annahmen über das „Wesen" von Dingen zugrunde. Das führt mitunter zu schwierigen Fragen. Denkbar wäre etwa folgendes Szenario: Ein Verein existiert für einige Jahre, dann löst er sich auf. Nach einer gewissen Zeit gründen einige der

„Dieselben sind, die sich überall ersetzen können, bei Wahrung von Wahrheit."

Gottfried Wilhelm Leibniz

Eineiige Zwillinge sehen sich nicht nur zum Verwechseln ähnlich, sie haben auch die gleichen Gene. In diesem Sinne sind sie daher „qualitativ identisch", nicht aber „numerisch identisch", denn es sind ja zwei verschiedene Menschen.

früheren Mitglieder einen neuen Verein mit dem gleichen Namen und den gleichen Regeln. Handelt es sich nun um denselben Verein oder nur um einen ähnlichen Verein?

Besonders verwickelt ist die Frage nach „personaler Identität", also die Frage, von welchen Kriterien es abhängt, dass eine Person über die Zeit hinweg dieselbe Person bleibt („diachrone Identität"). Dabei lassen sich zwei Ansätze unterscheiden. Nach dem „physischen" Kriterium hängt Identität von der Kontinuität des Körpers ab, nach dem „psychischen" hingegen von der Kontinuität psychischer Zustände, wozu etwa Erinnerungen gehören. Einschlägige Theorien der personalen Identität gehen zurück auf das Werk „Ein Versuch über den menschlichen Verstand" des britischen Philosophen John Locke (1632–1704). Nach Locke ist es das Bewusstsein, das die Identität einer Person über die Zeit hinweg ausmacht. Das erläutert er am berühmten Beispiel eines Schusters, der plötzlich das Bewusstsein – und damit die Erinnerungen – eines

Fürsten hat. Damit ist der Schuster der Fürst, auch wenn er anders aussieht als dieser. Heutige Philosophen stellen oft noch ausgefallenere Gedankenexperimente an, in denen es etwa um hypothetische Hirntransplantationen oder Teleportationen geht. Zum Beispiel könnte jemandem bei einer Operation versehentlich das Gehirn eines anderen eingesetzt werden (der nun tot ist). Die beiden Personen sind sich zudem physisch sehr ähnlich. Die überlebende Person hat nun das Bewusstsein und alle Erinnerungen des anderen und sieht auch noch genauso aus. Müssten wir also nicht zum Schluss kommen, dass es sich um ein und dieselbe Person handelt?

Einige Philosophen bestreiten allerdings, dass sich personale Identität auf psychische oder physische Merkmale reduzieren lässt. So geht etwa die Theorie der „narrativen Identität" davon aus, dass die Identität eines Menschen wesentlich dadurch bestimmt wird, wie er Erfahrungen interpretiert und in sein Selbstverständnis integriert.

Mit der Identität von Personen ist es jedenfalls noch deutlich komplizierter als mit der Identität von Dingen. Dass ein Auto noch dasselbe ist wie gestern, hängt offenbar von rein materiellen Kriterien ab, zum Beispiel davon, ob noch derselbe Motor darin ist. Aber in einen Menschen können wir nicht einfach hineinschauen, um uns davon zu überzeugen, dass er noch derselbe ist wie derjenige, mit dem wir gestern gesprochen haben.

siehe auch: Ich, *Seite 10* • Person, *Seite 94*

Privatsphäre

Wer überwacht wen?

Was bedeutet Privatsphäre? Und warum müssen wir sie schützen?
Von Google über Facebook bis zur NSA – in der vernetzten Welt
scheint unsere Privatsphäre überall bedroht zu sein und damit
unsere Freiheit und Selbstbestimmung.

Unter Privatheit verstehen wir meist einen Zustand des Zurückgezogenseins. Wir wollen unbehelligt bleiben von anderen, vor allem von Fremden. Doch Privatsphäre ist gar nicht so leicht zu definieren. Die einen halten sie für eine Art von Zugangsbeschränkung, andere hingegen sehen darin das Recht auf Kontrolle über persönliche Informationen. Manche halten Privatsphäre für notwendig, um eine ungestörte Selbstentfaltung zu ermöglichen, andere stellen ihren Wert für menschliche Beziehungen in den Vordergrund.

Die traditionelle liberale Auffassung orientiert sich vor allem am Schutz vor unerwünschten Eingriffen anderer. Aus dieser Sicht ist Privatsphäre eine notwendige Voraussetzung für Meinungsfreiheit. Wenn wir uns nicht sicher sein können, ob unsere Internet-Aktivitäten überwacht werden, laufen wir Gefahr, uns gewissermaßen selbst zu zensieren – also etwa in Mails bestimmte Dinge gar nicht mehr zu schreiben, weil wir fürchten müssen, dass irgendjemand mitliest.

Michel Foucault (1926–1984) analysierte Überwachung als moderne Technologie der Macht. Um dies zu verdeutlichen, bediente er sich des „Panopticons", eines Konzepts für Gefängnisse im 18. Jahrhundert. Foucault übertrug es auf Gesellschaften, die ihre Untertanen nicht mehr körperlich züchtigen, sondern seelisch gefügig machen. Der Trick des Panopticons ist, dass die Gefängnisinsassen gar nicht wirklich überwacht werden müssen. Es genügt, dass sie jederzeit fürchten müssen, überwacht zu werden. Die Überwachten überwachen sich also selbst.

Überwachungskameras beobachten uns heute an vielen Orten. Sicherheit und das Recht auf Privatsphäre stehen dabei im Konflikt: Wenn wir ständig mit Überwachung rechnen müssen, sind wir in unserem Handeln eingeschränkt.

siehe auch: Freiheit, *Seite 226*

Eigentum

Wem gehört was?

Vom eigenen Fahrrad über die Eigentumswohnung bis zum Familienunternehmen: Die Idee des Eigentums spielt eine zentrale Rolle in unserer Gesellschaft. Aber warum will man überhaupt etwas besitzen? Und wie lässt sich Eigentum rechtfertigen?

Das ist meins, sagen wir – und meinen damit, dass etwas unser „Eigentum" ist, dass es uns also „gehört". Unter Eigentum verstehen wir heute die rechtliche Verfügungsgewalt über eine Sache. Wer etwa Eigentum an einer Wohnung besitzt, darf sie weitervermieten und sogar weiterveräußern, wenn er das will.

Die philosophische Beschäftigung mit dem Eigentum reicht bis in die Antike zurück. Platon (428/427–348/347 v. Chr.) etwa hatte für privates Eigentum wenig übrig. In seinem Idealstaat steht das Allgemeine über dem Individuellen. Die herrschenden Eliten, die für die Sicherheit und die politische Leitung verantwortlich sind, dürfen kein Privateigentum besitzen, weil dieses sie von ihren eigentlichen Aufgaben ablenken könnte. Aristoteles (384–322 v. Chr.) hingegen war der Ansicht, dass privates Eigentum notwendig ist, um die Eigenverantwortung der Bürger zu stärken. Allerdings hielt er es auch für lobenswert, das private Eigentum zum Wohle der Allgemeinheit einzusetzen. Die erste moderne Eigentumstheorie entwickelte der englische Philosoph John Locke (1632–1704). Für Locke ist Arbeit die Grundlage des Eigentums. Zwar gehört die Erde allen, aber jeder Mensch hat zumindest Eigentum an sich selbst und damit auch an der Arbeit des eigenen Körpers. Das Recht auf Eigentum erwirbt man daher, indem man die Natur bearbeitet und nutzbar macht. Wenn also etwa jemand Ackerbau betreibt, dann gehören ihm die Früchte dieser Arbeit.

Für Immanuel Kant (1724–1804) ist privates Eigentum ein Postulat der praktischen Vernunft – und damit ein Freiheitsrecht. Nach Kant kann man prinzipiell alle Dinge besitzen und alle anderen Menschen von deren Gebrauch ausschließen; umgekehrt sind die anderen dazu verpflichtet, Eigentum zu ermöglichen. Der Schutz von Eigentum erfordert nach Kant allerdings rechtliche Institutionen – und damit eine staatliche Ordnung.

Die Erde gehört uns allen. Aber wer die Natur nutzbar macht, etwa durch Ackerbau, hat auch ein Recht auf die Früchte seiner Arbeit, also auf Eigentum – wie diese vietnamesische Reisbäuerin.

> *„Obwohl die Erde und alle niederen Lebewesen allen Menschen gemeinsam gehören, so hat doch jeder Mensch ein Eigentum an seiner eigenen Person."*

JOHN LOCKE
Zwei Abhandlungen über die Regierung, 1689

Schon Jean-Jacques Rousseau (1712–1778) sah das Privateigentum allerdings auch als Quelle von Ungleichheit zwischen den Menschen. Und die Kapitalismuskritik von Karl Marx (1818–1883) zielte auf die Abschaffung des Privateigentums an den Produktionsmitteln, weil es auf der Ausbeutung der Arbeiter beruhe. Andere meinten, dass Eigentum für die Persönlichkeitsentwicklung von Menschen wichtig sei. Bei Hegel (1770–1831) etwa ist das Eigentum sogar ein notwendiger Schritt in der Entfaltung des Geistes, der sich die Welt aneignet und sie willentlich gestaltet. Erst in dieser „Vergegenständlichung" werde sich der Geist in seiner Freiheit bewusst. Eigentum scheint auch für unsere persönliche Identität wichtig zu sein. Der amerikanische Psychologe und Philosoph William James (1842–1910) etwa zählte zum Selbst eines Menschen „die Gesamtsumme all dessen, das die Person ihr eigen nennen kann". Eine andere, eher moralische Frage ist es, wie viel man besitzen muss, um man selbst zu sein.

Eigentum kann auch als Statussymbol dienen. Vom Auto bis zur Kleidung: Was wir besitzen, bestimmt unsere gesellschaftliche Stellung. Es gehört aber auch zu unserer persönlichen Identität.

siehe auch: **Freiheit**, *Seite 226* • **Arbeit**, *Seite 264*

Heimat

Wo sind wir zu Hause?

Wo fühlen wir uns zu Hause? Wohin wollen wir immer wieder zurückkehren? Selbst Weltenbummler kennen das Gefühl von Heimat als etwas ganz Besonderes, das nur dort entsteht, wo man sich willkommen fühlt.

Menschen, die in ihrer Heimat von Armut oder Krieg bedroht sind wie diese Syrer, nehmen enorme Mühen auf sich, um in einem anderen Land Frieden, Sicherheit und eine neue Heimat zu finden.

Wann und wo wir geboren werden, können wir uns nicht aussuchen. Unsere Herkunft prägt uns ein Leben lang. Doch ist sie automatisch unsere Heimat? Manche verbringen ihr ganzes Leben an ihrem Geburtsort, andere suchen möglichst schnell das Weite, lassen sich irgendwo anders auf der Welt nieder oder ziehen von Ort zu Ort. Wo wir uns zu Hause fühlen, ist Teil unserer Identität, so der Philosoph Otto Friedrich Bollnow (1903–1991), und hängt von der Beziehung ab, die wir zu einem Ort haben. Diese Beziehung ist nicht angeboren, sondern wächst mit uns und dem, was wir mit Landschaft, Dingen und Menschen erleben. Als Gegenteil von Heimat bezeichnet Bollnow die Fremde. Dort fühlen wir uns „unheimlich", wir kennen sie nicht, sind nicht mit ihr vertraut. Gleichzeitig reizt und lockt sie uns mit neuen, noch unbekannten Erfahrungen. „Die Heimat ist dort, wo man sich wohlfühlt", drückte es der römische Politiker und Philosoph Cicero (106–43 v. Chr.) aus. Dieses Wohlgefühl vermitteln uns vor allem unsere Mitmenschen, wenn sie uns mit Wärme und Herzlichkeit begegnen. Vertrauen, Geborgen-

heit, ein Gefühl der Sicherheit – das alles sind Aspekte, die das Heimatgefühl ausmachen. Darum können wir uns auch an mehreren Orten zu Hause fühlen oder eine neue Heimat an einem Ort finden, der uns zunächst fremd war. Heute gilt das flexible, mobile Leben als ideal. Wir ziehen schneller um und machen lange Reisen. Das Wort „Heimat" hat einen spießigen und verstaubten Klang bekommen. Auch Bollnow, der der Heimat an sich einen großen Wert beimisst, warnt davor, sich nur auf diese zu beschränken. „Das Fremde, Unbekannte, Rätselhafte gehört auch mit dazu zum Leben und darf nicht fortfallen" – sonst wird das Heim zum starren Gefängnis.

Auf der anderen Seite ist das Gefühl, irgendwo angekommen zu sein, sich willkommen und geborgen zu fühlen, ein großer Luxus. Tausende Menschen sind weltweit auf der Flucht, führen ein schutzloses Leben in der Fremde. Was Heimat bedeuten kann, wird einem manchmal erst dann bewusst, wenn man sie verloren hat.

siehe auch: Ich, *Seite 10* • Vertrauen, *Seite 152*

Leben

Was suchen wir eigentlich auf dem Mars?

Was ist Leben? Und was unterscheidet einen lebendigen Organismus von toter Materie? Für die Philosophen war das Leben stets eine geheimnisvolle schöpferische Kraft.

Die Geburt eines Kindes zeigt uns das Wunder des Lebens. Noch ist das Baby klein und hilflos, doch es entwickelt sich und wächst heran, bis es eines Tages eigenständig leben kann.

Gibt es Leben auf dem Mars? Wir wissen es bis heute nicht. Sicher scheint nur, dass uns auf dem Nachbarplaneten keine grünen Männchen begegnen werden, sondern allenfalls niedere Lebensformen wie Mikroben, die auch unter extremen Bedingungen existieren können. Sie erfüllen gerade die Minimalvoraussetzungen für das, was wir Leben nennen, nämlich die Fähigkeit, sich selbst zu erhalten und zu reproduzieren.

Auch in der Antike verstand man unter Leben zunächst nur die Fähigkeit zur Selbstbewegung. Der griechische Naturphilosoph Thales von Milet etwa hielt sogar Bernstein für lebendig, nachdem er dessen magnetische Wirkung beobachtet hatte. Aristoteles (384–322 v. Chr.) ging später von einer stufenartigen Gliederung des Lebendigen aus, von „vegetativen" Lebensformen wie den Pflanzen über „sensitive", also zur sinnlichen Wahrnehmung befähigte Lebensformen bis hin zum Menschen, der als einziger Vernunft besitzt. Was einen Körper zu einem Lebewesen macht, das ist für Aristoteles die Seele – eine Vorstellung, die noch bis ins Mittelalter dominierte. Erst der französische Philosoph René Descartes (1596–1650) trennte das Leben von der Seele ab. In sei-

nem Modell wirken Körper und Geist über die Zirbeldrüse im Gehirn zusammen; eine Art Vermittlerrolle spielen dabei die „Lebensgeister", feinstoffliche Blutteilchen, über welche die immaterielle Seele die Nerven und Muskeln des Körpers mobilisiert. Diese Theorie ist wissenschaftlich längst widerlegt. Die moderne Naturwissenschaft unterscheidet Leben von unbelebter Materie heute nach rein biologischen Kriterien wie etwa Stoffwechsel, Fortpflanzung und Wachstum.

Gleichwohl sahen die Philosophen im Leben auch ein schöpferisches Grundprinzip. Der französische „Lebensphilosoph" Henri Bergson (1859–1941) prägte den Begriff des „Elan vital", worunter er eine allen Lebensprozessen innewohnende Kraft verstand, die sich in Formbildung und Differenzierung manifestiert.

Im 20. Jahrhundert versuchte die philosophische Anthropologie, eine Disziplin, die sich mit dem Wesen des Menschen beschäftigt, das Phänomen des Lebens näher zu bestimmen. Nach Helmuth Plessner (1892–1985) sind Lebewesen vor allem durch ihre körperliche „Grenze" bestimmt, über die sie in einer Beziehung zu ihrer Umwelt stehen, während unbelebte Materie keine solchen Beziehungen zur Umwelt hat. Max Scheler (1874–1928) sah den grundlegenden Wesensunterschied zwischen Lebewesen und unbelebter Materie im „Prinzip des Psychischen". Ihm zufolge zeichnen sich Lebewesen durch ihr „Fürsich und Innesein" aus, während unbelebte Gegenstände nur Gegenstände für

„Was die Grenze des Psychischen betrifft, so fällt sie mit der Grenze des Lebendigen überhaupt zusammen."

MAX SCHELER
Die Stellung des Menschen im Kosmos, 1928

äußere Beobachter seien: „Was die Grenze des Psychischen betrifft, so fällt sie mit der Grenze des Lebendigen überhaupt zusammen." Zwar braucht die moderne Wissenschaft die Seele nicht mehr, um Leben zu erklären. Aber bis heute haben wir die Intuition, dass ein lebendiger Organismus etwas Besonderes ist, etwas, das eine Beziehung zur Welt hat – und nicht bloß ein dumpfer Klumpen Materie. Vielleicht lässt uns deshalb die Frage nach Leben auf dem Mars oder anderswo im Universum nicht los. Es ist eben das Leben, das uns selbst mit Mikroben verbindet.

Existenz

Sind wir, was wir tun?

Unser Dasein ist absurd, sinnlos, vergebens. Doch genau darin liegt unsere Freiheit. Das ist für viele die Kernbotschaft des „Existenzialismus", einer Denkrichtung, die vor allem mit dem Namen des französischen Philosophen Jean-Paul Sartre verbunden ist.

Nach dem Verständnis der Existenzialisten kämpfen wir in unserem Leben ständig mit der Angst, uns in den Abgrund zu stürzen, das heißt, Entscheidungen zu treffen, Verantwortung zu übernehmen. Selten gibt es dabei einen Fallschirm als Sicherheit.

Der Existenzialismus traf in den 1940er- und 50er-Jahren den Nerv einer ganzen Generation, die aus gesellschaftlichen Zwängen ausbrechen wollte, um ihr Schicksal selbst zu bestimmen. Für den Existenzialismus hat das menschliche Dasein keinen vorgegebenen Sinn. Der Mensch ist in sein Dasein geworfen. Es liegt daher an uns selbst, was wir daraus machen. Im Mittelpunkt der existenzialistischen Idee steht also das konkrete Individuum, das die volle Verantwortung für sein Handeln übernimmt. Es gibt kein metaphysisches Selbst, kein „Wesen". Was wir sind, das ist das Ergebnis unserer Entscheidungen. Die Existenzialisten betonten die gelebte, persönliche Wahrheit. Was das Richtige für uns ist, können wir nicht im Voraus wissen. Das finden wir nur heraus, indem wir eine Entscheidung treffen – und diese zu einer richtigen Entscheidung für uns machen.

Nach Jean-Paul Sartre (1905–1980) ist der Mensch zur radikalen Freiheit verurteilt. Wir können immer auch anders. Deshalb gibt es „keine Entschuldigungen". Zwar befinden wir uns alle in einer „Situation", in einem Kontext, den wir nie vollständig beherrschen können. Bestimmte Gegebenheiten und Rahmenbedingungen finden

wir eben schon vor – Sartre nennt das „Faktizität" –, doch wir besitzen auch die Fähigkeit, diese Faktizität zu überschreiten, zu „transzendieren". Aus jeder Situation können wir das Beste machen. Wenn wir das nicht tun, wenn wir die Faktizität unseres Daseins einfach nur hinnehmen oder zulassen, dass andere über uns bestimmen, dann bleiben wir unauthentisch oder „unaufrichtig", wie Sartre sagt. Der Existenzialismus fordert, diese Unaufrichtigkeit aufzugeben, alle Masken fallen zu lassen. Doch Freiheit ist verbunden mit Angst. Denn das eigene Dasein zu transzendieren, heißt immer auch, sich selbst in Frage zu stellen. Sartre erläutert das am Beispiel eines Menschen, der am Abgrund steht: „Das Schwindelgefühl ist Angst, insofern ich davor schaudere, nicht etwa in den Abgrund zu fallen, sondern mich hinabzustürzen."

Vom Existenzialismus können wir bis heute lernen, dass wir unser Leben

„Der Existierende ist das, was er nicht ist, und ist nicht das, was er ist."

Jean-Paul Sartre
Selbstbewusstsein und Selbsterkenntnis, 1948

selbst in die Hand nehmen können und müssen, obwohl unser Handeln von allen möglichen Umständen beeinflusst wird, die wir nur begrenzt selbst steuern können. Allerdings suggeriert das existenzialistische Denken, dass es keine verbindlichen ethisch-moralischen Maßstäbe gibt. Authentizität ist eben kein ethisches Ideal. Ein „authentischer" Mensch kann alles Mögliche sein, vom harmlosen Philosophen bis zum Schwerverbrecher oder Terroristen. Eine existenzialistische Haltung zum eigenen Leben einzunehmen, heißt also noch lange nicht, dass man auch ein gutes Leben führt.

siehe auch: Ich, *Seite 10* • Person, *Seite 94* • Authentizität, *Seite 98* • Angst, *Seite 158*

Entfremdung

Bin das noch ich?

Entfremdet fühlen wir uns, wenn wir nicht die sein können, die wir wirklich sind. Wenn wir Dinge tun müssen, mit denen wir uns nicht identifizieren können. Wenn wir in Verhältnissen leben, die wir uns nicht selbst ausgesucht haben. Wir sprechen von entfremdeter Arbeit, aber auch von Entfremdung vom Lebenspartner, von der Familie oder einem bestimmten Milieu.

Über Smartphones stehen viele Menschen heute zwar ständig in Verbindung mit anderen. Dennoch können sie sich einander so sehr entfremden, dass sie sich schließlich nichts mehr zu sagen haben.

Der Begriff Entfremdung geht vor allem zurück auf die Kapitalismuskritik von Karl Marx (1818–1883). Der Philosoph und Ökonom verstand Arbeit als Prozess der Vergegenständlichung, in dem sich der Mensch als Produkt der eigenen Tätigkeit begreift. Der Mensch verwirklicht sich selbst, indem er gleichermaßen die Welt und sich selbst erzeugt. Doch unter kapitalistischen Verhältnissen ist dieser Prozess der Aneignung der eigenen Arbeit gestört. Der Arbeiter kann sich nämlich mit seinem Produkt nicht identifizieren, weil es nicht ihm gehört, sondern vom Kapitalisten als „Mehrwert" abgeschöpft wird. „Der Gegenstand, den die Arbeit produziert, tritt ihr [der Arbeit] als ein fremdes Wesen, als eine von den Produzenten unabhängige Macht entgegen." Zugleich befinden sich auch die Produktionsmittel in den Händen der Kapitalisten, während der Ar-

beiter nichts als seine eigene Arbeitskraft besitzt, die er zu verkaufen gezwungen ist. Dadurch entfremdet er sich nicht bloß dem Produkt seiner Arbeit, sondern auch der Arbeit selbst. Die Lösung liegt für Marx in der Überwindung des Kapitalismus. Wenn die Arbeiter selbst die Kontrolle über die Produktionsmittel übernehmen, dann verschwindet auch die entfremdete Arbeit.

Heutige Denker fassen den Entfremdungsbegriff allerdings weiter als Marx. So definiert die Berliner Philosophin Rahel Jaeggi (* 1967) Entfremdung als eine „defizitäre Beziehung, die man zu sich, zur Welt und zu den anderen hat". Dieses Defizit kann viele Folgen haben, von Gefühlen der Gleichgültigkeit über Ohnmacht bis zu völligem Sinnverlust. Manchmal wird Entfremdung auch gleichbedeutend mit Fremdbestimmung verstan-

> *„Der Arbeiter legt sein Leben in den Gegenstand, aber nun gehört es nicht mehr ihm, sondern dem Gegenstand."*

Karl Marx
Ökonomisch-philosophische Manuskripte, 1844

Fließbandarbeit trägt zur Entfremdung bei, weil wir uns mit dem Produkt der eigenen Arbeit nicht mehr identifizieren können. Für Marx lag die Lösung in der Überwindung des kapitalistischen Systems.

den. Nicht immer haben wir unser Tun in der Hand. So kann etwa ein neues Projekt plötzlich über uns hereinbrechen, das wir uns nicht ausgesucht haben. Nun können wir über bestimmte Handlungsoptionen nicht mehr verfügen. Das heißt aber nicht unbedingt, dass wir die neue Situation als „entfremdet" empfinden. Entfremdet sind wir, wenn unsere Beziehung zur Welt und uns selbst beeinträchtigt ist, wenn wir uns unser eigenes Leben nicht mehr „aneignen" können. „Entfremdung behindert ein Leben in Freiheit", schreibt Jaeggi. Frei sind wir demnach erst, wenn wir unser „eigenes Leben" leben können. Und das erfordert mehr als Selbstbestimmung, nämlich die Fähigkeit, sich auf „etwas" zu beziehen, auf Projekte, die wir uns zu eigen machen, in denen wir unsere Fähigkeiten in der Welt realisieren.

siehe auch: Ich, *Seite 10* • Arbeit, *Seite 264*

Dialog

Wer bist du?

Das Gespräch hat in der Philosophie eine lange Tradition. Es gilt als Mittel der Erkenntnis. Im Dialog entwickeln wir unseren Geist und unser Selbst.

Ein Dialog (von griechisch *dialogos*, „Unterredung") ist mehr als nur ein Wortwechsel. Einen Dialog mit jemandem zu führen erfordert wechselseitiges Interesse, Verständnis und Respekt. Das bedeutet nicht, dass die Dialogpartner die gleiche Meinung haben müssen. Allerdings müssen sie bereit sein, die Meinung des anderen zumindest anzuerkennen. In der griechischen Philosophie verstand man unter einem Dialog die Entwicklung eines philosophischen Gedankens in Form von Rede und Gegenrede. Berühmt wurden vor allem die Dialoge Platons (428/427–348/347 v. Chr.), in denen Sokrates mit seinen Gesprächspartnern philosophische Fragen erörtert. Seine Kunst besteht darin, die anderen durch geschicktes Fragen selbst zur Erkenntnis zu führen – ein Verfahren, das bis heute als „sokratische Methode" bekannt ist.

Für den Religionsphilosophen Martin Buber (1878–1965) spielt der Dialog eine zentrale Rolle in den zwischenmenschlichen Beziehungen sowie in der Beziehung des Menschen zu Gott. Bubers „dialogisches Prinzip" geht aus von einer Beziehung zwischen „Ich" und „Du". Erst in solchen dialogischen Beziehungen entwickeln wir unser Selbst; die Sprache spielt dabei die entscheidende Rolle: „Ich werdend spreche ich Du." Der menschliche Geist, so meint Buber, manifestiere sich erst in den Beziehungen zu anderen: „Der Geist ist nicht im Ich, sondern zwischen Ich und Du." In diesem Sinn sollten wir jedes Gespräch mit anderen ernstnehmen – und versuchen, einen echten Dialog daraus zu machen.

Die Vertreter der verschiedenen Religionen und Konfessionen bemühen sich um respektvollen und kritischen Meinungsaustausch wie hier Papst Franziskus und der jordanische Prinz Ghazi.

siehe auch: Ich, *Seite 10* • Kommunikation, *Seite 122*

Kommunikation

Worüber müssen wir reden?

Fast jeder hat ein Mobiltelefon, um immer erreichbar zu sein und mit anderen in Kontakt zu stehen. Die Intensität ist neu, das Prinzip nicht. Ob Höhlenmalerei oder WhatsApp – Menschen wollen und müssen kommunizieren. Aber wieso ist uns Kommunikation eigentlich so wichtig?

Alle menschliche Gemeinschaft beruht auf Kommunikation. Karl Jaspers (1883–1969) bezeichnete sie auch als die „universale Bedingung des Menschseins". Im Allgemeinen handelt es sich um Austausch von Informationen. Dabei gibt es mindestens einen Absender und einen Empfänger der zu kommunizierenden Botschaft. Früher kommunizierte man fast ausschließlich von Angesicht zu Angesicht, heute gehen Informationen in Echtzeit um die ganze Welt, zerlegt in kleinste elektronische Einheiten. Voraussetzung, wenn auch nicht Garantie, für eine gelingende Kommunikation ist dabei immer eine gemeinsame Sprache. Wenn jemand mit dem Begriff „Tisch" etwas anderes bezeichnet als man selbst, wird es schwierig, sich zu verstehen. Man redet dann aneinander vorbei, statt ein Gespräch zu führen. Doch wir kommunizieren nicht nur durch Worte, sondern auch durch Tonfall, Gesten und Mimik. Sogar ein Schweigen teilt dem Gegenüber etwas mit. Diese Allgegenwärtigkeit von Kommunikation formulierte der Kommunikationswissenschaftler Paul Watzlawick (1921–2007) in seiner These „Man kann nicht nicht kommunizieren".

Heute kommunizieren wir zu einem großen Teil über E-Mails oder Kurznachrichten und dies ständig, entweder nebenbei oder als Hauptbeschäftigung. Ein Grund für

> „Vernunft fordert grenzenlose Kommunikation, sie ist selbst der totale Kommunikationswille."
>
> Karl Jaspers
> Der philosophische Glaube, 1948

Kommunikationsmedien sind zu Werten an sich geworden; dabei waren sie ursprünglich nur Hilfsmittel zur Verständigung.

dieses Mitteilungsbedürfnis mag sein, dass wir, wie schon Aristoteles (384–322 v. Chr.) annahm, soziale Wesen (*zooi politikoi*) sind und darum grundsätzlich an Kontakt mit anderen interessiert sind. Der Jenaer Soziologe Hartmut Rosa ist sogar der Ansicht, dass wir für unser persönliches Glück das Gefühl brauchen, mit anderen in Verbindung zu stehen und von ihnen ein Feedback zu bekommen. Verstanden zu werden sei unentbehrlich für das eigene Wohlbefinden. Wer kommuniziert, tut also immer mehr als bloß zu reden. Er erwartet auch etwas.

Grundsätzlich geht es dem Kommunikator darum, mit dem Empfänger Inhalte zu teilen. Das kann die simple Darstellung von Sachverhalten sein. Häufig aber hat er den Anspruch, etwas Wahres zu sagen, das den anderen überzeugen soll. Mit seiner „Theorie des kommunikativen Handelns" betont Jürgen Habermas (* 1929) die wichtige Rolle der Kommunikation für die öffentliche Meinungsbildung. Ideal wäre seiner Ansicht nach ein „herrschaftsfreier Diskurs", in dem sich jeder gleichberechtigt mitteilen kann, damit die ganze Gemeinschaft der Wahrheit näherkommt. Tatsächlich verlief die Kommunikation lange an vielen Stellen einseitig: Die Medien hatten eine kommunikative Monopolstellung inne und konnten so erheblichen Einfluss auf die öffentliche Meinung nehmen. Doch das Web 2.0 hat diese kommunikative Einbahnstraße aufgelöst. In sozialen Netzwerken, Wikis, Blogs etc. kann nun jeder seine Meinung mitteilen. Durch den kommunikativen Austausch kann Kreativität gedeihen und neue Ansätze und Ideen können entwickelt werden, die am Ende allen zugutekommen.

siehe auch: Dialog, *Seite 120* • Öffentlichkeit, *Seite 232*

Würde

Wer verdient Respekt?

Der Begriff der Menschenwürde ist für unser Moral- und Rechtsverständnis zentral. Aber warum haben nur Menschen eine Würde – und nicht auch Tiere oder Pflanzen?

Unter „Würde" verstehen wir einen dem Menschen innewohnenden Wert. In der „Allgemeinen Erklärung der Menschrechte" vom 10. 12. 1948 heißt es: „Alle Menschen sind frei und gleich an Würde und Rechten geboren." Für den römischen Redner und Autor Cicero gründete die Würde (lateinisch *dignitas*) einer Person zum einen in seiner gesellschaftlichen Stellung, zum anderen in seiner Vernunft, auf der auch die Vorrangstellung des Menschen gegenüber dem Tier beruht. Im Mittelalter begründete man die Würde des Menschen mit seiner Gottesebenbildlichkeit. Der Renaissance-Denker Pico della Mirandola (1463–1494) brachte die Würde des Menschen dagegen mit der von Gott geschenkten Freiheit in Verbindung. Der Mensch könne seine Natur und Stellung im Kosmos selbst bestimmen und zum „Bildhauer und Dichter" seiner Selbst werden. Auch bei Immanuel Kant (1724–1804) gründet die Würde des Menschen in seiner Freiheit. Diese Freiheit besteht darin, dass der Mensch sich seine eigenen

Gesetze geben kann: „Autonomie ist also der Grund der Würde der menschlichen und jeder vernünftigen Person." Die Würde eines Menschen ist für Kant ein absoluter Wert – und damit über jeden „Preis" erhaben. Als „Zweck an sich selbst" nötige der Mensch allen anderen vernünftigen Wesen (und sich selbst) Achtung ab. Das führt zum berühmten Kategorischen Imperativ, der auch als „Objektformel" ins deutsche Grundgesetz Eingang gefunden hat: „Handle so, dass du die Menschheit sowohl in deiner Person als in der Person eines anderen jederzeit zugleich als Zweck, niemals bloß als Mittel brauchst." In modernen Diskussionen wird manchmal die Ausweitung des Würdebegriffs auf Tiere und Pflanzen gefordert. Der deutsche Philosoph Hans Jonas (1903–1993) sprach sogar von der „Würde der Natur", die der Willkür der menschlichen Macht entgegensteht.

In Slums wie hier in Delhi leben viele heute immer noch unter menschenunwürdigen Bedingungen. Zu unserer Vorstellung von Menschenwürde gehört die Befriedigung elementarer Grundbedürfnisse.

siehe auch: **Person**, *Seite 94* • *Toleranz, Seite 148*

Begehren

Was wünschen wir und warum?

Alle Menschen haben Wünsche. Aber müssen alle in Erfüllung gehen? Und warum wünschen wir uns etwas? Begehren drückt Wertschätzung aus – zumindest für den Moment. Dennoch ist es ziemlich willkürlich, wen oder was wir begehren.

Was wir begehren, wollen wir – ganz allgemein gesprochen – für uns haben, weil wir glauben, dass es unser Leben bereichert. Philosophisch versteht man unter dem Begehren eine Handlungstriebfeder, die dem Willen vorausgeht und meist von Gefühlen geleitet wird. Dabei ist der Trieb keineswegs blind, sondern auf etwas Bestimmtes gerichtet: Wir begehren einen Zustand, einen Gegenstand, eine Person. Zudem ist das Begehren ein dynamischer Prozess, der danach strebt, sich selbst aufzuheben. Begehren entsteht aus dem Gefühl eines Mangels heraus und verschwindet darum auch wieder, wenn der Mangel behoben wurde. Kaum haben wir die sündhaft teure Handtasche erworben, sind wir also wunschlos (zumindest in der Theorie).

Immanuel Kant (1724–1804) unterscheidet das „untere Begehrungsvermögen", das Streben nach einem beliebigen, materialen Ziel, vom „oberen Begehrungsvermögen", dem vernunftgeleiteten Willen. Ihm zufolge taugt nur das obere, rein vom Verstand beherrschte Begehrungsvermögen als moralischer Leitfaden. Die subjektiven Begehren des Einzelnen seien dagegen willkürlich und nicht steuerbar. Die Kunst besteht also darin, seinem Begehren nicht einfach nachzugeben, sondern es durch die Vernunft zu kontrollieren.

Diesem Anspruch folgt auch der amerikanische Philosoph Harry Frankfurt (*1929) und veranschaulicht ihn anhand seines Konzepts der Wunsch-Hierarchie: Er unterscheidet zwischen unserem momentanen Begehren, einem „Wunsch erster Ordnung", und einem höheren Ziel, einem „Wunsch zweiter Ordnung". Entscheidend ist, ob wir uns mit unseren Wünschen identifizieren können. Nur Menschen haben die Fähigkeit, ihre eigenen Wünsche zu reflektieren, also zu überlegen, ob sie das, was sie sich wünschen, auch wirklich wollen. Wer sich nur von seinen Wünschen erster Ordnung treiben lässt, der ist für Frankfurt gar keine Person. Auch wenn die neue Handtasche oder das aktuelle iPhone noch so verlockend ist: Sollten wir nicht häufiger versuchen, unseren spontanen Wünschen zu widerstehen, und uns mehr auf das konzentrieren, was uns im Leben wirklich wichtig ist?

Auch Hunde haben Wünsche. Doch im Unterschied zu Menschen besitzen sie nicht die Fähigkeit, über ihre Wünsche nachzudenken – und zu entscheiden, ob sie diesen nachgeben sollen oder nicht.

Liebe

Was passiert, wenn aus zwei eins wird?

Liebe ist ein mächtiges Gefühl. Sie kann uns glücklich und tieftraurig machen, uns in Rauschzustände versetzen, aber auch in die Verzweiflung treiben. Und doch bedeutet Liebe für die meisten Menschen viel mehr als bloß eine Emotion, die uns bisweilen den Verstand raubt. Was aber macht sie tatsächlich aus?

Liebe – das ist nicht dasselbe wie Verliebtsein. Liebe ist nicht nur Ekstase, nicht nur Begehren, nicht nur Sex. Unter echter Liebe verstehen wir zumeist, dass wir unser Leben mit der geliebten Person teilen oder teilen wollen. Dass wir Zeit mit ihr verbringen, gemeinsame Projekte und Ziele verfolgen, Freuden und Leiden mit ihr teilen. In der Liebe gehen wir als Menschen über uns hinaus, denken nicht mehr zuallererst an uns selbst. Manche Philosophen verstehen daher die Liebe nicht als Gefühl, sondern vielmehr als ein besonderes Interesse am Wohlergehen eines anderen. In der Philosophie der Liebe lassen sich drei Modelle unterscheiden. Das erste Modell betrachtet Liebe als eine Art Verschmelzung, als ein Einswerden. In Platons berühmtem Dialog „Symposion" (deutsch „Gastmahl") wird ein Mythos erzählt, nach dem die Menschen ursprünglich Kugelwesen waren, zusammengesetzt aus zwei männlichen oder aus einer männlichen und einer weiblichen Hälfte. Als diese Kugelmenschen die Götter angreifen wollten, zerschnitt Zeus sie in zwei Hälften. In der Liebe sucht der Mensch seither,

seine ursprüngliche Einheit wiederherzustellen. Bis heute sehen einige Philosophen die Liebe als eine Art von Vereinigung, und zwar nicht nur in körperlicher Hinsicht. Die Liebenden ergänzen einander, sie entwickeln eine „Wir"-Perspektive, eine gemeinsame Sicht auf die Welt.

Das Verschmelzungsmodell steht allerdings in einem Konflikt mit unserer modernen Vorstellung von Selbstbestimmung. Auch in einer Liebesbeziehung wollen wir unser Selbst, unsere eigenen Wünsche und Pläne nicht einfach aufgeben. Nach dem zweiten Modell bedeutet daher Liebe nicht einfach Verschmelzung,

Liebe lässt sich als Form der Verschmelzung mit dem anderen erleben, vor allem in der romantischen Anfangsphase.

„Liebe schafft Gründe.“

HARRY FRANKFURT
The Reasons of Love, 2004

Mit an Brücken angebrachten „Liebesschlössern" besiegeln Paare oft ihre ewige Liebe. Doch Liebesbeziehungen können auf Dauer nur gelingen, wenn die Liebenden auch gemeinsame Werte und Ziele haben.

sondern vielmehr ein „Füreinander", also eine besondere Art des Wichtignehmens einer anderen Person. Schon Aristoteles (384–322 v. Chr.) bestimmte Freundschaft und Liebe als Praktiken des gegenseitigen Wohlwollens. Wer einen anderen Menschen liebt, der wünscht ihm das Gute um des anderen willen, und nicht wegen des Nutzens oder Lustgewinns für sich selbst. Der amerikanische Philosoph Harry Frankfurt (* 1929) versteht Liebe als eine Art bedingungslose, uneigennützige „Sorge" um das Wohl eines anderen: „Liebe ist die interesselose Sorge um die Existenz und das Wohl des Geliebten." Wer wirklich liebt, der verschreibt sich dem anderen und investiert Mühe und Zeit in dessen Wohlergehen. Zu den Eigenschaften der Liebe gehört es, dass wir sie nicht willentlich unter Kontrolle haben. Wir können nicht

rational entscheiden, ob und wie sehr wir jemanden lieben. Zugleich bringt uns die Liebe dazu, bestimmte Dinge zu wollen. „Liebe schafft Gründe", sagt Frankfurt. Allerdings vernachlässigt dieses Modell die Gegenseitigkeit von Liebesbeziehungen. Wer einen Menschen liebt, will von diesem ebenfalls geliebt werden. Liebe ist eben nicht nur ein „Füreinander", sondern ebenso sehr ein „Miteinander".

Das dritte Modell betrachtet Liebe daher als eine Art Dialog zwischen Personen. Man öffnet sich für den anderen, man fühlt und denkt miteinander, man verfolgt gemeinsame Werte und Ziele. Der französische Philosoph Alain Badiou (* 1937) nennt das die „Bühne der Zwei". Zwar beginnt die Liebe mit der romantischen Begegnung, mit dem Verschmelzen der Liebenden, doch sie verwirklicht sich erst mit der Dauer, indem wir lernen, was es bedeutet, zu zweit und nicht einer zu sein. Dieser Prozess der „Zweiwerdung" lasse sich nicht im Voraus kalkulieren, sagt Badiou. Unser heutiges Sicherheitsdenken bedrohe daher die Liebe. Liebe mit Vollkaskoversicherung gibt es nicht, zu ihr gehören immer Risiko und Abenteuer.

Sicherlich enthält wahre Liebe Elemente von allen drei Modellen. Gerade in der romantischen Anfangsphase erleben wir sie oft als Verschmelzung, vor allem in der Sexualität. Zur Liebe gehört aber auch das „Sorgen", das „Füreinander". Und gewiss können Liebesbeziehungen auf die Dauer nur glücken, wenn die Liebenden gemeinsame Werte und Ziele verfolgen. Echte Liebe ist bestimmt mehr als bloßes Verliebtsein. Dennoch sollten wir das Gefühl des Verliebtseins keine Sekunde lang gering schätzen. Nach 20 Jahren Partnerschaft ist man zwar nicht mehr verknallt wie am ersten Tag. Doch wenn wir in einer Liebesbeziehung überhaupt keine Momente des Verliebtseins mehr erleben, erlischt auch die Liebe irgendwann.

siehe auch: Emotionen, *Seite 42* • Hass, *Seite 160*   131

Sex

Was heißt es, sich körperlich hinzugeben?

Was bedeutet Sex? Und warum ist er uns so wichtig? Die Philosophen haben diese Fragen lange Zeit gemieden. Bis ins 19. Jahrhundert galt Sex als unnatürliche Fleischeslust, die keiner philosophischen Betrachtung wert schien. Erst in den letzten Jahrzehnten entdeckte man den Sex neu – als eine besondere Art der Kommunikation zwischen Menschen.

Beim Sex sprechen Körper miteinander. Es geht nicht nur um Begehren, sondern auch um eine Art von Kommunikation.

Für Sex hatte Platon (428/427–348/347 v. Chr.) wenig übrig. Der griechische Philosoph hielt die körperlichen Triebe für eine Verwirrung des Verstandes. Auch Kirchenvater Augustinus (354–430) verurteilte die „Fleischeslust", die den Menschen vom Glauben an Gott abbringe, obwohl oder gerade weil er ihr in seiner Jugend durchaus nicht abgeneigt gewesen war. Und Kant (1724–1804) hielt – wie in seiner Zeit üblich – Geschlechtsverkehr nur innerhalb der Ehe für moralisch zulässig. Jede andere Form von Sex reduziere den Geschlechtspartner auf ein bloßes Mittel zum Zweck. Die Masturbation betrachtete er sogar als eine „unter das Vieh herabwürdigende Behandlung der eigenen Person". Erst die „sexuelle Revolution" in der zweiten Hälfte des 20. Jahrhunderts führte dazu, dass auch die Philosophen entspannter mit dem Thema umgingen. Jean-Paul Sartre (1905–1980) etwa verstand Sex als Akt der „Fleischwerdung". Indem wir uns selbst im Sex verkörpern, können wir uns das „Fleisch des anderen" aneignen. Religiöse Metaphorik verwendend sprach er von einer „Kommunion der Begierde". Der US-Philosoph Robert Solomon (1942–2007) wiederum hielt Sex für eine „Körpersprache", für eine Art von Kommunikation, die Gefühle und Haltungen wie etwa Vertrauen, Scham oder Anerkennung ausdrücken kann. Heutige Philosophen betrachten Sex zumeist nicht mehr unter moralischen Gesichtspunkten. Eine sexuelle Handlung ist nicht deswegen moralisch richtig oder falsch, weil es eine sexuelle Handlung ist. Allerdings können wir durch Sex andere Menschen schädigen, demütigen oder instrumentalisieren. Insofern hatte Kant nicht ganz unrecht: Wenn wir den anderen nur als „Sexobjekt" betrachten, missachten wir seine menschliche Würde.

siehe auch: *Liebe, Seite 128* • *Körper, Seite 138*   133

Geschlecht

Was unterscheidet Männer und Frauen?

Was unterscheidet Männer von Frauen? Beruht die Geschlechterdifferenz auf der Biologie oder ist sie ein soziales Konstrukt? Das Nachdenken über das Geschlechterverhältnis war stets auch ein Spiegel der gesellschaftlichen Verhältnisse.

Englische und amerikanische Suffragetten demonstrierten schon Anfang des 20. Jahrhunderts für das Frauenwahlrecht. Trotz weitgehender rechtlicher Gleichstellung unterliegen Frauen in unserer Gesellschaft immer noch geschlechtsspezifischen Normen und Rollen.

Über die Unterschiede zwischen den Geschlechtern haben die Philosophen schon in der Antike nachgedacht. Ihre Auffassungen versteht man heute jedoch nur vor dem Hintergrund ihrer Weltsicht. Sie gingen von einer vernünftigen Ordnung des Kosmos aus, in der jedes Seiende seinen Zweck zu erfüllen hat. Das Höherwertige herrscht dabei über das Geringerwertige. Eine politische Ordnung ist dann gut, wenn sie dieser natürlichen Ordnung entspricht, wenn also jedes Wesen darin den Platz hat, der ihm von Natur aus zukommt. Nach diesem Prinzip entwarf Platon (428/427–348/347 v. Chr.) seinen idealen Staat. Die Differenz zwischen den Geschlechtern spielte für Platon jedoch keine Rolle; in seinem Modell waren Frauen daher zu allen Ständen zugelassen. Aristoteles (384–322 v. Chr.) hingegen trennte zwischen der Sphäre des Politischen (*polis*) und der Sphäre des Ökonomischen (*oikos*). Die Frauen waren zur politischen Gemeinschaft nicht zugelassen, sondern hatten ihren Platz in der häuslichen Sphäre. Im Unterschied zur egalitären *polis* herrschte im Haus eine strenge Hierarchie, die nach Aristoteles die natürliche Ordnung wider-spiegelt. Die Unterordnung der Frau unter den Mann – für Aristoteles die Konsequenz aus ihrem Mangel an praktischer Vernunft – begründete zugleich den Ausschluss aus der Gemeinschaft der Freien und Gleichen. Aristoteles schuf damit das Modell der patriarchalen Ordnung, das sich im Kern über Jahrhunderte hielt. Noch Kant (1724–1804) sprach der Frau aufgrund ihrer ökonomischen Unselbstständigkeit die Voraussetzungen für eine aktive Staatsbürgerschaft ab.

In der Neuzeit lösten sich die Philosophen allmählich von der antiken Vorstellung einer Gesellschaftsordnung, die auf natürlichen Unterschieden beruht. Zugleich geriet der emanzipatorische Anspruch der Aufklärung mit seiner Betonung von Freiheit und Gleichheit in Widerspruch zum alten

> *„Man kommt nicht als Frau*
> *zur Welt, man wird es."*

Simone de Beauvoir
Das andere Geschlecht, 1949

patriarchalischen Modell. Die Philosophen des 18. und 19. Jahrhunderts versuchten daher, die rechtliche Ungleichheit zwischen Männern und Frauen neu zu legitimieren, indem sie die Geschlechterdifferenz auf angebliche Wesensunterschiede zurückführten. So sah etwa Jean-Jacques Rousseau (1712–1778) den Mann als das starke, aktive Geschlecht, die Frau hingegen als das passive, schwache Geschlecht, das letztlich darauf aus ist, dem Mann zu gefallen.

Transsexuelle Menschen leiden unter dem Gefühl, im falschen Geschlecht geboren zu sein. Heute wächst die Akzeptanz für Abweichungen von zugewiesenen Geschlechterrollen.

Einen Bruch mit dieser langen Tradition, aus biologischen Unterschieden gesellschaftliche Rollen abzuleiten, vollzog schließlich Simone de Beauvoir (1908–1986) mit ihrem wegweisenden Buch „Das andere Geschlecht". Darin stellte sie eine radikale These auf, die Geschlechterdebatten bis heute maßgeblich prägt: „Man kommt nicht als Frau zur Welt, man wird es." Das heißt, dass die Geschlechterdifferenz nicht auf natürlichen Unterschieden, sondern auf gesellschaftlichen Normen beruht. De Beauvoir geht dabei von einem existenzialistischen Ansatz aus. Der Mensch ist nicht gefangen in den Grenzen seines Wesens, vielmehr transzendiert, also überschreitet er sich ständig selbst. Zwar sind Männer und Frauen prinzipiell gleich. Doch nur die Männer würden ihre Transzendenz verwirklichen, während die Frauen auf „Wesen der Immanenz" reduziert seien. Um ihre

These zu begründen, rekonstruiert de Beauvoir die Geschichte der patriarchalen Gesellschaft: Die Herrschaft des Mannes beruht auf unterschiedlichen Beiträgen der Geschlechter zur Reproduktion. Schon in der Vorzeit habe der Mann sein animalisches Leben durch Werkzeuggebrauch transzendiert und sich damit als Subjekt gesetzt, das auf das Erreichen von Zwecken gerichtet ist. Indem sich der Mann selbst als Subjekt realisiert habe, so meint de Beauvoir, habe er zugleich die Frau als sein Anderes gesetzt – und damit als Objekt. Als Subjekt verwirklichen kann sich die Frau nur über die Arbeit, die allein ökonomische Unabhängigkeit von den Männern ermöglicht. Nach de Beauvoir erfordert die Befreiung der Frau allerdings mehr als das, nämlich eine radikale Umwälzung der Gesellschaft.

Mit ihrer These begründete de Beauvoir die moderne Geschlechtertheorie, die zwischen dem biologischen Geschlecht (sex) und dem „sozialen" Geschlecht (gender) unterscheidet. Die einflussreiche US-amerikanische Philosophin Judith Butler (* 1956) hat de Beauvoirs Thesen weiter radikalisiert. Nach Butlers Auffassung folgt das soziale Geschlecht nicht aus dem biologischen Geschlecht. Eine „Frau" kann also auch einen männlichen Körper haben und umgekehrt. Butler akzeptiert das Geschlecht generell nicht als natürliche Kategorie. Aus ihrer Sicht handelt es sich dabei um das Resultat einer mit Zwang verbundenen Praxis, die auf heterosexuellen Normen beruht. Geschlechtsidentität ist „performativ", sie wird konstituiert durch ein Tun, das angeblich ihr Resultat ist: Frauen werden erst zu Frauen und Männer zu Männern, indem sie sich nach den entsprechenden Normen verhalten. Das eröffnet aber auch Spielräume, die Binarität von Mann und Frau „performativ" zu unterlaufen. Mit ihren Thesen wurde Butler zur Vordenkerin der „Queer"-Bewegung, die nach einer Auflösung der starren Geschlechtergrenzen strebt.

siehe auch: **Existenz**, *Seite 114*

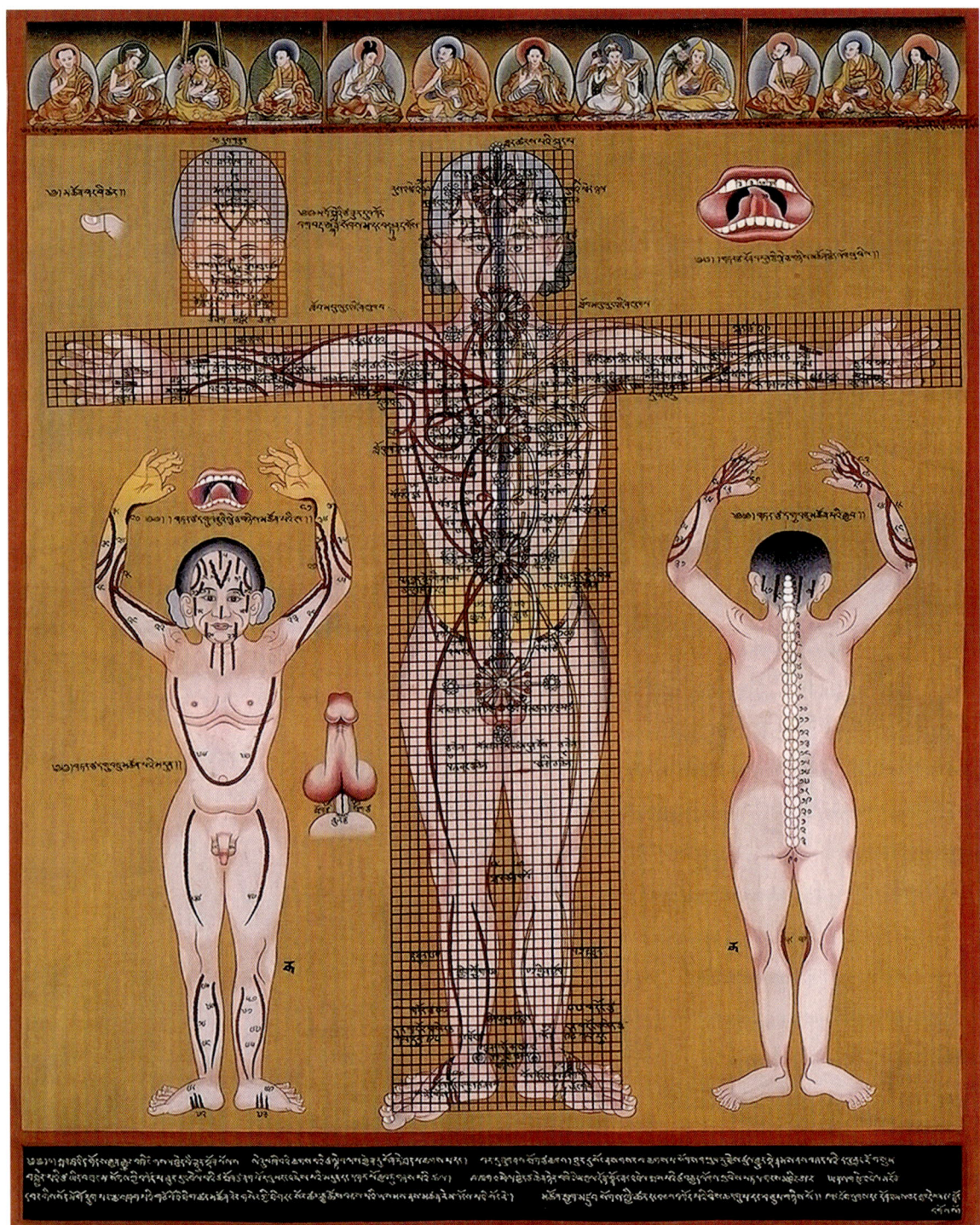

Körper

Wie sind wir mit der Welt verbunden?

Was ist der Körper? In welcher Beziehung steht er zur Welt? Lange haben die Philosophen alles Leibliche missachtet. Heute sehen sie den Menschen als Einheit von Körper und Geist.

Menschen sind körperliche Wesen. Das merken wir spätestens, wenn wir Schmerzen haben. Die Philosophen haben das allerdings lange anders gesehen; für sie stand stets das Geistige, das Denken im Vordergrund. Die leibfeindliche Tradition reicht bis in die griechische Antike zurück. Platon (428/427–348/347 v. Chr.) hielt den Körper sogar für das „Gefängnis der Seele". Der Körper, so meinte er, könne von sich aus keine Einsichten erlangen; schließlich denke man ja nicht mit den Augen oder Ohren. Unsere körperlichen Triebe und Begierden lenken den Geist nur von der Erkenntnis ab: „Also auch daher verachtet der Philosophen Seele am meisten den Leib, flieht vor ihm und sucht, für sich allein zu sein." Aristoteles (384–322 v. Chr.) hingegen sah den Menschen als Einheit von Körper und Geist. Allerdings ist der Körper für ihn nur das „in Möglichkeit Seiende", also ein potenziell lebensfähiger Organismus; erst die Seele macht ihn zum Lebewesen.

Die neuzeitliche Sicht auf den Körper prägte der französische Philosoph René Descartes (1596–1650). Während die antiken Denker die Seele für das Prinzip allen Lebens hielten, betrachtete Descartes – im Geist der modernen Naturwissenschaft – den Körper als unbeseelte Maschine, die Naturgesetzen unterliegt wie jede andere Ma-

schine auch. So trete der Tod niemals durch „Fehlen der Seele" ein, sondern weil wichtige Teile des Körpers nicht mehr funktionieren. Die aristotelische Einheit von Körper und Seele war damit durchschnitten. Für Descartes ist der Mensch im Kern ein „denkendes Ding" (*res cogitans*), das im Prinzip auch ohne den Körper existieren kann. Der immaterielle Geist und die Körperwelt sind demnach grundverschiedene Substanzen. Descartes' „Dualismus" wirft allerdings die Frage auf, wie Körper und Geist dann überhaupt miteinander interagieren können, wenn sie so grundverschieden sind. Das ist das berühmte Leib-Seele-Problem, das die Philosophie bis heute beschäftigt. Dazu gehört zum Beispiel die Frage, wie aus physischen Hirnzuständen Bewusstsein entsteht. In der Tradition von Descartes sahen die Philoso-

Lange sah man den Menschen als Einheit von Körper und Seele an. So zeigt auch diese Lehrhilfe für tibetische Medizin den Sitz der Seele und ihre Wege im Körper. Erst die moderne Naturwissenschaft betrachtete den Körper als unbeseelte Maschine, die Naturgesetzen unterliegt.

phen den Menschen lange Zeit als geistiges Wesen, das sich denkend und erkennend auf die Welt bezieht; der Leib spielte nur eine untergeordnete Rolle. Schon Spinoza (1632–1677) wandte sich jedoch gegen Descartes' Dualismus. Für ihn sind Körper und Geist nur zwei Aspekte derselben Wirklichkeit. Der Geist regiert daher auch nicht den Körper, wie Descartes dachte, vielmehr laufen geistige und körperliche Vorgänge parallel ab. Zu den Philosophen, die dem Leib wieder eine größere Rolle zusprachen, gehörte auch der deutsche Philosoph Johann Gottlieb Fichte (1762–1840). Für ihn war der Leib ein Zeichen der Identität einer Person und zugleich Ausdruck von deren Ich: „Ich bin mein Leib, wenn ich mich anschaue. Ich bin Geist, wenn ich mich denke. Aber ich kann eines ohne das andere nicht, darum schreibe ich mir beides zu – bloß aus verschiedener Ansicht werden beide unterschieden."

Eine zentrale, wenn auch negative Rolle spielt der Leib bei Arthur Schopenhauer (1788–1860). Für ihn manifestiert sich im Leib der „Wille zum Leben", ein blinder, destruktiver, unkontrollierbarer Drang zu existieren. Gegen diesen Willen, der sich etwa in der Sexualität ausdrücke, sei die Vernunft machtlos. Erst der Tod ist nach Schopenhauer die „große Zurechtweisung", die dem Willen zum Leben seine Grenzen zeigt. Nach Schopenhauer muss der Leib durch die Willensverneinung überwunden werden.

Auch Friedrich Nietzsche (1844–1900) betont den Leib, allerdings sieht er diesen als etwas Positives an, als Ausdruck der Lebenskräfte, die er für fundamentaler hält als den Geist: „Leib bin ich ganz und gar, und nichts außerdem; und Seele ist nur ein Wort für ein Etwas am Leibe", heißt es in „Also sprach Zarathustra". Erst durch den Leib, also durch unsere Sinnlichkeit, sei unser Bewusstsein überhaupt mit der Welt verbunden. Die Vernunft sei nur ein Werkzeug unseres Leibes, und nicht umgekehrt, wie die Philosophen in

„Leib bin ich ganz und gar, und nichts außerdem; und Seele ist nur ein Wort für ein Etwas am Leibe."

FRIEDRICH NIETZSCHE
Also sprach Zarathustra, 1883

der Tradition von Descartes dachten. Der französische Philosoph Maurice Merleau-Ponty (1908–1961) betrachtete den Leib sogar als Ausgangspunkt aller Wahrnehmung und damit als Vehikel des „Zur-Welt-Seins". Nicht unser Geist, unser Ich ist demnach das wahre Zentrum unserer Existenz, sondern unser Leib, mit dem wir uns auf die Welt beziehen. In vielen Alltagssituationen erscheint uns das so selbstverständlich, dass wir kaum darüber nachdenken. Wenn wir etwa Sport treiben oder im Garten arbeiten, haben wir nicht die Vorstellung, dass unser Geist im Mittelpunkt steht. Im Gegenteil: Manche Dinge können wir überhaupt nur tun, wenn wir unser bewusstes Denken gleichsam ausschalten.

Viele Menschen suchen heute nach einem neuen Körperbewusstsein, etwa beim Sport oder bei Yoga. Wenn wir uns sportlich betätigen, erfahren wir unseren Körper als Zentrum unserer Existenz.

siehe auch: **Seele**, *Seite 50* • **Vernunft**, *Seite 66* • **Leben**, *Seite 112*

Freundschaft

Was verbindet uns mit anderen Menschen?

Was wäre das Leben ohne Freunde? Sie machen unser Leben reicher, schöner und glücklicher. Dabei ist es gar nicht so leicht zu sagen, was Freundschaft bedeutet. Was macht einen guten Freund aus? Was kann eine Freundschaft aushalten, was nicht?

Schon Kinder haben beste Freunde, mit denen sie am liebsten ihre ganze Freizeit verbringen. Echte Freundschaften sind mit der Verpflichtung verbunden, für den Freund da zu sein, wenn er uns braucht.

Freundschaften entstehen dort, wo zwei Menschen sich mögen. Sympathie ist die Grundvoraussetzung für Freundschaft, dazu kommen gemeinsame Interessen und Werte. Je größer die gefühlte Nähe, desto inniger ist die Beziehung, die dann nicht mehr scharf von der Liebe abzugrenzen ist. Die Begriffe überschneiden sich, gehen manchmal ineinander über oder bedingen sich sogar. Genau wie bei der Liebe gibt es weder erzwungene Freundschaft noch erkaufte. Freundschaft ist immer freiwillig und beruht auf Gegenseitigkeit. Man kann schlecht mit jemandem befreundet sein, der seinerseits nicht mit einem befreundet ist. Der antike Philosoph Aristoteles (384–322 v.Chr.) unterscheidet in der „Nikomachischen Ethik" drei verschiedene Freundschaftsarten: Eine Form der Freundschaft ist auf den Nutzen ausgerichtet, den man sich von der Verbindung mit einem anderen verspricht. Die Zweite beruht auf körperlicher Lust. Doch beide Formen sind nicht sonderlich innig, da sie aus einem vorübergehenden Bedürfnis heraus entstehen, das sich genauso schnell wieder auflösen kann, wie es gekommen ist. Verschwindet ihr Grund, verschwindet auch die Freundschaft wieder. Die dritte Art nennt Aristoteles „Tugend- oder auch Charakterfreundschaft". Sie ist die wertvollste und stabilste Form der Freundschaft, da sie auf keinen Zweck gerichtet ist, sondern auf den Freund um des Freundes willen. Nach Aristoteles sind solche Freundschaften äußerst selten und von sich aus gut, da sie nur unter Tugendhaften geschlossen werden. So potenziert sich das Gute in der vollkommenen Freundschaft.

Heute würden wir die beiden ersten Arten gar nicht mehr als Freundschaften bezeichnen. Man ist enttäuscht, wenn sich eine angenommene Freundschaft als reines Zweckbündnis herausstellt. Dafür stellen wir an die dritte Form der „echten" Freundschaft nicht immer so hohe Anforderungen wie Aristoteles. Wir haben beste, gute und weniger gute Freunde und erwarten unterschiedliche Dinge von ihnen. Denn mit einer Freundschaft gehen wir immer bestimmte soziale Verpflichtungen ein. Je tiefer die Freundschaft ist, desto mehr sind wir bereit, für den anderen zu tun, und vertrauen gleichzeitig darauf, dass er das Gleiche für uns tun würde.

> *„Ohne Freunde möchte niemand leben, auch wenn er alle übrigen Güter besäße."*

ARISTOTELES
Nikomachische Ethik, 350 v. Chr.

„Das erste Gesetz der Freundschaft lautet, dass sie gepflegt werden muss. Das zweite lautet: Sei nachsichtig, wenn das erste verletzt wurde", schreibt der französische Philosoph Voltaire (1694–1778). Doch wer aus dem stillen Pakt der Freundschaft nur Nutzen für sich ziehen will, aber nichts zurückgibt, ist ein schlechter Freund und verdient irgendwann keine Nachsicht mehr. Ohne gegenseitiges Vertrauen und Engagement funktioniert Freundschaft nicht. Man kann mit jemandem einen lustigen Abend verbringen, doch man würde ihn niemals anrufen, wenn es hart auf hart kommt. Ist das dann ein richtiger Freund? Oder eher eine losere Bekanntschaft? In den meisten Fällen brauchen wir über solche Fragen gar nicht lange nachzugrübeln. Freundschaft ist nämlich wie die Liebe auch ein Gefühl.

siehe auch: Liebe, *Seite 128*

Mitleid

An wem nehmen wir Anteil?

Im Alltag lassen wir viele Gelegenheiten, Mitleid zu zeigen, verstreichen.

Geteiltes Leid ist halbes Leid. Wer sich für andere freut, spürt das Glück selbst. Wer mit dem anderen leidet, kann Trost spenden. Mit anderen mitzufühlen ist eine Tugend, die Menschen verbindet.

„Grenzenloses Mitleid mit allen lebenden Wesen ist der festeste und sicherste Bürge für sittliches Wohlverhalten."

ARTHUR SCHOPENHAUER
Über die Grundlagen der Moral, 1840

Mit anzusehen wie andere Menschen leiden, ist oft schwer auszuhalten. Besonders betroffen macht uns der Schmerz von Personen, die uns nahe stehen. Aber auch Filme, Bücher oder Bilder können in uns Mitleid hervorrufen. Mitfühlend zu sein, sich in andere hineinversetzen zu können, gilt als positive Charaktereigenschaft. Wen das Leid anderer kaltlässt, bezeichnen wir als hartherzig, unkollegial und somit auf eine gewisse Art als unmoralisch. Arthur Schopenhauer (1788–1860) machte das Mitleid zum Grundpfeiler seiner Ethik. Wieso sollten sich Menschen kooperativ und sozial verhalten, anstatt sich gegenseitig auszulöschen? Laut Schopenhauer nicht deshalb, weil die Vernunft es gebietet, wie zum Beispiel Kant (1724–1804) annimmt, sondern weil wir uns in unserem Gegenüber selbst erkennen. Was Schopenhauer unter Mitleid versteht, würden wir heute vielleicht Empathie nennen, während wir Mitleid heute eher als eine nicht immer erwünschte Form der Anteilnahme sehen. Ihm zufolge ist das Mitfühlen mit anderen die grundlegende Basis für Moralität, da es „die Mauer zwischen Du und Ich aufhebt". Nur so können wir unseren Egoismus überwinden und uns für andere aufopfern. Dabei fordert Schopenhauer grenzenloses Mitleid nicht nur mit allen Menschen, sondern mit allen Lebewesen. Damit ist er einer der wenigen Philosophen, die in ihre ethische Theorie auch Tiere miteinbeziehen.

An seiner Mitleidsethik wurde allerdings immer wieder kritisiert, dass es uns völlig überfordert, mit jedem Mensch und Tier gleichermaßen mitzufühlen. Gefühle sind nun einmal sehr subjektiv und nicht beliebig erweiter- und steuerbar. Mit Personen aus unserem Umfeld fühlen wir mehr mit als mit Fremden. Mit dem süßen Kätzchen mehr als mit dem Mastschwein. Schulden wir den Lebewesen, mit denen wir leichter mitfühlen können, deshalb mehr als denen, in die wir uns schwerer hineinversetzen können?

siehe auch: Liebe, Seite 128 • Verantwortung, Seite 176 145

Anerkennung

Wozu brauchen wir den andern?

Jeder braucht von Zeit zu Zeit Anerkennung durch andere – sei es durch ein freundliches Wort oder ein Lob. Philosophisch betrachtet brauchen wir andere Menschen, um uns selbst zu erkennen.

Die Verleihung eines Ordens wie hier durch US-Präsident Barack Obama bringt Anerkennung und Wertschätzung für die Leistungen einer Person zum Ausdruck.

Für Georg Wilhelm Friedrich Hegel (1770–1831) braucht die Ausbildung des Selbstbewusstseins notwendig die Anerkennung durch ein anderes Selbstbewusstsein. In seiner „Phänomenologie des Geistes" stellt er diesen Gedanken vor. Das Selbstbewusstsein ist dialektisch – es besteht aus zwei entgegengesetzten Komponenten: dem Herrn und dem Knecht. Der Herr ist dabei „für sich", er genügt sich selbst und will diesen Zustand um jeden Preis erhalten. Der Knecht hingegen begehrt die Gegenstände der Sinnenwelt (zu denen der Herr keinen Zugang hat, weil er nicht körperlich arbeiten muss) und lebt in Furcht vor dem eigenen Tod. Vereinfacht könnte man sagen, der Herr steht für das absolute, der Knecht für das partielle, abhängige Selbst. Beide brauchen sich gegenseitig, da ihnen ohne den anderen etwas fehlt. Hegel beschreibt die Beziehung von Herr und Knecht als Prozess, stellenweise sogar als Kampf, in dem sich das Selbstbewusstsein in gegenseitiger Anerkennung der beiden Parteien formt.

Was in Bezug auf die Bildung des Selbstbewusstseins noch sehr abstrakt klingt, wird anschaulicher, wenn man es auf die zwischenmenschliche Ebene überträgt. Wie Johann Gottlieb Fichte (1762–1840) darlegt, muss der Einzelne seinen Totalitätsanspruch aufgeben, um in ein soziales Miteinander zu treten. Nur wer den anderen als gleichwertiges, selbstständiges Individuum anerkennt, wird bereit sein, sich moralisch zu verhalten. Somit ist die gegenseitige Anerkennung, die wir heute vielleicht eher als Respekt vor der Integrität des anderen beschreiben würden, die gesellschaftliche Basis, auf der Rechte, Gesetze und Normen entstehen können. Zwischen uns selbst und dem anderen vollzieht sich ein Wechselspiel: Wir können unser Gegenüber darum anerkennen und respektvoll behandeln, weil wir uns selbst in ihm erkennen und auch er uns als Person anerkennt. Ohne den anderen, den Gegenspieler, bleibt uns also auch ein Teil von uns selbst verborgen.

siehe auch: **Gesellschaft**, *Seite 230* 147

Toleranz

Was müssen wir aushalten?

Der Nachbar feiert mal wieder. Aus der Wohnung dringt laute Musik. Es ist zwei Uhr früh und wir sind genervt. Sollen wir uns beschweren oder gar die Polizei rufen? Oder etwa den Lärm „tolerieren"?

Unter Toleranz (lateinisch *tolerare*, „ertragen", „erdulden") verstehen wir gemeinhin eine Haltung der Duldsamkeit, ein Gewährenlassen gegenüber dem Anderen. Toleranz kann sich auf andere Meinungen beziehen, auf andere Lebensformen oder religiöse und politische Einstellungen; sie reicht vom vorübergehenden passiven Dulden (etwa von Partylärm im Wohnhaus) bis zur aktiven Anerkennung, etwa von religiösen Minderheiten. Mit Toleranz verbinden wir heute Aufgeklärtheit und Liberalität, im Privaten wie im Politischen. Ihren Ursprung hat die Idee der Toleranz in der Auseinandersetzung mit den monotheistischen Religionen, die mit ihrem Absolutheitsanspruch keine anderen Religionen akzeptieren. Andersgläubige und sogar Angehörige anderer Konfessionen der gleichen Religion waren (und sind) brutalen Verfolgungen ausgesetzt, etwa in der Pariser Bartholomäusnacht 1572, als um die 3000 Protestanten von Katholiken ermordet wurden. Erst im Edikt von Nantes 1598 sicherte der katholische französische König den Hugenotten Toleranz zu, während der Katholizismus weiter Staatsreligion blieb. Zur gleichen Zeit entwickelten Philosophen des Liberalismus wichtige theoretische Grundlagen der Toleranzidee.

So forderte der englische Philosoph John Locke in seinem „Letter Concerning Toleration", der Staat solle sich aus religiösen Fragen generell heraushalten, was bedeuten würde, dass er die Ausübung welchen Glaubens auch immer toleriert.

John Stuart Mill (1806–1873) stellte die Toleranzidee schließlich in den Mittelpunkt seiner Theorie der Freiheit. Nach Mill ist die Ausübung staatlichen Zwangs gegen Personen oder Gruppen überhaupt nur legitim, wenn sie notwendig ist, um Schaden für andere abzuwenden. Als „Utilitarist" begründete Mill die Forderung nach Toleranz mit dem Nutzen für die Gesellschaft. So müsse man etwa auch falsche Meinungen tolerieren, weil man nie sicher sein könne, ob diese

Echte Toleranz erfordert nicht nur Duldsamkeit gegenüber dem anderen, sondern auch Respekt und Anerkennung. Dazu gehört die rechtliche Gleichstellung wie etwa die Zulassung der Homosexuellen-Ehe.

„Toleranz ist immer und überall eine Frage der inneren Selbstbefreiung."

JOHANN GOTTFRIED VON HERDER

Intoleranz lässt eine Gesellschaft zerbrechen. Doch in vielen europäischen Staaten erhalten derzeit nationalistische Gruppen Zulauf, die alles Fremdartige unterdrücken wollen (Mailand, 2012).

Meinungen nicht doch richtig seien. Und selbst falsche Meinungen könnten sich als nützlich erweisen, etwa wenn sie zur Wahrheitsfindung beitragen bzw. wichtige Diskussionen anstoßen. Mit Intoleranz gegenüber anderen Meinungen schadet sich eine Gesellschaft also selbst. Nach Mill brauchen wir Toleranz für ein gelingendes Zusammenleben, sie mache uns nämlich zu „offenen, furchtlosen Charakteren".

Selbst die Meinung eines religiösen Fundamentalisten sollten wir aus Mills Sicht tolerieren, solange dieser nicht zur Gewalt aufruft. Allerdings ist es oft nicht leicht, die Grenzen zwischen dem Tolerierbaren und dem Untolerierbaren zu ziehen. Eine der Schwierigkeiten liegt darin, dass Toleranz immer eine Ablehnungs- und eine Zustimmungskomponente hat. Toleranz bedeutet nicht Gleichgültig-

keit. „Tolerieren" können wir nur etwas, das wir eigentlich ablehnen. Insofern muss jede echte Toleranz schwerfallen; es geht eben darum, etwas zu „ertragen". Wenn wir den Lärm der Nachbarn „tolerieren", dann lehnen wir dessen Verhalten zwar ab, doch wir nehmen es zumindest vorübergehend hin. Mehr würden sich vermutlich auch die lärmenden Nachbarn nicht erwarten. Andererseits wird es etwa ein homosexuelles Paar als kränkend empfinden, wenn es von ihren Nachbarn nur „toleriert" im Sinne von „geduldet" wird; eher wird es erwarten, dass die Nachbarn ihre homophobe Haltung aufgeben. Der Toleranzbegriff muss also präzisiert werden. So unterscheidet der Frankfurter Philosoph Rainer Forst (*1964) gleich vier Konzeptionen von Toleranz. Bei der „Erlaubnistoleranz" erlaubt eine Mehrheit der Minderheit, nach eigenen Vorstellungen zu leben. Bei der „Koexistenz-Konzeption" legen sich zwei gleich starke Gruppen darauf fest, einander weitgehend in Ruhe zu lassen. Die „Respekt-Konzeption" gründet auf der Anerkennung der Werte und Lebensweisen anderer. Über den Respekt hinaus geht noch die „Wertschätzungs-Toleranz", die andere Lebensweisen sogar als ethisch wertvoll betrachtet, etwa weil diese die Vielfalt der Gesellschaft bereichern.

Toleranz gegenüber anderen muss sicherlich nicht immer wertschätzend sein. Man kann das Tragen der Burka bei muslimischen Frauen aus guten Gründen ablehnen und zugleich respektieren. Man kann den Lärm der Nachbarn nervtötend finden und trotzdem dulden, wenigstens vorübergehend. Zugleich sollten wir in allen Fragen der Toleranz eine Art Konsistenzprüfung vornehmen, uns also fragen, ob wir dasjenige Verhalten, das wir bei anderen „untolerierbar" finden, nicht womöglich selbst praktizieren. Eins geht nämlich gar nicht: sich über die lärmenden Nachbarn beschweren, wenn man selbst regelmäßig Krach macht.

siehe auch: Aufklärung, Seite 74

Vertrauen

Worauf können wir uns verlassen?

Menschen brauchen Vertrauen. Ohne Vertrauen gibt es keine Liebe, keine Freundschaft, keine Zusammenarbeit. Wir könnten gar nicht existieren. Aber ist Vertrauen vernünftig? Ist nicht Sicherheit erstrebenswerter?

Eine klassische Definition von Vertrauen stammt von dem englischen Staatstheoretiker Thomas Hobbes (1588–1679): „Vertrauen ist ein Gefühl, das aus dem Glauben an jemanden entsteht, von dem wir Gutes erwarten, und das so frei von Zweifel ist, dass wir keinen anderen Weg verfolgen, es zu erreichen."

In seinem Hauptwerk „Leviathan" geht Hobbes von einem „Naturzustand" aus, in dem es keine Regeln und Gesetze gibt. Jeder misstraut jedem. Doch als rationale Wesen erkennen die Menschen, dass es in ihrem Eigeninteresse liegt, Verträge miteinander zu schließen und sich einer staatlichen Autorität zu unterwerfen.

Vertrauen entsteht nach Hobbes dadurch, dass die Vertragspartner die Strafen fürchten, die ihnen im Falle eines Vertragsbruchs drohen. Auch einige heutige Philosophen wie zum Beispiel der US-Philosoph Thomas Scanlon (*1940) erklären Vertrauen mithilfe von Vertragsmodellen. Nach einer anderen Auffassung beruht Vertrauen auf „rationalen Erwartungen". Aus dieser Sicht vertrauen Menschen einander dann, wenn sie damit rechnen können, dass es im Interesse des jeweils anderen liegt, das Vertrauen nicht zu enttäuschen. Das könnte zumindest erklären, warum wir oft auch wildfremden Menschen vertrauen.

Vertrauen und Vernunft stehen dennoch in einem Spannungsverhältnis. Zwar glauben viele Philosophen, dass Vertrauen auf rationalen Gründen beruht. Aber Vertrauen heißt immer, ein Risiko einzugehen. Die amerikanische Moralphilosophin Annette Baier (1929–2012) spricht von „akzeptierter Verletzbarkeit". Wer einem anderen vertraut, verzichtet darauf, ihn zu überwachen. Man kann immer verraten werden. Denn hätten wir Gewissheit, was der andere tun wird, brauchten wir ihm ja nicht zu vertrauen.

Ohne unser „Urvertrauen" in andere Menschen und unsere Umwelt könnten wir nicht angstfrei leben. Vor allem Kinder haben oft unbegrenztes Vertrauen, bis sie durch Erfahrung enttäuscht werden.

siehe auch: Liebe, *Seite 128* • Verantwortung, *Seite 176*   153

Gelassenheit

Wie bleibt man cool?

Coolness ist nicht erst seit den 80er-Jahren ein Ideal. Schon die griechisch-antike Schule der Stoa predigte Gelassenheit als goldenen Weg zum Glück. Doch macht zu viel Selbstbeherrschung nicht taub für Erfahrungen? Nimmt uns die Unterdrückung von Emotionen nicht auch Lebensfreude?

Ob jemand Gelassenheit besitzt, zeigt sich in Situationen, die emotional herausfordern. Wenn der Chef seine schlechte Laune an einem auslässt, kann man sich davon den Tag verderben lassen und sich aufregen – oder tief durchatmen und die Fassung bewahren. Gelassen zu reagieren ist nicht leicht und erfordert Selbstbeherrschung. Die antiken Stoiker sahen die Gelassenheit als hohe Tugend an, die zu einem gelingenden Leben führt. Der Gründer der Stoa, Zenon von Kition, hielt die *apatheia* für ein erstrebenswertes Ideal. Damit ist die völlige Abwesenheit der Affekte gemeint oder auch einfach Leidenschaftslosigkeit. Dahinter steht die Idee, dass sich ein wahrhaft gutes Leben nur in Weisheit und Tugendhaftigkeit erfüllt. Gefühle wie Lust, Schmerz, Neid, Furcht, Freude, Trauer oder Zorn reißen einen hingegen zu unvernünftigen Taten hin und lenken von diesen Zielen ab. Wer „stoische Gelassenheit" besitzt, gleicht also einem unerschütterlichen Fels, um den der Sturm noch so sehr toben mag, ohne dass es ihn in irgendeiner Weise beeinflusst.

Heute gilt es kaum jemandem noch als erstrebenswert, jegliche Gefühlsregungen zu unterdrücken. „Apathie" bezeichnet sogar eine krankhafte Form der Teilnahmslosigkeit. Emotionen wie Liebe, Mitgefühl und Freude gehören für uns ganz klar zu einem glücklichen Leben. Was hinter dem Wunsch nach mehr Gelassenheit steckt, ist vielmehr das Streben nach einem besseren Umgang mit negativen Erfahrungen. Von den Stoikern können wir uns abschauen, dass es Zeitverschwendung ist, sich mit Dingen abzuplagen, die man ohnehin nicht ändern kann. Vor allem dem eigenen Tod sollte man darum mit Gelassenheit begegnen.

Wer sich aber von gar nichts aus der Ruhe bringen lässt und Coolness über alles stellt, verpasst nicht nur große Gefühle und wertvolle Beziehungen zu anderen Menschen, sondern mitunter auch den Moment, in dem man dem Chef wirklich einmal die Meinung sagen sollte.

Im Buddhismus gehört die Gelassenheit zu den Geisteshaltungen, die zum Erreichen des Nirwana beitragen. Diese Haltung lässt sich jedoch nur durch jahrelange Meditation erreichen.

siehe auch: Emotionen, *Seite 42*   155

Melancholie

Was macht uns traurig?

Depression gilt heute als behandlungsbedürftige Volkskrankheit. Aber Melancholie kann auch bedeuten, seelischen Schmerz zuzulassen und auszuhalten, statt ihn nur zu verdrängen.

Muss man immer glücklich sein? Wer von einem nachdenklichen Weltschmerz ergriffen ist, gilt heute schnell als depressiv und somit als krank. Kann es nicht aber sein, dass Traurigkeit oder Melancholie auch ihre positiven Seiten hat?

Der Melancholiker ist eine schwermütige, grüblerische Person, die ohne erkennbaren Grund von einer chronischen Traurigkeit befallen ist. In der Antike sprach man von der „Gelehrtenkrankheit", die der griechische Arzt Hippokrates mit einem Überschuss an schwarzer Galle (*melancholia* = Schwarzgalligkeit) in Verbindung brachte. Das erste Buch, das sich mit der Melancholie beschäftigte, wurde lange Zeit Aristoteles (384–322 v. Chr.) zugeschrieben. Tatsächlich schrieb es aber sein Schüler Theophrast. Darin heißt es gleich zu Beginn: „Warum sind alle hervorragenden Männer, ob Philosophen, Staatsmänner oder Künstler, offenbar Melancholiker gewesen?"

In diesem Sinne wurde die Melancholie über die Jahrhunderte hinweg ambivalent gesehen. Einerseits brachte man sie mit Apathie und Trägheit in Verbindung, andererseits mit besonderer Begabung und Tiefsinn. Der Dichter Jean Paul (1763–1825) prägte den Begriff „Weltschmerz" für das Gefühl der Trauer über die Unzulänglichkeit der Welt, der heute oft mit Melancholie gleichgesetzt wird.

Die Melancholie gehörte auch zu den Leitmotiven bei Friedrich Nietzsche (1844–1900). Wahre Philosophen sind für ihn radikale Einzelgänger, die sich von allen religiösen und kulturellen Bindungen freigemacht haben. Es ist diese Einsamkeit, die sie für Melancholie anfällig macht.

Sigmund Freud (1856–1939), der Begründer der Psychoanalyse, grenzte die Melancholie von der Trauer ab. Der Melancholiker unterscheide sich vom Trauernden dadurch, dass er nicht dazu imstande sei, sein Begehren vom verlorenen Menschen abzuziehen und auf neue Objekte zu richten, wie es dem Trauernden nach einer gewissen Zeit möglich sei. Die Melancholie beschrieb er als „tiefe schmerzliche Verstimmung", die sich unter anderem durch Verlust der Liebesfähigkeit und Herabsetzung des Selbstwertgefühls auszeichne. In Bezug auf ein Krankheitsbild sprechen wir heute nicht mehr wie Freud von Melancholie, sondern von Depression. Auch ist die ambivalente Sicht auf die

„Das unglücklichste und
melancholischste Tier ist, wie
billig, das heiterste."

FRIEDRICH NIETZSCHE, aus dem Nachlass

Melancholie in der Moderne immer mehr verlorengegangen. Dauerhafte Melancholie gilt nicht mehr als Zeichen besonderer Sensibilität und Begabung, sondern als womöglich behandlungsbedürftige Störung.

Man kann jedoch Melancholie auch als Fähigkeit begreifen, Schmerz zuzulassen und darin etwas zu finden, das man in der Freude nicht finden kann. Insofern kann dieser alte Begriff dazu ermahnen, von der Norm abweichende Phänomene nicht vorschnell in Schubladen zu stecken. Trauer und Fröhlichkeit, Leid und Glück, Genie und Wahnsinn liegen oft näher beieinander, als man denkt.

siehe auch: Tod, Seite 162

Angst

Was fürchten wir?

Angst ist ein diffuses Gefühl, das aus den verschiedensten Gründen auftauchen und ganz unterschiedlich wirken kann. Sie kann uns vollkommen lähmen, aber auch dazu beitragen, dass wir über uns hinauswachsen. Es kommt nur darauf an, wie wir mit ihr umgehen.

Angst und Furcht sind nicht dasselbe. Furcht bezieht sich auf etwas Konkretes wie zum Beispiel das Monster unter dem Bett oder das Verlassenwerden. Angst hingegen meint ein beklemmendes Gefühl der Bedrohung, dessen Ursprung man nicht unbedingt kennt. Diesen Unterschied hebt besonders der dänische Philosoph Søren Kierkegaard (1813–1855) in seiner Schrift „Der Begriff Angst" hervor, in der er den Ursachen von Angst nachgeht. Kierkegaard geht dabei von der christlichen Vorstellung der Erbsünde aus. Im Zustand der Unschuld will der menschliche Geist seine Freiheit realisieren, aber so lange er dies nicht getan hat, befindet er sich im Zustand der Angst. Für Kierkegaard ist Angst also an Freiheit gekoppelt. Dass der Mensch frei entscheiden kann und dies auch muss, ruft bei ihm die Angst hervor, die falsche Entscheidung zu treffen, durch die er sich schuldig machen würde. „Die Angst ist der Schwindel der Freiheit", sagt Kierkegaard. Insofern ist die Angst existenziell; sie begleitet uns schon darum, weil wir immer mit einer unbekannten Zukunft konfrontiert sind. Diese Auffassung der Angst als wesenhaftes Merkmal des Menschseins findet sich auch bei Existenzphilosophen wie Jean-Paul Sartre (1905–1980).

Die Angst vor der Zukunft, vor Verantwortung, vor falschen Entscheidungen und Scheitern kann uns lähmen – aber wir können auch etwas gegen sie tun. Wären wir ihr hilflos ausgeliefert, könnten wir gar keine Entscheidungen treffen. Kierkegaard zufolge lässt sich Angst durch Glauben überwinden. Er hat dabei vor allem den christlichen Gottesglauben im Sinn, der Zuversicht und Hoffnung spendet. Letzten Endes geht es darum, der Angst mit Mut zu begegnen und den Sprung ins Ungewisse zu wagen. Ob man dabei auf einen Gott vertraut oder auf sich selbst, muss gar nicht entscheidend sein. Völlig angstfrei zu leben ist aber auch nicht erstrebenswert. Immerhin kann uns die Angst davor schützen, leichtfertig zu handeln und uns in Gefahr zu bringen. Wir sollten uns nur nicht von ihr beherrschen lassen, sondern sie gegebenenfalls zu überwinden lernen. Denn unsere Freiheit ist nicht nur schwindelerregend, sie bietet uns auch die Chance, Autor des eigenen Lebens zu sein.

Ein Sprung vom Sprungbrett im Schwimmbad kostet viele Menschen Überwindung. Die Angst schützt uns davor, uns Gefahren auszusetzen. Doch manchmal müssen wir den Sprung ins Ungewisse wagen, um uns weiterzuentwickeln.

siehe auch: Existenz, *Seite 114* • Freiheit, *Seite 226*

Hass

Ist Rache eine Lösung?

Ohne Hass wäre die Welt wohl eine bessere. Er führt zu Gewalt, Rachsucht und Tod. Ist er trotzdem manchmal gerechtfertigt?

Hass ist der Superlativ der Abneigung. Etwas oder jemanden zu hassen geht weit darüber hinaus, es oder ihn/sie einfach nicht zu mögen. „Ich hasse dich" geht einem daher nur selten über die Lippen – und meistens dann, wenn einem nichts anderes mehr einfällt.

Der Philosoph und Psychologe Erich Fromm (1900–1980) unterscheidet zwei Formen des Hasses: Hass, der von einem Angriff hervorgerufen wird, ist „reaktiv". Wenn man das eigene Leben, das einer geliebten Person oder elementare Werte bedroht sieht, entwickelt man dieses extreme Gefühl. Den „charakterbedingten" Hass hingegen begreift Fromm als Neigung zur Feindseligkeit, die einem Menschen innewohnt und nur darauf wartet, durch ein Ereignis aktiviert zu werden. Wer charakterbedingt hasst, hat laut Fromm daran sogar Freude.

Versteht man Liebe als stärkste Form der Zuneigung, kann man Hass als ihr Gegenteil bezeichnen. Dabei sind sich Liebe und Hass auch ähnlich. Man kann sowohl „blind vor Liebe" sein als auch „blinden Hass" empfinden. Beide sind also mit einem gewissen Mangel an Vernunft verbunden. Auch Leidenschaft ist für beide Gefühle charakteristisch: Man spricht von „glühender Liebe" oder „brennendem Hass". Was man hasst, ist einem nicht egal. Ganz im Gegenteil – man nimmt es wichtig, reibt sich an ihm auf, will es zerstören. Für reaktiven Hass im Fromm'schen Sinne können wir in manchen Fällen Verständnis aufbringen. Wer auf eine schreckliche Tat wie den Mord an einer geliebten Person mit Hass reagiert, wird von kaum jemandem verurteilt werden. Dennoch ist Hass als moralischer Kompass unbrauchbar. Besonders Fromms charakterbedingter Hass, also die grundsätzliche Bereitschaft zur Feindseligkeit, führt zu zerstörerischen, selbstsüchtigen Handlungen – schlimmstenfalls zu Sadismus. Obgleich auch die Liebe uns zu Taten verleitet, die wir sonst unterlassen würden, hat sie gegenüber dem Hass den großen Vorteil, tendenziell lebensbejahend und auf das Wohl eines anderen ausgerichtet zu sein. Fromm setzt sich darum für eine „Kunst des Liebens" ein, die eine Gesellschaft des Miteinanders schafft statt eine der gegenseitigen Feindseligkeit.

Der Hass auf ganze Staaten oder Völker entlädt sich oft in der symbolischen Verbrennung von Flaggen. Extreme Feindseligkeit macht vernünftiges Handeln unmöglich; sie mündet oft in Gewalt und Zerstörung.

siehe auch: *Emotionen, Seite 42* • *Das Böse, Seite 218*

Tod

Ist es eigentlich schlimm zu sterben?

Wir alle müssen sterben. Für die meisten Menschen ist das eine bedrückende Vorstellung, die sie im Alltag lieber verdrängen. Doch was ist eigentlich so schlimm daran? Ist der Tod überhaupt ein Übel, das wir fürchten müssen?

Wer nicht an eine unsterbliche Seele glaubt, muss mit der Aussicht leben, dass das Leben irgendwann zu Ende ist. Tot zu sein, das heißt, nicht mehr zu existieren. Das klingt zunächst einmal nach einem schweren Verlust. Schließlich kann man kaum mehr verlieren als das eigene Leben. Schon der griechische Philosoph Epikur (341–271/270 v. Chr.) meinte allerdings, dass wir den Tod nicht fürchten müssten, weil er uns eigentlich gar nicht betrifft: „Das schauerlichste Übel also, der Tod, geht uns nichts an; denn so lange wir existieren, ist der Tod nicht da, und wenn der Tod da ist, existieren wir nicht mehr. Er geht also weder die Lebenden an noch die Toten; denn die einen geht er nicht an, und die anderen existieren nicht mehr."

Der römische Dichter und Philosoph Lukrez (1. Jh. n. Chr.) verfeinerte später Epikurs Argument, indem er erklärte, der eigene Tod sei kein Verlust für uns, weil es dann kein „Ich" mehr gebe, das den Verlust betrauern könnte. Doch obwohl dieses Argument von bestechender Logik ist, überzeugt es nicht. Denn schließlich betrügt uns der Tod um Möglichkeiten, die wir noch realisieren könnten, wenn wir weiter existieren würden.

Zwar könnte man behaupten, dass ein Betrug nur dann ein Betrug sei, wenn der Betrogene ihn bemerke, meint der US-amerikanische Philosoph Thomas Nagel (* 1937). Aber Betrug bleibt Betrug – auch dann, wenn wir nichts davon mitbekommen. Genau deshalb halten wir den Tod von jungen Menschen meist für besonders tragisch. Dennoch haben die Argumente von Epikur und Lukrez etwas Tröstliches: Selbst wenn uns das Leben nicht optimal gelungen sein sollte, können wir das nach unserem Tod nicht mehr bedauern, weil wir einfach nicht mehr da sind.

Der Tod von Menschen, die uns nahestanden, ist immer ein schwerer Verlust. Das Totengedenken ist deshalb in allen Kulturen der Erde tief verwurzelt.

siehe auch: **Sein**, *Seite 20* • **Seele**, *Seite 50*

Ethik & Moral

Wie sollen wir uns verhalten?

Wir sind nicht allein auf dieser Welt. Wir stehen in Beziehungen zu anderen, wir haben Verpflichtungen, die wir erfüllen müssen – gegenüber Familie und Freunden, gegenüber Arbeitgebern, gegenüber Staat und Gesellschaft. Als Personen tragen wir Verantwortung für unser Handeln. Auch im täglichen Leben sind wir oft mit ethischen Fragen konfrontiert, zum Beispiel mit der Frage, ob es in bestimmten Situationen erlaubt ist zu lügen. Wenn wir über diese Fragen philosophisch nachdenken, dann stellen wir fest, dass es oft keine einfachen Antworten gibt. Aber die Philosophie bringt uns dazu, uns mit diesen Fragen gewissenhaft auseinanderzusetzen. Und sie kann uns Prinzipien an die Hand geben, an denen wir uns orientieren können.

Selbsterkenntnis

Wer bin ich?

Woher wissen wir, wer wir sind? Wie können wir uns prüfen? Sich selbst zu erkennen ist für Philosophen nicht nur eine Voraussetzung für Moralität, sondern auch eine lebenslange Aufgabe.

Der berühmte Spruch *gnothi seauton* ist griechisch und bedeutet „Erkenne dich selbst!" Er soll am Apollon-Tempel in Delphi gestanden haben und spielt im Denken der antiken Philosophen eine zentrale Rolle. Viele interpretieren das Gebot als Forderung des Gottes Apollon an den Menschen, sich der eigenen Sterblichkeit und Unzulänglichkeit bewusst zu werden. Bei Sokrates, der Hauptfigur in Platons Dialogen, stellt die Bemühung um Selbsterkenntnis die Grundlage für ethisches Verhalten dar. Nur wer danach strebt, in seiner eigenen Seele das Gute zu erkennen, kann auch danach handeln und ein glückliches, sittliches Leben führen. Dabei ist nach Platon (428/427–348/347 v. Chr.) die vollkommene Erkenntnis den Göttern vorbehalten und das Wissen der Menschen immer unvollständig und unsicher. „Ich weiß, dass ich nichts weiß", hielt Sokrates für eine der elementarsten Einsichten des Weisen. Dennoch bleibt Selbsterkenntnis für ihn ein Ideal, das es anzustreben gilt. Auch Aristoteles (384–322 v. Chr.) hielt sie für unverzichtbar, um sich tugendhaft verhalten zu können. Man muss lernen, sich weder zu über- noch zu unterschätzen.

Doch wie genau ist dies anzustellen? Ein philosophisches Problem der Selbsterkenntnis steckt

„Ich habe niemals ein schlimmeres Monster oder ein rätselhafteres Geschöpf als mich selbst erlebt."

MICHEL DE MONTAIGNE
Essays, 1572–1592

schon in dem Begriff: Wenn man das Selbst als dasjenige versteht, das etwas erkennt – wie soll es sich dann auf sich selbst richten können? Immerhin kann das Auge sich auch nicht selbst ansehen. Noch dazu haben Philosophen immer wieder infrage gestellt, ob es überhaupt ein Selbst gibt, das Gegenstand von Erkenntnis sein kann. Wie etwa Michel de Montaigne (1533–1592) meinte, gleicht unsere Persönlichkeit eher einem sich stetig verändernden Flickenteppich als einer abgeschlossenen Einheit.

Stoiker wie Seneca (ca. 1–65 n. Chr.) oder Mark Aurel (121–180) empfahlen als Praxis der Selbsterkenntnis eine innere Selbstbeschauung, die man heute vielleicht als Reflexion oder intensive Auseinandersetzung mit sich selbst verstehen

Der tägliche Blick in den Spiegel zeigt uns nicht nur, wie wir aussehen. Manchmal verrät er auch etwas über unser Inneres. Doch zu wahrer Selbsterkenntnis gelangen wir oft erst, wenn uns andere einen Spiegel vorhalten.

kann. Solche Ansätze sind in vielen Kulturen verbreitet; so soll etwa die buddhistische Meditationspraxis als innere Einkehr zur Erleuchtung führen. Durch die Besinnung auf uns selbst lösen wir uns von äußeren Belanglosigkeiten und kommen zur Einsicht über unsere Grenzen, Möglichkeiten und Wünsche. Aristoteles war hingegen der Ansicht, dass wir uns selbst vor allem durch andere erkennen können, die uns einen Spiegel vorhalten. Besonders Freunde seien dafür gut geeignet.

Das Schöne an der elementaren Frage „Wer bin ich?" ist, dass wir, wie Platon meint, niemals eine endgültige Antwort darauf finden werden. Selbsterkenntnis ist ein lebenslanges Fragen, Beobachten, Hineinspüren. Doch wie es so oft in der Philosophie vorkommt, kann uns bereits das Fragen der Antwort ein Stück näherbringen.

siehe auch: Ich, *Seite 10*

Werte

Was ist uns wichtig?

Von „Werten" reden Politiker ebenso wie Unternehmensbosse und Sonntagsprediger. Kaum ein Begriff wird heute so inflationär verwendet. Aber was sind Werte überhaupt? Was unterscheidet sie von Tatsachen? Sind Werte subjektiv oder objektiv?

Der Begriff Wert hat eine Doppelbedeutung. Einerseits meinen wir damit das in Geld ausgedrückte Äquivalent einer Sache. Andererseits verstehen wir darunter die Bedeutsamkeit oder Wichtigkeit, die wir einer Sache zuschreiben. Ein persönliches Erinnerungsstück hat zwar vielleicht keinen ökonomischen Wert, trotzdem kann es für uns unbezahlbar wertvoll sein.

Unsere „Werte" drücken aus, was wir gut oder schlecht, wichtig oder unwichtig finden. Sie variieren von Individuum zu Individuum, zwischen verschiedenen Gesellschaftsschichten, Generationen und Kulturen. Manche Werte gelten nur für einen einzelnen Menschen; anderen Werten hingegen wie Freiheit oder Gerechtigkeit schreiben wir universelle Gültigkeit zu. Doch selbst über diese Werte herrscht keine Einigkeit, wie etwa die Auseinandersetzung mit dem radikalen Islam zeigt. Über kaum etwas wird so sehr gestritten wie darüber, was die richtigen, die wahren Werte sind. Zugleich kann man darüber debattieren, ob wir nicht sogar die Werte selbst zu wichtig nehmen. In seinem Buch „Die Tyrannei der Werte" schrieb der deutsche Staatstheoretiker Carl Schmitt (1888–1985): „Wer Wert sagt, will geltend machen und durchsetzen. Tugenden übt man

aus; Normen werden vollzogen; aber Werte werden gesetzt und durchgesetzt. Wer ihre Geltung behauptet, muss sie geltend machen. Wer sagt, lass sie gelten, ohne dass ein Mensch sie geltend macht, will betrügen."

In der Antike sah man das ganz anders. Die griechischen Philosophen unterschieden gar nicht zwischen Werten und Tatsachen. Was wir heute unter Werten verstehen, das hielten sie für Ideen oder Zwecke – für höhere Formen des Seins selbst. Das Gute und das Wahre fielen also zusammen. Unser moderner Wertbegriff hingegen geht davon aus, dass Werte keine objektiven Sachverhalte sind, die unabhängig vom Subjekt bestehen. Sie *sind*

Für manch einen ist das Wertvoll, was einen Preis hat. Solche Werte sind an Besitz geknüpft und sie werden oft stärker beschützt als immaterielle Werte wie Moral, Ehrlichkeit oder Gerechtigkeit.

„Werte werden dadurch konstituiert, dass man an etwas Gefallen findet und es genießt.“

JOHN DEWEY
Die Suche nach Gewissheit, 1929

Freundschaft gilt vielen Menschen als hoher Wert. Doch wie wertvoll uns eine Freundschaft tatsächlich ist, zeigt sich daran, was wir für sie zu tun bereit sind – und welche Opfer wir dafür bringen.

nicht einfach, sondern sie *gelten*. Das Vorhandensein eines Wertes kann man nicht beobachten wie etwa die Tatsache, dass es regnet. Man sieht Dingen nicht an, ob sie „gut“ oder „schlecht“, „wichtig“ oder „unwichtig“ sind. Dass wir Dingen einen Wert zuschreiben, verleiht ihnen keine neue Eigenschaft. Schließlich schreiben wir ihnen diesen Wert ja aufgrund der Eigenschaften zu, die sie besitzen.

Der schottische Philosoph David Hume (1711–1776) leitete daraus das Prinzip ab, dass man aus einer Tatsachenaussage nicht auf eine Wertaussage schließen kann. Dahinter steht die Auffassung, dass Tatsachenaussagen wahr oder falsch sein können, Wertaussagen hingegen nicht. Ob es regnet oder nicht, lässt sich überprüfen. Aber wir können nicht beweisen, dass etwas „gut“ oder „schlecht“, „wichtig“ oder „unwichtig“ ist. Aber wenn das so ist: Sind Werte dann womöglich rein subjektiv?

Die Philosophen sind in dieser Frage bis heute gespalten. Einige glauben, dass es eine objektive Realität von Werten gibt, die unabhängig davon existiert, ob wir an sie glauben oder nicht. Allerdings stellt sich dann die Frage, welchen Zugang wir zu diesen Werten haben. Sogenannte Wertsubjektivisten hingegen meinen, dass nur das wichtig ist, was wir tatsächlich wichtig finden. Aber nach welchen Kriterien können wir dann entscheiden, ob unsere Wertungen angemessen sind? Sicher ist nur, dass Dinge kein „Etikett“ tragen, das uns sagt, wie wichtig sie sind. An welchen Werten wir uns orientieren, das müssen wir letztlich selbst entscheiden. Das heißt aber nicht, dass es allein in unserem subjektiven Ermessen liegt, was wichtig ist und was nicht.

Der amerikanische Philosoph John Dewey (1859–1952) glaubte sogar, dass man über Werte selbst gar nichts Sinnvolles aussagen könne. Worüber wir allerdings etwas sagen können, das sind die Gründe, warum wir etwas gut oder wichtig finden – und was die Konsequenzen sind, wenn wir danach handeln. Aus Erfahrung können wir etwa lernen, dass etwas doch nicht so gut oder schlecht, so wichtig oder unwichtig ist, wie wir zunächst dachten. Unsere Werte sind demnach weder subjektiv noch objektiv. Sie entstehen aus unseren sozialen Interaktionen, und sie können sich verändern, wenn die Menschen oder die Umstände sich verändern.

siehe auch: **Norm**, *Seite 172* • **Wille**, *Seite 186* • **Tugend**, *Seite 204*   171

Norm

Wer macht die Regeln?

Normen bestimmen weite Teile unseres Lebens. Sie schreiben uns vor, wie wir uns zu verhalten haben. Aber worauf beruhen Normen eigentlich? Und warum müssen wir ihnen folgen?

Von den Verkehrsregeln bis zu den Geschlechternormen: Überall verhalten wir uns nach Regeln, die andere aufgestellt haben oder die durch Tradition bestehen. Unter einer „Norm" versteht man einerseits einen Beurteilungsmaßstab für richtiges oder falsches Handeln, zum anderen eine Aufforderung, wie man handeln soll. Normen können auch technische Standards sein wie etwa die DIN-Norm. Im Kern sind Normen also Regeln, die etwas vorschreiben. Dabei kann man zwischen konstitutiven und regulativen Regeln unterscheiden. Regulative Regeln betreffen eine Praxis, die als solche schon vorhanden ist, wie etwa der Straßenverkehr. Konstitutive Regeln hingegen bringen die Praxis überhaupt erst hervor, in dem sie die Handlungsmöglichkeiten der Akteure festlegen. Ein typisches Beispiel dafür sind Spiele wie Schach. So kann man Schach nur nach den Schachregeln spielen. Wenn man nach anderen Regeln oder nach gar keinen spielt, dann spielt man eben nicht Schach. In der Philosophie versteht man unter Normen „Sollensansprüche", die von ihren Adressaten oder einem Großteil davon anerkannt werden. Eine Norm, um die sich niemand kümmert, ist keine Norm mehr. Normen wirken allerdings nicht nur „präskriptiv" (vor-schreibend), sondern auch „deskriptiv" (beschreibend). Ein Beispiel sind Geschlechternormen: Weil sich Männer und Frauen oft nach Geschlechternormen verhalten, wird daraus der falsche Schluss gezogen, dass sie von Natur aus „so sind", wie die Normen es vorschreiben.

Verkehrsschilder drücken die Normen aus, die im Straßenverkehr gelten. Gäbe es solche Normen nicht, könnte jeder so fahren, wie er es für richtig hält – und würde damit womöglich andere gefährden.

siehe auch: **Pflicht**, *Seite 180* 173

Gemeinwohl

Was dient allen?

Das Gemeinwohl ist das Ziel der Politik. Aber gibt es überhaupt das Gute für alle? Und falls ja, wer soll es wie durchsetzen?

Laut Aristoteles (384–322 v. Chr.) ist der Mensch ein soziales Wesen (*zoon politikon*). Deshalb leben wir nicht allein, sondern schließen uns zu Gemeinschaften zusammen. Für den griechischen Philosophen war die Gestaltung der polis, der antiken Gemeinschaftsform des Stadtstaates, daher einer der wichtigsten Faktoren für das gelingende Leben. Ihr Ziel – und ihre Aufgabe – ist nach Aristoteles die Glückseligkeit aller Bürger.

Auch heute gehört es zu den Grundfragen der politischen Philosophie, inwiefern der Staat dem einzelnen Bürger Grenzen und Regeln vorgeben soll, um das Gemeinwohl zu fördern. Wir befinden uns als Gesellschaftsmitglieder oft in der Spannung zwischen Eigen- und Gemeininteressen: Wiegt die Freiheit des Einzelnen, so schnell fahren zu können, wie er möchte, mehr als die Sicherheit anderer Verkehrsteilnehmer? Solche Konflikte stehen im Mittelpunkt der Debatte zwischen den philosophiepolitischen Theorien des Liberalismus und des Kommunitarismus: Während Liberalisten wie der US-Philosoph John Rawls (1921–2001) die Freiheit des Einzelnen als höchstes Gut ansehen, fordern Kommunitaristen wie Alasdair MacIntyre (*1929) die Rückbesinnung auf die Gemeinschaft, da diese Werte wie Solidarität, Altruismus und Nächstenliebe eher befördere als ein überbetonter Individualismus. Einige Kommunitaristen präferieren dabei eine bestimmte Vorstellung des guten Lebens im Zusammenleben, die angestrebt werden sollte. Beispielsweise sollen die Familie als soziale Einheit oder gesellschaftliche Traditionen gefördert werden, um den Gemeinschaftssinn zu stärken. Im Liberalismus hingegen gehört es zu den elementaren Freiheiten des Einzelnen, seinen Lebensplan selbst zu gestalten. Der Staat darf also keinen bestimmten Lebensstil bevorzugen. Wenn das Wissensmonopol über das „Gute für alle" beim Staat liegt, besteht die Gefahr, in totalitäre Strukturen und Dogmatismus zu geraten.

Offenbar nehmen wir einige Beschränkungen dennoch gerne auf uns, da wir sie auch selbst als vorteilhaft empfinden. Schließlich möchte jeder sicher über die Straße gehen können.

> *„Da nun jeder Mensch*
> *Teil eines bürgerlichen*
> *Gemeinwesens ist, kann der*
> *Mensch unmöglich gut sein,*
> *wenn er nicht dem*
> *Gemeingut gerecht wird."*

Thomas von Aquin
Summa theologiae, 1265–1273

Auf der anderen Seite ist die Freiheit der eigenen Person ein hohes Gut der Demokratie, auf das wir nicht verzichten wollen. Dies muss aber nicht heißen, dass wir keine Rücksicht nehmen und unsere eigenen Interessen nicht von Zeit zu Zeit hintanstellen können. Wie Aristoteles meinte, ist es zwar die Aufgabe des Staates, eine Basis an Rechten und Pflichten zu sichern. Doch bleibt es die Aufgabe des Einzelnen, sich einen sozialverträglichen Habitus anzugewöhnen, damit das Zusammenleben funktioniert. Hier ist auch der Kategorische Imperativ Immanuel Kants (1724–1804) stets ein adäquater Prüfstein für das eigene Handeln: Kann ich wollen, dass alle mit 250 Stundenkilometern über die Autobahn rasen oder mit 100 durch die Straße, in der ich wohne?

siehe auch: Glück, *Seite 200* • Staat, *Seite 258*

Verantwortung

Wofür müssen wir einstehen?

Verantwortung tragen wir in vielen Lebensbereichen. Eltern müssen Verantwortung für ihre Kinder übernehmen, Lehrer für ihre Schüler, Ärzte für ihre Patienten. Wer die Leitung eines Projekts übernimmt, trägt die Verantwortung für dessen Gelingen. Aber was heißt das eigentlich? Und sind wir immer in der Lage dazu?

Verantwortung kann eine Last sein, der wir uns lieber entziehen, die wir gern auf andere abwälzen. Nicht jeder ist in der Lage, sie zu tragen. Und doch fordern wir heute überall Verantwortung ein, von der Selbstverantwortung des Einzelnen über die gesellschaftliche Verantwortung von Unternehmen bis zur Verantwortung der Politik. Wir sprechen von unserer Verantwortung für den Klimaschutz, für das Wohl zukünftiger Generationen, ja für das Überleben der Menschheit. Und wo immer etwas schiefläuft, fragen wir nach dem „Verantwortlichen", um ihn zur Rechenschaft zu ziehen.

Unser modernes Verständnis von Verantwortung wurzelt in der Idee der individuellen Selbstbestimmung. Als Vernunftwesen sind wir dazu fähig, uns die Gesetze unseres Handelns selbst zu geben, statt fremden Autoritäten zu gehorchen oder uns in ein übergeordnetes Schicksal zu fügen. Das bedeutet aber zugleich, dass wir für unsere Handlungen verantwortlich sind.

Verantwortung heißt, eine „Antwort" zu geben, Rechenschaft abzulegen, für ein Ereignis einzustehen, und zwar zunächst einmal unabhängig davon, ob man das Ereignis selbst herbeigeführt

hat. Jede Zuschreibung von Verantwortung bezieht sich dabei auf einen Verantwortungsträger, auf einen Gegenstand der Verantwortung sowie auf eine Instanz, gegenüber der man sich zu verantworten hat. Insofern ist Verantwortung immer konkret. Niemand ist gegenüber jedem für alles verantwortlich.

Zumeist unterscheiden wir zwei Typen von Verantwortung. Erstens verstehen wir darunter die Zurechenbarkeit von zumeist „negativen" Ereignissen sowie deren Folgen. Ob eine Person für ein Geschehen verantwortlich gemacht werden kann, hängt davon ab, ob sie überhaupt in der Lage war, dieses Geschehen willentlich zu beeinflussen. Für zufällige Ereignisse tragen wir zumeist keine Verantwortung. Zugleich erfordert Verantwortung ein gewisses Maß an Kompetenz,

Wir haben nicht nur Verantwortung für andere Menschen und uns selbst, sondern auch für die Zukunft unseres Planeten, damit auch zukünftige Generationen noch ein gutes Leben führen können.

„Handle so, dass die Wirkungen deiner Handlung verträglich sind mit der Permanenz echten menschlichen Lebens auf Erden.“

Hans Jonas
Das Prinzip Verantwortung, 1979

Politiker tragen ein besonderes Maß an Verantwortung wie hier die Mitglieder des UN-Sicherheitsrats. Aufgrund ihrer Funktion sind sie oft auch für Ereignisse verantwortlich, die sie selbst gar nicht herbeigeführt haben.

nämlich die Fähigkeit, sich von Gründen leiten zu lassen. Zweitens meinen wir mit Verantwortung die Zuständigkeit für ein bestimmtes Tätigsein, etwa im Rahmen einer Funktion oder Rolle. Beide Typen von Verantwortung hängen miteinander zusammen. Ob jemandem ein bestimmtes Ereignis „zurechenbar" ist, hängt wesentlich davon ab, ob es in seinen Verantwortungsbereich fällt. Oft verstehen wir unter Verantwortung aber mehr als bloß eine bestimmte Zuständigkeit. Verantwortung hat auch eine moralische Dimension. „Verantwortungsloses" oder unverantwortliches Handeln ist oft auch in moralischer Hinsicht verwerflich.

Im Sinne Immanuels Kants (1724–1804) bedeutet moralische Verantwortung letztlich Selbstverantwortung vor dem eigenen Gewissen. Doch diese Sicht halten viele Philosophen für unzureichend. Denn was Verantwortung bedeutet, lässt sich niemals nur aus der Perspektive des Verantwortungsträgers selbst beurteilen. Sobald wir Verantwortung für etwas übernehmen, setzen

wir uns in eine Beziehung zu anderen Menschen. Verantwortung muss daher immer auch die Folgen unseres Handelns für unsere Mitwelt berücksichtigen. Dabei kommt es nicht allein auf die guten Absichten an; wir müssen auch die voraussehbaren Folgen unseres Handelns in Betracht ziehen. Doch in unserer hochtechnisierten, globalisierten Welt lassen sich die Folgen von Handlungen oft kaum noch überblicken. Das menschliche Handeln hat sogar das Potenzial, die Menschheit selbst zu vernichten. Unter dem Eindruck der atomaren Bedrohung plädierte der Philosoph Hans Jonas (1903–1993) daher für eine neue Ethik, die auf dem Gedanken globaler Verantwortung beruht: „Handle so, dass die Wirkungen deines Handelns verträglich sind mit der Permanenz echten menschlichen Lebens auf Erden." Aus dieser Sicht trägt sicherlich jeder von uns etwa Verantwortung für den Klimaschutz. Dieses Verständnis von Verantwortung ist jedoch sehr anspruchsvoll. Verantwortung beginnt schon im Kleinen, bei ganz alltäglichen Dingen, deren Tragweite wir überblicken können.

Die Übernahme von Verantwortung erfordert, dass wir uns aufrichtig mit einer Situation auseinandersetzen, mit den Erwartungen und Ansprüchen anderer, mit den eigenen Möglichkeiten und Grenzen. Zur Verantwortung gehört es aber auch, die Übernahme von Verantwortung abzulehnen, wenn man zur Überzeugung gelangt ist, dass man sie nicht tragen kann.

siehe auch: **Natur**, *Seite 64* • **Schuld**, *Seite 210*

Pflicht

Was müssen wir tun?

Was sind Pflichten? Worauf beruhen sie? Und warum können wir nicht einfach tun, was wir wollen?

Pflichten halten die Gesellschaft zusammen. Sie sorgen dafür, dass wir uns auf andere verlassen können, dass Menschen Versprechen halten und Verträge erfüllen. Pflichten entstehen aus unseren sozialen Beziehungen, aus Vereinbarungen, aus einem Beruf oder der Mitgliedschaft in einem Verein.

Unter „Pflicht" verstehen wir etwas, was zu tun ist, ein Tun und Lassen, das geboten erscheint. Das Wort „Pflicht" leitet sich ab von „pflegen". Es bedeutete ursprünglich „Teilnahme", „Verbindung" und „Gemeinschaft", aber auch „Obhut" und „Fürsorge". Aus diesem Begriffsfeld bildete sich schließlich die Bedeutung der sittlichen und rechtlichen Verbindlichkeit heraus. Die griechischen Philosophen betonten zwar zumeist die Tugend un nicht die Pflicht. Aber auch sie hatten bereits die Vorstellung, dass es Dinge gibt, die Menschen aus sittlichen Gründen tun müssen. Der griechische Begriff *katekon* bedeutet das, was einem Wesen entspricht – und von ihm verlangt werden kann. Die Stoiker verstanden darunter Handlungen, die der Erhaltung und Entwicklung der menschlichen Natur dienen. Ihr Pflichtbegriff war dabei auf das Gemeinschaftsleben ausgerichtet. Die Erfüllung einer Pflicht genügt aus stoischer Sicht allerdings nicht für sittlich gutes Handeln. Es kommt auf die „gerechte" Haltung an, mit der wir unsere Pflichten erfüllen.

Der römische Politiker und Redner Cicero (1. Jh. v. Chr.) knüpfte in seinem Werk „De officiis" an die Lehren der Stoiker an. Für ihn beruhen Pflichten auf Tugenden, vor allem auf der Tugend der Gerechtigkeit, deren Funktion darin besteht, die menschliche Gemeinschaft zusammenzuhalten. So ist es nach Cicero Pflicht, niemandem Schaden zuzufügen. Die Pflichten in der Gemeinschaft hängen dabei von verschiedenen Umständen ab, etwa vom Grad der Verbundenheit zwischen den Menschen, vom Lebensalter oder der gesellschaftlichen Stellung. Für Cicero ergeben sich Pflichten aus den Beziehungen zwischen Menschen: Besonders verpflichtet sind wir ihm zufolge Menschen, denen wir Wohltaten verdanken, sowie jenen, die auf uns angewiesen sind.

In der Antike gründeten die Pflichten des Menschen in der Einsicht in höhere, göttliche Prinzipien wie das der Gerechtigkeit. Im Mittelalter hingegen bestimmten religiöse Regeln und Gebote das Leben der Menschen. Erst die Aufklärung löste den Begriff der Pflicht aus dem religiösen Kontext. Nach Immanuel Kant (1724–1804) basieren Pflichten nicht auf göttlichen Geboten,

In vielen Ländern besteht eine Pflicht zur Ableistung des Militärdienstes. Eine solche Pflicht kann allerdings mit anderen Pflichten in Konflikt geraten – etwa mit dem in vielen Religionen verankerten Verbot zu töten.

„Pflicht ist die Notwendigkeit einer Handlung aus Achtung fürs Gesetz."

IMMANUEL KANT
Grundlegung zur Metaphysik der Sitten, 1785

Auch Familienmitglieder haben bestimmte Pflichten wie etwa dieser Junge, der bei der Hausarbeit hilft. Die Pflicht ergibt sich dabei aus den besonderen Beziehungen innerhalb der Familie.

sondern auf der Fähigkeit des Menschen, sein eigenes Handeln Gesetzen zu unterwerfen.

Der moralische Wert einer Handlung beruht darauf, dass sie aus Pflicht getan wird. Sicherlich können wir aus Mitgefühl wohltätig sein oder jemandem aus Sympathie helfen. Doch unsere Neigungen sind unzuverlässig; sie unterscheiden sich von Mensch zu Mensch. Als Vernunftwesen haben wir nach Kant jedoch die Fähigkeit, unseren Neigungen zu widerstehen und unser Handeln Prinzipien zu unterwerfen. Dabei müssen wir unsere Handlungsprinzipien so wählen, dass auch alle anderen Menschen sie befolgen können. Das führt zum Kategorischen Imperativ: „Handle nur nach derjenigen Maxime, von der du zugleich wollen kannst, dass sie ein allgemeines Gesetz werde." Dieses Gesetzt bindet nach Kant unser subjektives Wollen. Wir können seine Richtigkeit

einsehen und entsprechend handeln – das ist es, was Kant unter Pflicht versteht: „Pflicht ist die Notwendigkeit einer Handlung aus Achtung fürs Gesetz", schreibt er in seiner „Grundlegung zur Metaphysik der Sitten". Dabei unterscheidet er zwischen Rechtspflichten, die mit äußerem Zwang verbunden sind, und Tugendpflichten, bei denen das nicht der Fall ist. So ist nach Kant etwa die Pflicht, einen Vertrag zu erfüllen, eine Rechtspflicht, die Pflicht zur Wohltätigkeit hingegen eine Tugendpflicht.

Im deutschen Sprachgebrauch unterscheiden wir heute zwischen „Pflicht" und „Verpflichtung". Unter Pflicht verstehen wir eine allgemeine Forderung oder Norm wie etwa die Pflicht, ein Versprechen zu halten. Eine „Verpflichtung" hingegen hat man nur dann, wenn man selbst (oder ein anderer) die Umstände herbeigeführt hat, unter denen die jeweilige Pflicht gilt – also etwa dann, wenn man selbst ein Versprechen gegeben hat.

Ein Problem, das Moralphilosophen bis heute beschäftigt, ist das der Kollision zwischen verschiedenen Pflichten. Der Schotte W. D. Ross (1877–1971) führte daher den Begriff der „Prima-facie-Pflicht" (bedingte Pflicht) ein. Gemeint sind Handlungen, die eigentlich Pflicht sind, solange nicht moralisch relevante Gründe vorliegen, die dagegen sprechen. So gibt es etwa eine Prima-facie-Pflicht zur Dankbarkeit, die nicht gilt, wenn die Wohltat etwa auf einem Verbrechen beruht.

siehe auch: Nutzen, *Seite 190* • Tugend, *Seite 204* • Gerechtigkeit, *Seite 238*

Handeln

Was bestimmt unser Tun?

Handeln ist mehr als ein Tun, das irgendwie „passiert".
Wenn wir handeln, dann wollen wir etwas damit bewirken.

Zu handeln bedeutet, etwas absichtlich und bewusst zu tun oder nicht zu tun. Wer jemandem unabsichtlich auf den Fuß tritt, tut zwar etwas, aber er handelt nicht. Im Unterschied zu bloßem Tun oder Verhalten sind Handlungen verbunden mit Entscheidungen, Zielen oder Wünschen. Für Handlungen machen wir Menschen verantwortlich, wir loben oder tadeln sie. Der Begriff der Handlung geht auf Aristoteles (384–322 v. Chr.) zurück. In seiner „Nikomachischen Ethik" unterscheidet er zwischen *poiesis* (Herstellen) und *praxis* (Handeln im engeren Sinne). Beide grenzt er ab gegen die *theoria*, also die philosophische Betrachtung. *Poiesis* ist das Herstellen von etwas, sie zielt auf ein Ergebnis, das jenseits der Handlung selbst liegt, wie etwa das Bauen eines Hauses. *Praxis* hingegen ist ein Tun, das sein Ziel in sich selbst hat, wie etwa das Nachdenken oder tugendhaftes Handeln. Ein geglücktes Leben besteht nach Aristoteles nicht im Erreichen einer bestimmten Glücksvorstellung, sondern im gelungenen Handeln selbst. Jede Handlung findet in einem bestimmten Kontext statt, der den jeweiligen Handlungsspielraum bestimmt. Handlungen sind immer zeitlich, sie lassen sich daher nicht ungeschehen machen. Wer handeln kann, der kann jedoch auch nicht handeln. Da jedes Handeln aber in einem situativen Kontext steht, ist auch das Nichthandeln ein Handeln, oft sogar eines mit schwerwiegenden Konsequenzen wie etwa im Falle unterlassener Hilfeleistung. Absichtliches Tun, also Handeln, lässt sich von unabsichtlichem Tun dadurch unterscheiden, dass man sinnvollerweise die Frage stellen kann: „Warum hast du das getan?" Wenn jemand diese Frage beantworten kann, dann können wir nach der britischen Philosophin G. E. M. Anscombe (1919–2001), einer Schülerin von Ludwig Wittgenstein, Absichtlichkeit annehmen. Wer sich hingegen nicht bewusst war, was er tat, von dem nehmen wir an, dass er es nicht absichtlich getan hat.

Wille

Sind wir frei, uns zu entscheiden?

Unser Wille beeinflusst unser Handeln. Aber können wir entscheiden, was wir wollen? Auch wenn wir manchmal das Gefühl haben, nicht Herr über unseren Willen zu sein, gehört er doch zu uns.

Wir wollen viel und bekommen meistens weniger. Der Wille wird philosophisch als Streben nach etwas und als Grund der Handlungsmotivation aufgefasst. Wir tun etwas, weil wir es wollen, also den Wunsch danach haben. Darum entscheiden wir uns für die eine Handlung und unterlassen die andere.

Nach Arthur Schopenhauer (1788–1860) ist der Wille ein „blinder zielloser Drang zu leben", er ist das grundlegende Prinzip, ohne das es kein Leben gäbe. Er durchdringt alle Natur gleichermaßen, doch ist nur der Mensch dazu fähig, seinen Willen zugunsten eines höheren Zieles zu verneinen. Allein durch diese Fähigkeit können wir unseren Selbsterhaltungstrieb hintanstellen und uns altruistisch verhalten. Den eigenen Willen steuern und kontrollieren zu können sehen viele Philosophen als exklusiv menschliche Fähigkeit an, da dazu Vernunft und Reflexionsvermögen nötig sind. Tiere, so die weit verbreitete Annahme, haben keinen vernunftgetriebenen Willen, sondern folgen ihren Instinkten. Immanuel Kant (1724–1804) nennt den Willen auch „praktische Vernunft", die Ideale und moralische Prinzipien entwirft, nach denen wir handeln. Das gelingt uns jedoch nicht immer. Das Phänomen der Willensschwäche kennt vermutlich jeder, der schon einmal einen guten Vorsatz gefasst hat und dann doch der Keksdose nicht widerstehen konnte.

„Der Geist ist willig, aber das Fleisch ist schwach", zitieren wir dann gerne aus der Bibel, um unser Verhalten zu erklären. Der Wille wird eben nicht nur von der Vernunft bestimmt, sondern auch von anderen Begehren beeinflusst.

Können wir also überhaupt darüber entscheiden, was wir wollen? Die Verneinung der Willensfreiheit hat in der Philosophie eine lange Tradition. Deterministen vertreten die These, dass alles, was geschieht, den strengen Gesetzmäßigkeiten von Ursache und Wirkung unterliegt. Demnach passiert alles notwendigerweise und unser Gefühl, frei entscheiden zu können, ist eine Illusion. „Ich konnte nicht anders" ist in dieser Sichtweise keine schnöde Ausrede für ein Fehlverhalten, sondern eine Feststellung. Bloß: Wenn unser Wille nicht frei ist und wir selbst gar keine Entscheidungen treffen – wer ist dann für unsere Handlungen verantwortlich? Für un-

Um eine Steilwand hochzuklettern, braucht es enorme Willenskraft. Unser Wille motiviert uns jedoch nicht nur zu Höchstleistungen. Wenn wir keinen Willen hätten, könnten wir überhaupt nicht handeln.

ser Selbstverständnis als autonome Personen ist es elementar, uns als Urheber unserer Entscheidungen zu betrachten. Konzepte wie Moral, Schuld oder Individualität würden ihren Sinn verlieren, wenn der Wille nicht – zumindest zu einem gewissen Grad – frei wäre. Kant vertritt in Bezug auf die Willensfreiheit eine vereinende Position. Seiner Meinung nach sind wir einerseits den Naturgesetzen unterworfen, können aber andererseits neue Kausalketten spontan durch unseren Willen anstoßen. Und weil wir dies können, sind wir auch in der Lage, uns selbst zu fragen: Warum will ich das eigentlich? Und muss ich es auch tun, nur weil ich es will?

> *„Der Mensch kann zwar tun, was er will, aber er kann nicht wollen, was er will."*
>
> ARTHUR SCHOPENHAUER
> Die Welt als Wille und Vorstellung, 1819

siehe auch: Autonomie, *Seite 224*

Entscheidung

Wie trifft man eine rationale Wahl?

Entscheidungen bestimmen unser Leben. Aber was bewegt uns dazu, eine bestimmte Entscheidung zu treffen? Sind es wirklich rationale Gründe, wie viele Philosophen glauben?

Im Alltag müssen wir unzählige Entscheidungen treffen. Zwischen Produkten im Supermarkt, zwischen Handytarifen, Freizeitangeboten oder Lebensstilen. Die Vielzahl von Optionen beginnt uns längst zu überfordern. Eine Entscheidung zu treffen bedeutet, sich angesichts alternativer Möglichkeiten auf eine festzulegen. Aristoteles (384–322 v. Chr.) verstand unter Entscheidung (griechisch *prohairesis*) das „überlegte Streben nach dem, was in unserer Macht steht". Kinder und Tiere können nach Aristoteles daher keine Entscheidungen treffen, da ihnen die dazu nötige Vernunft fehlt. Als Willenswahl ist eine Entscheidung immer freiwillig. Allerdings kann man nicht das Unmögliche wählen, also etwa, nicht zu sterben. Grundsätzlich betrifft die Überlegung, die einer Entscheidung vorausgeht, nach Aristoteles gar nicht das Ziel selbst, sondern die Mittel, ein bestimmtes Ziel zu erreichen. Ein Arzt überlege nicht, ob er heilen solle, sondern wie. Das heißt allerdings nicht, dass der Mensch für seine Ziele nicht verantwortlich ist. Nach Aristoteles muss sich jeder Mensch für eine bestimmte Lebensform – und damit für ein Lebensziel – entscheiden. Allerdings muss er sich auf dem Weg dorthin immer wieder für konkrete Schritte entscheiden.

Entscheidungen treffen wir auf verschiedene Weise – „aus dem Bauch heraus" oder infolge vernünftiger Erwägungen. Die moderne Entscheidungstheorie versucht zu erklären, wie rationale Entscheidungen zustande kommen. Dabei geht sie von verschiedenen Grundannahmen aus: Rationale Akteure handeln zielgerichtet, sie unterliegen bestimmten Handlungsbeschränkungen und sind bestrebt, ihren Nutzen zu maximieren. Die „Rational-Choice"-Analyse von ökonomischen und sozialen Phänomenen ist allerdings zunehmend Kritik ausgesetzt. Zahlreiche neurowissenschaftliche Untersuchungen wie etwa die Forschungen des Psychologen und Ökonomie-Nobelpreisträgers Daniel Kahneman (*1934) haben gezeigt, dass Menschen nicht ausschließlich rational entscheiden, wie man lange dachte, sondern dabei allen möglichen Denkfehlern unterliegen.

Wer die Wahl hat, hat die Qual: Angesichts der heutigen Produktvielfalt wird es immer schwieriger, vernünftige Entscheidungen zu treffen. Manchmal kann es besser sein, dabei auf den „Bauch" zu hören.

siehe auch: Emotionen, *Seite 42* • Vernunft, *Seite 66* • Wille, *Seite 186* • Freiheit, *Seite 226*

Nutzen

Was bringt das?

Soll man alles nach seinem Nutzen beurteilen? Ja, sagen die Utilitaristen, denn nur eine Nutzenbetrachtung erlaubt es uns, Handlungen unparteilich zu bewerten.

Unter Nutzen verstehen wir zumeist den Vorteil oder Gewinn, den wir aus einer Tätigkeit oder Sache ziehen. Ein Produkt etwa hat einen Nutzen, wenn wir es zu etwas gebrauchen können. Es kann aber auch „von Nutzen" sein, bestimmte Fähigkeiten zu besitzen. Und wenn etwas gar keinen Nutzen bringt, dann denken wir oft, es sei auch nichts wert. In der Ökonomie versteht man unter Nutzen die Fähigkeit von Gütern, Bedürfnisse zu befriedigen; dabei nimmt man an, dass Konsumenten das Ziel verfolgen, ihren eigenen Nutzen möglichst zu maximieren.

Der Nutzenbegriff spielt aber auch in der Moralphilosophie eine zentrale Rolle. Sogenannte Utilitaristen bewerten Handlungen nach der Nützlichkeit ihrer Folgen für alle Betroffenen. Auf die persönliche Perspektive des Akteurs kommt es dabei nicht an. Im klassischen Utilitarismus, begründet von Jeremy Bentham (1748–1832) und John Stuart Mill (1806–1873), verstand man unter einer nützlichen Handlung die Beförderung des Glücks oder des Wohlergehens eines Individuums oder einer Gruppe von Menschen. Dabei sah Bentham als Maß für das Glück vor allem den Lustgewinn. John Stuart Mill unterschied später zwischen verschiedenen Formen des Lustgewinns; so vertrat er die These, dass auch die Befriedigung kultureller, geistiger oder spiritueller Bedürfnisse einen Lustgewinn bringe.

Der Utilitarismus steht in einem Gegensatz zur „deontologischen" Ethik in der Tradition Kants, die sich an Pflichten und Normen orientiert. Utilitaristen glauben nämlich, dass nur Nutzenbetrachtungen eine unparteiliche moralische Beurteilung von Handlungen erlauben. So kann ein Utilitarist durchaus zum Schluss kommen, dass es in Ordnung ist, ein Versprechen zu brechen, wenn dies den Nutzen aller Beteiligten erhöht. Ein Problem utilitaristischer Positionen besteht darin, dass sie oft Handlungen nahelegen, die unseren moralischen Intuitonen zuwiderlaufen. So kann es aus utilitaristischer Sicht unter Umständen sogar gerechtfertigt sein, einen Menschen zu töten, um andere damit zu retten. Zugleich stellt sich die Frage, nach welchen Kriterien Nutzen überhaupt gemessen und verglichen werden kann. Oft lassen sich die Folgen einer Handlung gar nicht genau vorhersehen. Das ökonomische Nutzenmodell geht von der Annahme aus, dass rationale wirtschaftliche Akteure das Ziel verfolgen, egoistisch ihren Nutzen zu maximieren. Doch dieses Modell des *homo oeconomicus* ist heute zunehmender Kritik ausgesetzt, und zwar in zweierlei Hinsicht. Zum einen kann man bestreiten, dass ökonomische Akteure tatsächlich immer nur darauf aus sind, ihren Nutzen zu maximieren. Zum anderen kann man bestreiten, dass es gut ist, wenn sie das tun; der Philosoph und

Seit Jahrtausenden verwenden wir Kühe ganz selbstverständlich als „Nutztiere". Aus Sicht mancher Utilitaristen müssen wir allerdings auch das Wohlergehen von Tieren in unsere ethischen Überlegungen einbeziehen.

> „Mit dem Prinzip des Nutzens ist jenes Prinzip gemeint, das jede beliebige Handlung gutheißt oder missbilligt entsprechend ihrer Tendenz, das Glück derjenigen Gruppe zu vermehren oder zu vermindern, um deren Interessen es geht."

JEREMY BENTHAM
Eine Einführung in die Prinzipien der Moral und Gesetzgebung, 1789

Wirtschaftsnobelpreisträger Amartya Sen (*1933) etwa nannte solche Akteure „rationale Narren".

Auch in der Moralphilosophie können sich utilitaristische Positionen heute nur noch selten behaupten, weil sie in vielen Fällen zu „unmenschlichen" Schlussfolgerungen führen wie etwa im Falle des australischen Moralphilosophen Peter Singer (*1946), der es unter bestimmten Umständen für gerechtfertigt hält, schwerstbehinderte Neugeborene zu töten. Gegen den Utilitarismus spricht letztlich die Intuition, dass sich die Würde eines Menschen nicht in Form eines Nutzenkalküls ausdrücken lässt.

siehe auch: Pflicht, *Seite 180*

Zweck

Hat alles eine Bestimmung?

Erfüllt alles in der Natur einen Zweck? Oder können sich nur Menschen als Vernunftwesen selbst Zwecke setzen?

„Das hat doch keinen Zweck", sagen wir manchmal; damit meinen wir, dass eine Sache oder ein Tun sinnlos ist. Unter Zweck verstehen wir gemeinhin ein „Wozu", also das Ziel, um dessentwillen etwas geschieht, getan wird oder existiert. Einen Zweck können Handlungen, Prozesse oder Gegenstände haben. Wenn wir etwa sagen, ein Werkzeug erfüllt seinen Zweck, dann heißt dies, es erfüllt seine Funktion. Über die Zweckhaftigkeit größerer Zusammenhänge, etwa der Natur oder des gesamten Weltgeschehens, denken wir heute kaum noch nach und wenn, sind die Meinungen sehr unterschiedlich, was dieser Zweck sei.

Von der Antike bis ins Mittelalter ging man noch von einer Seinsordnung aus, in der alle Veränderungsprozesse ihren Zweck haben. Aristoteles (384–322 v. Chr.) unterschied zwischen Wirkursache (*causa efficiens*) und Zweckursache (*causa finalis*), um Naturvorgänge zu erklären. Während die Wirkursache eine bestimmte Veränderung auf ihre Quelle oder ihren Urheber zurückführt, ist die Zweckursache das Ziel (griechisch *telos*), dem der Vorgang dient. So haben etwa Lebewesen bestimmte Organe, die überlebenswichtige Funktionen erfüllen oder der Reproduktion dienen.

Im Mittelalter löste man sich von der Vorstellung einer in sich zweckhaften Natur. Stattdessen interpretierte man die Zweckursache, auf die alles ausgerichtet ist, als göttliches Bewusstsein. Erst seit der Neuzeit lehnt man diese „teleologische" Weltsicht ab, also die Vorstellung, dass Naturvorgänge zweckgerichtet sind. Für Immanuel Kant (1724–1804) diente der Zweckbegriff nur noch „zum Behuf der Reflexion über das Objekt", aber nicht mehr zur Bestimmung des Objekts selbst. Zwar könne man Lebewesen nicht ohne Zweckmäßigkeit denken, aber die Zweckkausalität sei „bloße Idee (…), der man keineswegs Realität zuzugestehen unternimmt". Mit Charles Darwins Evolutionstheorie setzte sich schließlich die Erkenntnis durch, dass Naturvorgänge nicht zielgerichtet sind, sondern auf zufallsabhängigen Selektions- und Variationsmechanismen beruhen. Bewusst Zwecke setzen – das kann womöglich nur der Mensch als vernünftiges Wesen.

Die meisten Dinge haben einen ganz bestimmten Zweck. Wird der Nutzen einer Sache neu definiert, schwankt das Urteil darüber zwischen „originell", „innovativ" und „verrückt".

siehe auch: Gott, *Seite 48* • Natur, *Seite 64* • Gründe und Ursachen, *Seite 214*

Egoismus

Bin ich mir selbst der Nächste?

Wenn jeder an sich denkt, ist an jeden gedacht? Klar denken wir an uns selbst. Jeder handelt mal eigennützig. Doch der Egoist vergisst darüber die anderen.

Ego bedeutet im Lateinischen und Griechischen „Ich". Der Egoist ist jemand, der in erster Linie an sich selbst denkt und sein eigenes Glück über das der anderen stellt. Egoisten haben einen ziemlich schlechten Ruf. Heute wird es nicht mehr akzeptiert, dass jemand sich nur um sich selbst kümmert, statt soziale Verantwortung zu übernehmen. Spenden, teilen, Opfer bringen – das alles tut der Egoist nicht. Und wenn doch, dann nur, weil er sich davon einen Vorteil verspricht wie zum Beispiel ein besseres Image oder ein reines Gewissen.

Nur wie erkennt man eine egoistische Handlung? Schon Kant (1724–1804) wies darauf hin, dass man nie mit Sicherheit sagen kann, welches Motiv hinter einer Tat steckt. Es könnte auch versteckte Selbstliebe sein, die jemanden dazu anregt, etwas Selbstloses zu tun. Der englische Philosoph Thomas Hobbes (1588–1679) vertrat die These, dass der Mensch grundsätzlich egoistisch und auf seinen Vorteil bedacht sei. Er be-

> *„Egoismus ist kein Prinzip, sondern die eine Tatsache."*
>
> FRIEDRICH NIETZSCHE
> Nachgelassene Fragmente.
> Frühjahr – Sommer 1883

schreibt den menschlichen Naturzustand als Krieg aller gegen alle (lateinisch *bellum omnium contra omnes*), der nur durch künstliche Beschränkungen wie das Schließen eines Gesellschaftsvertrags beendet werden könne.

Wollen wir also von Natur aus das Beste für uns ohne Rücksicht auf Verluste? Ganz abwegig ist dieser Gedanke nicht. In der klassischen Wirtschaftslehre spielt der Begriff des „homo oeconomicus" eine tragende Rolle. Er meint, dass der Mensch, so er die Wahl hat, seine Interessen durchsetzen und seine Gewinne maximieren will. Schon allein unser Überlebensinstinkt legt dieses nutzenorientierte Denken nahe.

Doch so einfach kann es natürlich nicht sein, menschliches Verhalten zu erklären. Schließlich gibt es genügend Beispiele für Personen, die gegen ihr Eigeninteresse und für das Wohl anderer, also altruistisch, handeln. Jede Vorstellung von Moral gründet darauf, dass wir nicht nur als Individuen für uns selbst leben, sondern eingebunden sind in ein soziales Netz. Die christliche Tradition lehrt, dass Nächstenliebe ohne Selbstliebe gar nicht möglich ist. „Liebe deinen Nächsten wie dich selbst" heißt es in der Bibel.

Vertreter des „ethischen Egoismus" wie Friedrich Nietzsche (1844–1900) sind hingegen der Meinung, dass egoistisches Handeln moralisch wertvoll sein kann. Die meisten Moralphilosophen würden dies wahrscheinlich ablehnen, da Moral uns gerade dabei helfen soll, gut miteinander umzugehen, statt nur an uns selbst zu denken. Dennoch schulden wir auch uns selbst diesen guten Umgang. Niemand muss sich völlig für andere aufopfern, um ein guter Mensch zu sein.

Der Tourist als Mittelpunkt der Welt: Manchem Selfie-Fotografen verstellt die Freude an der eigenen Person den Blick auf Anderes und Neues.

siehe auch: Ich, Seite 10

Genuss

Darf ich mir etwas gönnen?

Ein Glas Wein kann etwas Herrliches sein. Ein Genuss, der unseren grauen Alltag durchbricht. Ein Moment, für den es sich zu leben lohnt. Manchmal haben wir jedoch ein schlechtes Gewissen, weil der Genuss keinem anderen Ziel und Zweck dient, als uns zu erfreuen. Müssen wir das haben?

Unter Genuss verstehen wir eine sinnliche Erfahrung, die mit Lust und Vergnügen verbunden ist. Oft denken wir dabei an Essen oder Trinken. Genießen kann man aber auch Musik, Erfolg, Sex, die Natur und viele andere Dinge. Bereits der griechische Philosoph Epikur (341– 271/270 v. Chr.) riet zu einer genussorientierten Lebensweise, allerdings nicht zu zügellosem Hedonismus, wie viele glauben. Er empfahl vielmehr Genügsamkeit, um uns von äußeren Faktoren unabhängig zu machen. Zudem müsse man bei jedem Genuss an die Folgen denken. Auch Aristoteles (384–322 v. Chr.) hielt den Genuss für erstrebenswert, allerdings nur in „rechtem Maß", wie in allen Dingen. Selbst der sittenstrenge Immanuel Kant (1724–1804) verweigerte sich nicht dem Genuss. Allerdings handle ein wahrhaft freier Mensch nicht aus Genussstreben, sondern aus moralischer Pflicht. Eine „Verbindlichkeit zum Genießen" könne es nicht geben, sagt Kant. Man genießt eben nicht, weil man es muss, sondern weil man es kann.

Genuss setzt kein Bedürfnis voraus. Guten Wein trinkt man bekanntlich nicht, um den Durst zu löschen, sondern weil er schmeckt. Genuss ist also Selbstzweck. Wir genießen nicht, um etwas damit zu erreichen, vielmehr tun wir etwas, um zu genießen. Jeder Genuss erfordert dabei ein gewisses Minimum an Aktivität. Um etwas zu genießen, müssen wir uns darauf einlassen. Zugleich hat Genuss eine zeitliche Dimension, er verbindet uns nämlich mit der Gegenwart. Man genießt im Hier und Jetzt. Man kostet den Moment aus. Genießen kann man außerdem nur bewusst, das erfordert Aufmerksamkeit und Hingabe. Wer beim Abendessen mit Freunden seine E-Mails liest, wird den Abend nicht wirklich genießen können.

Doch was Menschen Genuss bereitet, ist oft ungesund, man denke an Zigaretten oder Alkohol. Aus Sicht des Wiener Philosophen Robert Pfaller (* 1962) braucht jeder Genuss ein solches „ungutes Moment", um den Alltag zu durchbrechen und einen besonderen, feierlichen Augenblick zu schaffen: „Nur mit Objekten, die irgendeine ungute, nicht auf Dauer verträgliche Eigenschaft aufweisen, können wir feiern; und nur wenn wir feiern, können wir im emphatischen Sinn genießen." Diese Genüsse wür-

Eine Massage ist entspannend und lustvoll. Wir können sie jedoch nur dann richtig genießen, wenn wir uns auf sie einlassen – und nicht etwa die ganze Zeit an unsere Alltagsprobleme denken.

den in unserer Gesellschaft immer mehr zurückgedrängt, zugunsten von Verboten und Verzicht. Am Genuss festzuhalten, das heißt nach Pfaller, „sich das gute Leben nicht schon vor dem Tod nehmen lassen". Allerdings lehrte schon Epikur, dass ein Genussleben ohne Vernunft und Moral nicht möglich ist. Erst der Genuss hebt uns jedoch über die alltäglichen Zwänge und Routinen empor. Jeder Genuss braucht jedoch den Kontrast. Der Genuss verlöre jeglichen Sinn, wenn wir immer nur genießen würden. Wir würden gleichsam ständig feiern. Und dann wäre nichts mehr wirklich feierlich.

„Genuss ist das Wort, mit dem man das Innige des Vergnügens bezeichnet."

IMMANUEL KANT
Kritik der Urteilskraft, 1790

siehe auch: Vernunft, *Seite 66*   197

Muße

Ist ausruhen besser als arbeiten?

Immer mehr Menschen sehnen sich nach mehr Zeit für sich, Zeit, in der sie nicht arbeiten oder sonstige Pflichten erfüllen müssen. Doch Muße bedeutet nicht einfach nur Nichtstun und Faulenzen.

So gehetzt wie heute waren die Menschen noch nie. Ständig müssen wir uns beeilen, um den Anschluss nicht zu verlieren. Wir sollen überall erreichbar und verfügbar sein. Und selbst in der Freizeit machen wir uns oft Stress, weil wir möglichst viel erleben wollen. Was uns fehlt, ist die „Muße". Unter Muße versteht man gemeinhin eine Zeit der Ruhe, in der man von Verpflichtungen frei ist und seinen eigenen Interessen nachgehen kann. Für die antiken Philosophen war Muße (*schole*) die Voraussetzung, um Philosophie und Wissenschaft zu betreiben. So meinte Aristoteles (384–322 v. Chr.), dass alle Arbeit „banausisch" sei, weil sie „den Geist der Muße beraube". Nach Aristoteles arbeiten wir, um Muße zu haben, so wie wir Krieg führen, um den Frieden zu erreichen. Unter dem anzustrebenden Ideal der Muße verstand er allerdings nicht bloßes Nichtstun oder Faulenzen, sondern die philosophische Kontemplation. Er hatte beobachtet, dass die Wissenschaft seiner Zeit vor allem dort Fortschritte machte, wo die Menschen nicht arbeiten mussten. So sei etwa die Mathematik in Ägypten entstanden, weil der dortige Priesterstand genügend Muße hatte. Die Mönche des Mittelalters verstanden unter *schole* die geistige Tätigkeit des kirchlichen Gelehrten. Davon leite-

te sich der Begriff der „Scholastik" ab, der sich auf die wissenschaftlich-rationale Theologie des Mittelalters bezog. Thomas von Aquin (um 1225–1274), einer ihrer Hauptvertreter, hielt die Arbeit zwar für notwendig, aber den Vorrang hatte die theoretische Beschäftigung, die *vita contemplativa*.

Erst in der Neuzeit verdrängte der negativ besetzte Begriff des „Müßiggangs" das kontemplative Muße-Ideal der Antike. Martin Luther (1483–1546) etwa prangerte den Müßiggang als Laster an. Vor allem der Protestantismus pries die Arbeit als Sinn des Lebens. Heute gilt die Muße vielen wieder als Mittel gegen die zunehmende Beschleunigung unseres Lebens. Und immer mehr Menschen nutzen ihre Muße, um philosophische Bücher zu lesen.

Nur wer Muße hat, kann philosophieren, war die Ansicht von Aristoteles. In unserem gehetzten heutigen Leben gewinnt die Muße für viele Menschen wieder an Bedeutung.

siehe auch: Sinn, *Seite 82* • Arbeit, *Seite 264*

Glück

Was macht uns zufrieden?

Glücklich sein – will das nicht jeder? Man denkt dabei an einen Zustand tiefer Zufriedenheit, an Lebensfreude, an Liebe und Erfolg. Wenn wir von „Glück" reden, dann meinen wir nicht einfach nur glückliche Momente, sondern das Ganze unseres Lebens. Was aber ist ein glückliches Leben? Und kann man darauf überhaupt eine objektive Antwort geben?

Alle Menschen streben nach Glück, das hielten schon die antiken Philosophen für selbstverständlich. Die Glückseligkeit oder *eudaimonia* galt als höchstes Gut, über das hinaus es nichts zu wünschen gibt, als Endziel des menschlichen Lebens und Handelns. Gemeint war allerdings nicht nur ein bestimmter Seelenzustand, sondern eine gelungene, ethisch orientierte Lebensführung. So bestimmte Aristoteles (384–322 v. Chr.) in seiner „Nikomachischen Ethik" die Glückseligkeit als „Tätigkeit der Seele gemäß der vollkommenen Tugend". Die Glückseligkeit ist für ihn der Zweck des menschlichen Lebens, also das, wonach wir als vernunftbegabte Wesen in letzter Konsequenz streben. Auch Aristoteles sah allerdings, dass sich die Menschen höchst uneins darüber sind, was konkret Glück bedeutet. Die einen suchen ein Leben in Reichtum und Macht, die anderen eines in Ehre. Doch alle diese Lebensformen erstreben wir letztlich nicht um ihrer selbst willen. Wir erstre-

Glück wird heute oft gleichgesetzt mit Freude. Kinder empfinden Glück angesichts kleiner Dinge wie dem ersten Schneefall.

ben sie vielmehr, um etwas anderes damit zu erreichen. So wollen wir reich sein, um uns teure Dinge leisten zu können. Tatsächlich glückselig machen können nach Aristoteles hingegen nur solche Lebensformen, die wir um ihrer selbst willen anstreben. Das sind für ihn das Genussleben, das Leben für die Gemeinschaft sowie das kontemplative Leben, das ganz in der philosophischen Betrachtung aufgeht. Zur vollendeten Glückseligkeit führe am Ende allerdings nur die letzte Option.

Der lebensnahe Philosoph Aristoteles erkannte allerdings durchaus an, dass zum Glück auch andere Tugenden und selbst äußere Güter wie Wohlstand oder Gesundheit beitragen können. (Schließlich macht auch ein kontemplatives Philosophenleben nicht glücklich, wenn man unter Krankheit oder Armut leidet.) So können wir auch durch ein tugendhaftes, maßvolles Leben im Einklang mit der Vernunft die Glückseligkeit fördern. Nach anderen antiken Vorstellungen erreichen wir die Glückseligkeit durch rationale Selbstkontrolle. Aus Sicht der Stoiker, einer Strömung der griechischen Philosophie, etwa zeichnet sich der Weise dadurch aus, dass er seine Wünsche an die Realität anpasst, statt mit seinem Schicksal zu hadern, das ohnehin nicht zu ändern ist.

> *„Glückseligkeit ist Tätigkeit der Seele gemäß der vollkommenen Tugend."*
>
> Aristoteles
> Nikomachische Ethik,
> 4. Jahrhundert v. Chr.

Erst im 18. Jahrhundert verbanden die Philosophen das Glück stärker mit subjektivem Wohlbefinden und persönlicher Zufriedenheit. Das Problem an solchen Vorstellungen ist freilich, dass jeder darunter etwas anderes versteht. Für den einen bedeutet gutes Essen das höchste Glück, der andere findet es im Sport oder in philosophischer Versenkung. Die Glückseligkeit sei folglich ein „unbestimmter Begriff", meinte Immanuel Kant (1724–1804). Das Streben nach Glück ließe sich nicht rational, sondern nur empirisch, also durch individuelle Erfahrung, begründen. Das Glück des einen ist nicht das vernunftgegebene Ziel eines anderen.

Grundsätzlich gibt er zu bedenken, dass das Streben nach Glück womöglich in die Irre führe: „In der Tat finden wir auch, dass, je mehr eine kultivierte Vernunft sich mit der Absicht auf den Genuss des Lebens und der Glückseligkeit abgibt, desto weiter der Mensch von der wahren Zufriedenheit abkomme ..."

Außer der Frage, was Glück eigentlich sei, widmet sich Kant der Bewertung des Glücks. Er hält es zwar für einen angenehmen Zustand, doch sei das Angenehme nicht zwangsläufig gut. Schließlich könne das Streben nach Glück auch gegen moralische Prinzipien verstoßen. Glücklich sein könne auch ein rücksichtsloser Egoist. Umgekehrt gebe es aber auch keine Garantie, dass ein moralisch einwandfreies Leben zum Glück führe. Das „höchste Gut" liegt für Kant darin, Moralität und Glück zu vereinbaren. In unserem irdischen Dasein können wir jedoch nicht vollkommen moralisch leben, schließlich sind wir alle keine Heiligen. Deswegen muss Kant von der Unsterblichkeit der Seele ausgehen, damit wir das „höchste Gut" tatsächlich erreichen können.

Vielleicht ist dauerhaftes Glück aber auch gar nicht so erstrebenswert? Schließlich ist das Streben nach Glück ein wichtiger Antrieb in unserem Leben. Wären wir immer nur glücklich, hätten wir womöglich gar keine Motivation, uns anzustrengen. Was auch immer „Glück" wirklich ist: Die meisten von uns wünschen sich ein erfülltes, gelingendes Leben – ein Leben, das wir „bejahen" können. Dazu brauchen wir ein sinnvolles und realistisches Ziel, nach dem wir streben können. Es genügt jedoch nicht, unseren eigenen Glücksvorstellungen nachzujagen. Wir müssen unser Leben auch gegenüber unseren Mitmenschen verantworten können. Unser Glück darf nicht das Unglück anderer sein.

Viele Menschen finden ihr Glück im Erfolg. Doch Erfolg kann moralisch fragwürdig sein, wenn er auf Kosten anderer geht. Das Streben nach Glück allein bietet daher keine ethische Orientierung.

siehe auch: Emotionen, *Seite 42* • Gott, *Seite 48* • Tugend, *Seite 204*

Tugend

Was ist ein guter Mensch?

Ein tugendhaftes Leben gilt als erstrebenswert. Manche Philosophen halten Tugenden sogar für wichtiger als moralische Regeln.

Unter Tugend versteht man vorbildliche Charaktereigenschaften, die ein guter Mensch haben soll. Platon (428/427–348/347 v. Chr.) nennt drei Kardinaltugenden, nämlich Weisheit, Tapferkeit und Mäßigung. Diese Tugenden stehen in Verbindung mit den drei Seelenteilen Geist, Gemüt und Leidenschaft; Platon ordnet sie den drei Ständen seines idealen Staatswesens zu (Lehrstand, Wehrstand, Nährstand). Allerdings gibt es für ihn noch eine übergeordnete Tugend, die für die Harmonie der drei anderen sorgt, nämlich die Gerechtigkeit.

Die Tugenden stehen auch im Zentrum der aristotelischen Ethik. Aristoteles (384–322 v. Chr.) bestimmt die Tugend als eine Art Tüchtigkeit der Seele, die zu einem guten Leben und damit zur Glückseligkeit beiträgt. Der Philosoph unterscheidet dabei zwischen „dianoetischen" Tugenden (Verstandestugenden) wie Weisheit, Verstand und Klugheit und „ethischen" Tugenden wie Freigebigkeit oder Mäßigkeit. Dianoetische Tugenden erwirbt man nach Aristoteles durch Belehrung, ethische Tugenden hingegen durch Gewohnheit. Im Gegensatz zur aristotelischen Ethik steht die Tugendlehre Immanuel Kants (1724–1804). Er versteht unter Tugend die moralische Verfassung des Menschen und nicht eine

Charaktereigenschaft. Ein tugendhafter Mensch ist jemand, der seine Pflicht zu vernunftbestimmtem moralischem Handeln anerkennt, und zwar unabhängig von seinen sonstigen Motiven. Eine Tugend wie etwa Mut zu besitzen hat noch keinen moralischen Wert. Schließlich kann ja auch ein Verbrecher mutig sein. Entscheidend ist nicht, dass der Akteur tugendhaft handelt, sondern dass er es aus moralischer Pflicht tut.

Jede Tugendethik setzt sich der Kritik aus, dass Tugenden vom jeweiligen Kontext abhängen. So mag etwa Freigebigkeit eine Tugend sein, aber es ist sicherlich nicht gut, sein Vermögen der Mafia zu schenken. Moderne Tugendethiker wie G. E. M. Anscombe (1919–2001) oder Philippa Foot (1920–2010) halten einer Pflichtenethik in der Tradition Kants entgegen, dass diese ausschließlich auf Handlungen fokussiert sei („Was soll ich tun?"), statt eine Antwort auf die Frage nach dem guten Leben zu geben. Zugleich vernachlässige die Pflichtenethik ebenso wie der Konsequenzialismus, der Handlungen nur nach deren Folgen

„Jede Tugend bringt dasjenige, dessen Tugend sie ist, in eine gute Verfassung und macht zugleich sein Werk gut."

ARISTOTELES
Nikomachische Ethik, um 350 v. Chr.

beurteilt, die Beweggründe und Neigungen des Akteurs. Aus tugendethischer Sicht dagegen gründet gutes Handeln in Charaktereigenschaften, die jeder Mensch erwerben kann. Zwar lassen sich gesellschaftliche Regeln wie etwa bestimmte Verbote nicht allein tugendethisch begründen. Aber seit Aristoteles lehrt die Tugendethik zumindest eines: Wer ein guter Mensch werden will, der sollte frühzeitig damit beginnen, seinen Charakter zu bilden. Dann kommt man nämlich gar erst gar nicht erst auf die Idee, Dinge zu tun, die einem moralische Regeln verbieten.

siehe auch: Werte, *Seite 168* • Pflicht, *Seite 180* • Glück, *Seite 200* • Gerechtigkeit, *Seite 238*

Lüge

Muss man immer die Wahrheit sagen?

Lügen gelten als niederträchtig und verwerflich. Sie zerstören Vertrauen, manipulieren Menschen, zerrütten Liebe und Freundschaft. Doch die Wahrheit ist: Wir alle lügen, aus vielerlei Gründen, angeblich sogar bis zu 200-mal am Tag.

Vor sich selbst rechtfertigt man schnell eine Not- oder Höflichkeitslüge. Sagt aber ein Politiker öffentlich die Unwahrheit, empören wir uns – es kann ihn ohne Weiteres sein Amt kosten.

Manche Psychologen halten die Lüge heute sogar für eine soziale Fähigkeit, die uns dabei hilft, möglichst konfliktfrei miteinander auszukommen. Philosophen verstehen unter einer Lüge eine Behauptung, die der Sprecher selbst für falsch hält und zu dem Zweck aufstellt, eine andere Person zu täuschen, also zu einem falschen Glauben zu veranlassen. Nicht jede falsche Behauptung ist daher eine Lüge, da es sich ja auch um einen Irrtum handeln kann. Die erste Theorie über die Lüge entwickelte Kirchenvater Augustinus (354–430). Ihm zufolge hat der Lügner ein „doppeltes Herz", weil er etwas anderes ausdrückt, als er in seinem Inneren trägt. Er missbraucht die Sprache und verletzt das Vertrauen seines Nächsten, wodurch er sich versündigt. Nach Immanuel Kant (1724–1804) verstößt jede Lüge gegen den „kategorischen Imperativ": „Handle nur nach derjenigen Maxime, von der du zugleich wollen kannst, dass sie ein allgemeines Gesetz werde." Kein vernünftiger Mensch kann wollen, dass alle lügen. Schließlich will ja auch der Lügner, dass man ihm glaubt. Nach

Kant handelt ein Lügner daher gegen das „Recht der Menschheit", und zwar auch dann, wenn seine Lüge niemandem schadet. Kants rigoroses Lügenverbot geht vielen Philosophen heute zu weit. Die Lüge gilt zwar als moralisch problematisch, weil sie andere manipuliert. In Ausnahmefällen kann sie jedoch sogar geboten sein, etwa um Menschenleben zu schützen. Allerdings liegt die „Beweislast" beim Lügner, der seine Lüge mit guten Gründen rechtfertigen muss. Wenigstens dabei sollte er wahrhaftig sein.

Pinocchio, die hölzerne Marionette, die zum Leben erwacht, hat eine wesentliche Eigenschaft: Seine Nase wird länger, wenn er lügt. Kinder sollen lernen, dass Lügen unethisch ist und dass die Wahrheit immer ans Licht kommt.

siehe auch: Einbildung, *Seite 60*

Irrtum

Wird man aus Fehlern klug?

Ist Irren menschlich? Obwohl wir versuchen, Irrtümer zu vermeiden, unterlaufen sie uns von Zeit zu Zeit. Das ist auch in Ordnung und kann sogar bereichernd sein – solange wir an der Wahrheit interessiert sind.

Wenn jemand in die Irre geht, hat er einen falschen Weg eingeschlagen. Er hat, mit Platon gesprochen, eine „irrige Meinung" darüber, welcher Weg ihn ans Ziel führt. Charakteristisch für den Irrtum ist, dass jemand etwas Falsches glaubt, von dem er denkt, es sei wahr. Wer glaubt, Peter sei 30 Jahre alt, obwohl er 32 ist, irrt sich offensichtlich. Doch je komplexer ein Sachverhalt ist und je weniger Konsens darüber herrscht, was wahr und was falsch ist, desto komplizierter wird es, eine Meinung als Irrtum zu entlarven. Viele Philosophen nehmen etwa für sich in Anspruch, auf ethische Fragen nach dem richtigen Handeln oder dem guten Leben die richtigen Antworten zu kennen. Und es ist kaum möglich, einem von ihnen nachzuweisen, dass er sich irrt.

Trotzdem ist es das Ziel jeder wissenschaftlichen – und somit auch jeder philosophischen Theorie –, Irrtümer zu vermeiden und der Wahrheit näherzukommen. In den platonischen Dialogen legt Sokrates seine Ideen dar, indem er die Irrtümer seiner Diskussionspartner aufdeckt und sie dadurch zur Erkenntnis der Wahrheit führt.

Immanuel Kant (1724–1804) zufolge entsteht der Irrtum dadurch, dass man über etwas urteilt, ohne alle Fakten zu kennen, die man eigentlich dazu kennen müsste. Statt sich also vorschnell eine Meinung zu bilden, solle man lieber erst genau hinsehen. Dass man sich geirrt hat, merkt man allerdings immer erst im Nachhinein. Schließlich hält man die falsche Überzeugung im Moment des Irrens für wahr. Um unsere Überzeugungen zu überprüfen und eventuell zu korrigieren, sind wir auf den Austausch mit anderen angewiesen. Nach John Stuart Mill (1806–1873) fallen Einsicht und Korrektur unter anderem darum schwer, weil unsere Überzeugungen nicht zuletzt durch Gewohnheit und persönliche Neigungen geprägt sind, von denen wir uns nicht lösen können. Wer sich der Auseinandersetzung mit anderen, neuen Meinungen verschließt, läuft aber Gefahr, in seinem Irrtum zu verharren, und wüsste es nicht einmal. Aus einem Fehler wird man nur klug, wenn man ihn erkennt.

Als Kolumbus am 12. Oktober 1492 eine Insel der Bahamas betrat, nahm er an, in Indien zu sein. Dies war einer der größten und berühmtesten Irrtümer der Weltgeschichte.

siehe auch: Wahrheit, *Seite 38*

Schuld

Was müssen wir uns vorwerfen?

Immer sind die anderen schuld. Niemand gesteht sich gerne Schuld ein. Dabei ist sie lediglich eine notwendige Konsequenz des selbstverantworteten Lebens.

In der Beichte können Christen ihre Schuld gegenüber Gott eingestehen. Im säkularen Bereich verwenden wir den Begriff Schuld heute meist bei Verstößen gegen rechtliche oder moralische Normen.

„Selbst schuld" sagen wir, wenn jemand in Unglück gerät durch einen Fehler, für den niemand anderes als er selbst verantwortlich ist. Schuldig nennen wir aber auch jemanden, der gegen eine Regel verstößt – eine rechtliche oder eine moralische. Beide Arten des Regelverstoßes können zusammenfallen, wenn man etwa einen Menschen ausraubt. Wer hingegen einem Freund gegenüber ein Versprechen bricht, lädt eher moralische als rechtlich relevante Schuld auf sich.

Schuld und Sühne spielen in den großen monotheistischen Religionen eine zentrale Rolle. Schuld wird hier als das Schuldigwerden des Menschen vor Gott durch Sünde, also ein gegen die göttlichen Normen verstoßendes Leben und Handeln, verstanden. Dafür wird jeder Mensch in einem endzeitlichen Gericht zur Rechenschaft gezogen.

Seit der Neuzeit hat sich der philosophische Schuldbegriff zunehmend von seinem religiösen Kontext gelöst und sich einem rechtlich-rationalen Verständnis zugewandt. Konstant sind jedoch die Aspekte von rechtlich-moralischer Norm und Verantwortlichkeit. Um überhaupt von Schuld sprechen zu können, muss klar sein, wer der Urheber einer Tat ist. Nach Immanuel Kant (1724–1804) sind uns unsere Taten darum „zurechenbar", weil wir freie Personen sind, die dem moralischen Gesetz folgen können. Diese Zurechenbarkeit ist aber in der Praxis oft gar nicht so eindeutig. Straftaten, die aus der Not oder im Affekt begangen wurden, werden anders beurteilt als der strategisch geplante Mord. Auch ist die Zuordnung von Handlung und Akteur nicht immer klar. Wer trägt die Schuld an der Finanzkrise? Mehrere Individuen oder etwa die gesamte Wirtschaftsordnung? Aber wie soll eine abstrakte Größe schuldig sein?

Schuld ist immer an eine einzelne Person gebunden. Dennoch fühlt sich nicht jeder schuldig, der Schuld auf sich geladen hat. Wir ertappen uns manchmal selbst dabei, die Schuld anstatt bei uns selbst bei anderen zu suchen. Bei falschen Freunde, dem Stau, dem Finanzamt oder dem Universum. Nach G. W. F. Hegel (1770–1831) birgt jedes Handeln grundsätzlich das Potenzial, sich schuldig zu machen. „Unschuldig ist nur das Nichttun wie das Sein eines Steines", so der Jenaer Philosoph. Ob das eine geeignete Alternative ist?

siehe auch: Lüge, *Seite 206* • Strafe, *Seite 212*

Strafe

Muss man für Verbrechen bezahlen?

Muss Strafe wirklich sein? Wer verdient es, bestraft zu werden – und aus welchen Gründen? Die Ansätze der Philosophen reichen von Vergeltung bis zur Wiederherstellung des Rechts.

Mit der „Roten Karte" wird im Fußball meist besonders unfaires Verhalten geahndet. Dahinter steht die Idee der Zurechtweisung, etwa für ein schweres Foul, aber auch der präventive Gedanke, unsportliches Verhalten möglichst zu verhindern.

Wer Unrecht begangen hat, muss bestraft werden. Das entspricht unserem Gerechtigkeitsempfinden. Doch Strafen lassen sich gar nicht so leicht rechtfertigen, wie es oft scheint. Ursprünglich ist die Idee der Strafe wohl aus der Rache entstanden; in archaischen Zeiten ging es dabei um die Wahrung der Ehre. Für die Bestrafung waren lange Zeit die Götter zuständig, denn ein Verstoß gegen die menschliche Ordnung galt zugleich als Verstoß gegen das göttliche Gesetz. Der vorsokratische Philosoph Anaximander (ca. 610–547 v. Chr.) hielt die strafende Gerechtigkeit sogar für ein Weltprinzip. Bereits damals verband man aber mit der Strafe auch moralische Überlegungen: Wer Unrecht tut, darf daraus keinen Vorteil ziehen. Platon (428/427–348/347 v. Chr.) meinte allerdings, die schlechte Tat treffe vor allem den Täter selbst. Das Ziel jeder Bestrafung sei daher eine Art Heilung von einem Übel der Seele. Und wer in diesem Sinne „unheilbar" sei, müsse mit dem Tod bestraft werden. Aristoteles (384–322 v. Chr.) dagegen betrachtete die Strafe unter dem Gesichtspunkt der ausgleichenden Gerechtigkeit und traf dabei die wichtige Unterscheidung zwischen bloß vergeltender Rache und Strafe im Sinne einer Zurechtweisung des Täters. Eine andere Rechtfertigung der Strafe fanden Stoiker wie Seneca (ca. 1–65 n. Chr.). Sie plädierten eher zwar für Milde, hielten aber Strafen für notwendig, weil die Schonung der Täter dem Guten schade.

Sogenannte absolute Straftheorien zielen auf einen Schuldausgleich ab. Dazu gehört etwa die Vergeltungstheorie, die das begangene Unrecht durch die Strafe aufwiegen will, um die verletzte Rechtsordnung wiederherzustellen. Ein rigoroser Vertreter dieser Theorie war Immanuel Kant (1724–1804). In seiner „Metaphysik der Sitten" schrieb er: „Selbst wenn sich die bürgerliche Gesellschaft mit aller Glieder Einstimmung auflöste, müsste der letzte im Gefängnis befindliche Mörder vorher hingerichtet werden." Auch Hegel (1770–1831) sah in der Strafe eine Wiederherstellung des Rechts. Ein Verbrecher habe sogar ein Recht auf Vergeltung seiner Tat, denn dadurch werde er erst „als Vernünftiges geehrt". Solche absoluten Straftheorien gelten in säkularen Gesellschaften der heutigen Zeit als fragwürdig, weil sie auf problematischen Vorstellungen von Gerechtigkeit beru-

„Dass die Strafe darin als sein eigenes Recht enthaltend angesehen wird, darin wird der Verbrecher als Vernünftiges geehrt."

Georg Wilhelm Friedrich Hegel
Grundlinien der Philosophie des Rechts, 1835

hen. Zudem sieht dieses Modell auch dann eine Bestrafung vor, wenn diese gesellschaftlich gar nicht notwendig ist. Relative Straftheorien zielen darauf, zukünftige Straftaten zu verhindern, wobei man zwischen Allgemeinprävention (Schutz der Allgemeinheit) und Spezialprävention (Besserung des Täters, Resozialisierung) unterscheidet. Von den ursprünglichen Vorstellungen von Rache haben sich heutige Straftheorien also weit entfernt. Doch irgendwie scheint das archaische Motiv in unseren Vorstellungen fortzuwirken. Wenn eine Person bestraft wird, weil sie uns das Fahrrad geklaut hat, so denken wir meist weniger an Allgemeinprävention, sondern empfinden eine Genugtuung, dass die Person bekommen hat, was sie verdient.

siehe auch: Verantwortung, *Seite 176* • Schuld, *Seite 210*

Gründe und Ursachen

Warum hast du das getan?

Gründe spielen eine zentrale Rolle für vernünftiges Denken und Handeln. Wer nicht sagen kann, warum er etwas tut, der handelt irrational. Und wer etwas behauptet, ohne einen Grund dafür zu haben, den halten wir meist für einen Scharlatan.

Nach Gründen fragen wir typischerweise in Rechtfertigungssituationen: „Warum hast du das getan?" Als Antwort erwarten wir eine Erklärung. Im Falle einer Handlung wollen wir wissen, welchen „Grund" die Person hatte, so und nicht anders zu handeln.

Gemeinhin unterscheiden wir nur ungenau zwischen Gründen und Ursachen. Doch ist die Differenzierung durchaus relevant für die Bewertung einer Rechtfertigung. Wenn es regnet, könnte jemand beispielsweise einen „Grund" haben, einen Regenschirm mitzunehmen. Bei Ursachen hingegen denken wir an bestimmte Gesetzmäßigkeiten, die erklären, warum etwas geschieht. So könnte etwa ein Bremsversagen die „Ursache" für einen Autounfall sein. Der amerikanische Philosoph Donald Davidson (1917–2003) machte aller-

dings geltend, dass Gründe auch zur kausalen Erklärung herangezogen werden können. Unter einem primären Grund versteht Davidson eine „Proeinstellung", also eine bestimmte Absicht, zusammen mit der Überzeugung, dass eine bestimmte Handlung diese Absicht realisiert. So könnte jemand einen primären Grund haben, beim Nachhausekommen den Lichtschalter zu betätigen, weil er nämlich die „Proeinstellung" hat, das Licht anzumachen, und zugleich die Überzeugung, dass er dazu den Lichtschalter betätigen muss. Nun stellen wir uns vor, dass durch das Lichtanmachen ein Einbrecher aufgeschreckt wird, der sich gerade in der Wohnung befindet. Dann ist nach Davidson der primäre Grund zugleich die Ursache dafür, dass der Einbrecher aufgeschreckt wurde. Das Betätigen des Lichtschalters lässt sich nämlich auf zwei Arten beschreiben, erstens als „Lichtanmachen", zweitens als „Aufschrecken eines Einbrechers". Natürlich hat jener Nach-Hause-Kommende den Lichtschalter nicht betätigt, um den Einbrecher aufzuschrecken, sondern um das Licht anzumachen. Aber sein (primärer) Grund, den Lichtschalter zu betätigen, hat kausal dazu geführt, dass der Einbrecher aufgeschreckt wurde.

Gründe scheinen aber nicht nur eine Nähe zu Ursachen zu haben, sondern auch zu Wünschen. Der britische Philosoph Bernard Williams (1929–2003) hat einmal die These aufgestellt, dass es im Grunde nur „interne" Handlungsgründe gebe, also Gründe, die auf unseren Motivationen beru-

Wenn es regnet, hat man einen Grund, seinen Regenschirm aufzuspannen. Der Regen rechtfertigt also die Handlung und erklärt sie in gewisser Weise auch.

> „Das Herz hat seine Gründe, von denen der Verstand nichts weiß."

Blaise Pascal
Gedanken, 1670

hen statt auf externen Faktoren. Man habe nur dann einen Grund, eine Handlung auszuführen, wenn man diese Handlung auch auszuführen wünsche. Viele Philosophen lehnen diese Auffassung allerdings ab. Ohne einen Handlungswunsch könnten wir zwar nicht handeln. Aber der Handlungsgrund selbst ist nicht durch unseren Wunsch gegeben. Der Grund beruht nicht auf dem Wunsch, sondern der Wunsch auf dem Grund. So hat man etwa, wenn man unter Schmerzen leidet, einen Grund, einen Arzt aufzusuchen, auch wenn man das nicht will. Der Grund liegt schlicht in der Tatsache, dass man Schmerzen hat, und nicht darin, dass man den Wunsch verspürt, zum Arzt zu gehen. Die Existenz von externen Gründen anzuerkennen entlastet uns. Wer gefragt wird, warum er etwas tue, muss nicht antworten: „Weil ich es will", sondern kann die Verantwortung abgeben.

siehe auch: Logik, Seite 70 • Zweck, Seite 192   215

Schicksal

Ist alles vorherbestimmt?

Mit „Schicksal" meinen wir oft eine höhere Fügung, etwas, das wir nicht selbst in der Hand haben. Moderne Philosophen machen lieber den Menschen selbst für das verantwortlich, was ihm geschieht.

Manche Menschen wollen unbedingt ihr Schicksal erfahren und lassen sich zum Beispiel Tarotkarten legen. In unserer aufgeklärten Welt glauben zwar viele nicht mehr an höhere Mächte. Doch bei unerklärlichen Ereignissen kehrt unser Glaube ans Schicksal oft wieder zurück.

Eine unheilbare Krankheit, eine Querschnittslähmung, der Tod eines geliebten Menschen – wenn uns oder anderen so etwas zustößt, sprechen wir oft von „Schicksalsschlägen" und verstehen darunter eine Einwirkung auf das Leben, die außerhalb unseres Einflusses liegt. An unserem Schicksal können wir nichts ändern, es bricht einfach über uns herein. Oft erscheint es uns willkürlich; manchmal meinen wir aber auch, darin einen Sinn zu erkennen.

Vom Schicksal, das den Menschen in eine ausweglose Situation bringt, handelten bereits die griechischen Tragödien. Die Stoiker identifizierten später das Schicksal mit dem göttlichen Logos; in ihm sahen sie ein kosmisches Gesetz, das alles Geschehen determiniert. Im christlichen Mittelalter geriet der Schicksalsglaube dann in Widerspruch zum freien Willen und damit zur Schuldfähigkeit des Menschen. In der Neuzeit verlor der Schicksalsbegriff weiter an Be-deutung; in einer aufgeklärten Welt war kein Platz mehr für eine höhere Macht, die alles vorherbestimmt. Kant (1724–1804) forderte sogar, den Begriff aus dem philosophischen Vokabular zu streichen. Im 19. und 20. Jahrhundert wandelte er sich insofern, als das Schicksal nicht mehr als äußere Macht, sondern als natürliche Folge unserer Handlungen verstanden wurde. So vertrat Hegel (1770–1831) die Auffassung, der Mensch erkenne in seinem Schicksal sein Leben: „Das Schicksal ist das Bewusstsein seiner selbst als Ganzem."

In unserer heutigen Welt, in der das Leben zunehmend berechenbar wird, erscheint der Glaube an ein Schicksal wie ein Relikt aus einer archaischen Zeit. Doch trotz aller Rationalität finden wir häufig keine Antwort auf das Warum von Glück und Unglück in der Welt. Vielleicht wächst daher der Glaube an eine Macht, die wir nicht beherrschen können, wieder. Namen gibt es für sie viele.

siehe auch: **Bewusstsein**, *Seite 14* • **Wille**, *Seite 186*

Das Böse

Wie war Auschwitz möglich?

Das Böse macht uns sprachlos. Wir können es nicht fassen, nicht begreifen, nicht erklären. Das Böse, das sind monströse Taten, die unsere Vorstellungskraft übersteigen. Man denkt an Auschwitz, an 9/11, an Folter, Vergewaltigung, Mord, aber auch an psychische Grausamkeit.

Bis ins Mittelalter verwendeten die Philosophen den Begriff des Bösen in einem sehr weiten Sinn. Das lateinische Wort „malum" bezeichnete auch nichtmoralische Übel wie beispielsweise Naturkatastrophen oder Krankheiten. Von der mittelalterlichen Scholastik bis zur neuzeitlichen Religionsphilosophie stellte sich die Frage des Bösen vor allem im Zusammenhang mit dem Theodizee-Problem, also der Frage, wie ein guter und allmächtiger Gott das Böse in der Welt zulassen könne. Erst Immanuel Kant (1724–1804) versuchte, das moralisch Böse im Menschen näher zu bestimmen. Böse ist ein Mensch nach Kant dann, wenn er nach unmoralischen Maximen handelt, obwohl er sich des „moralischen Gesetzes" bewusst ist. Auch der böse Mensch handelt also frei. Er tut das Böse nicht um des Bösen willen, das kann nur der Teufel. Vielmehr kommt es beim bösen Menschen zu einer „Umkehrung der Triebfedern"; er handelt letztlich aus Selbstliebe. Ein „böses Herz" hat, wer unfähig oder nicht willens ist, sich an moralische Prinzipien zu binden, sei es aus Willensschwäche, Unlauterkeit oder böser Absicht. Kant spricht von einer „Verkehrtheit des Herzens", die er das „radikal Böse"

Auschwitz steht für das Böse an sich – für die Ermordung von über sechs Millionen Juden während des Dritten Reichs und für alles Furchtbare, was Menschen Menschen antun.

nennt. Als Vernunftwesen haben wir zwar die Möglichkeit, dem Bösen zu widerstehen. Doch der Ursprung des moralisch Bösen bleibt auch für Kant am Ende unbegreiflich.

Eine ganz andere Sicht vertrat die Philosophin Hannah Arendt (1906–1975). Sie stellte fest, dass gerade die größten Verbrecher der Geschichte oft nicht dem Bild des „radikal Bösen" im Sinne Kants entsprachen. Die „Banalität des Bösen" erkannte sie in der Person des Nazi-Verbrechers

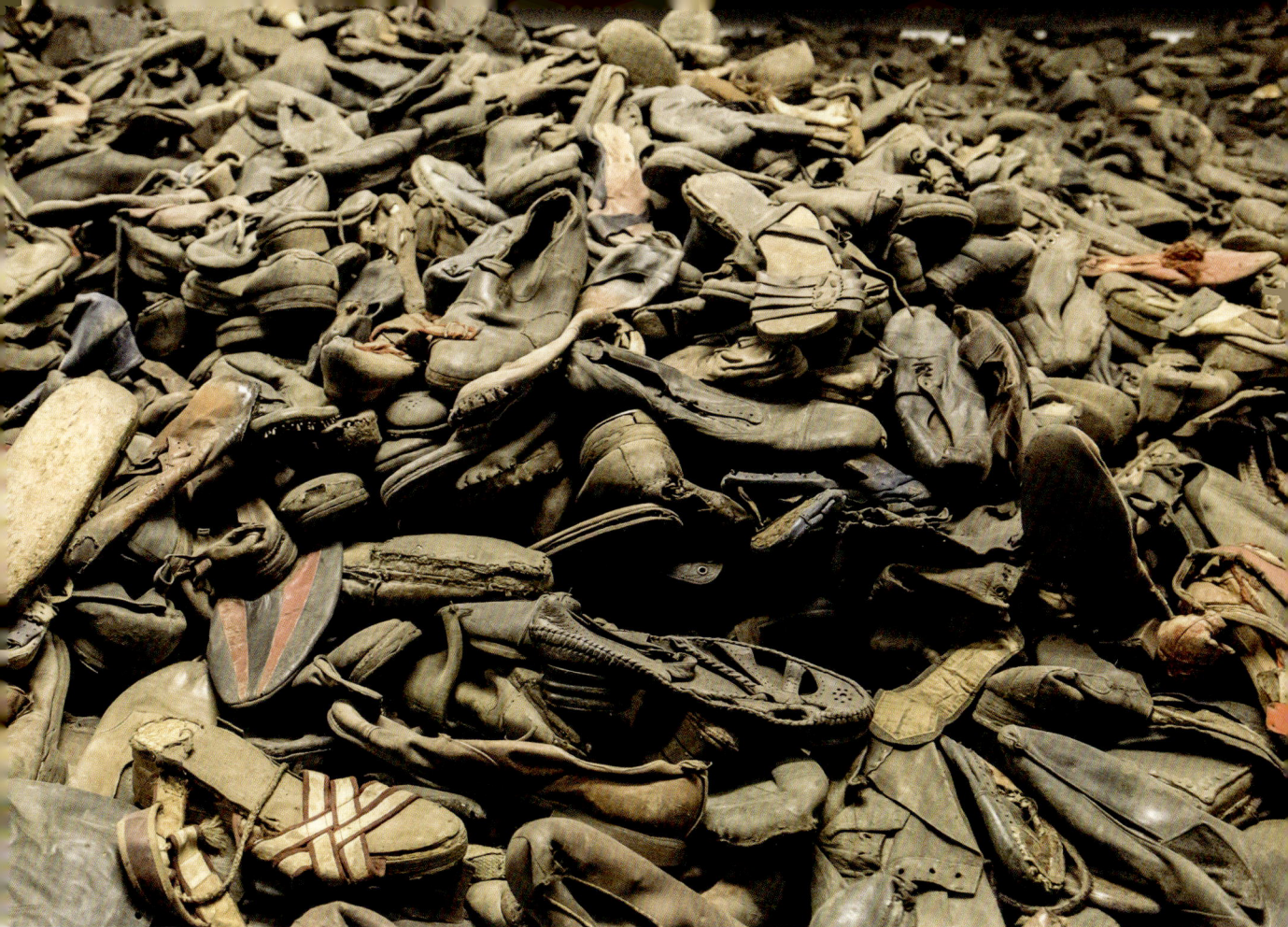

Adolf Eichmann, den sie nicht als diabolisches Monster charakterisierte, sondern als fantasielosen Bürokraten und Streber, der Tag für Tag an seinem Schreibtisch saß und Papiere unterschrieb, die letztlich zur Vernichtung von Millionen Menschen führten. Zwar haben Historiker heute erhebliche Zweifel an Arendts Darstellung Eichmanns. Doch was bleibt, ist ihre zentrale Einsicht, dass das Böse sehr banal sein kann, ohne jede Tiefe und Dämonie. Die schlimmsten Verbrecher sind nicht Menschen mit besonders schlechten persönlichen Eigenschaften und diabolischen Intentionen, sondern vielmehr jene, die immer wieder beteuern, nichts aus Eigeninitiative getan, sondern immer nur Befehle befolgt zu haben.

„*Das größte begangene Böse ist das Böse, das von niemandem getan wurde, das heißt von Menschen, die sich weigerten, Personen zu sein.*"

HANNAH ARENDT
„Über das Böse", 1965

siehe auch: Hass, *Seite 160*

Leiden

Warum lässt Gott das zu?

Hilflos und kopfschüttelnd sitzt man vor dem Fernsehen: Wieder einmal hat eine Naturkatastrophe ein Land heimgesucht und Tausende Menschen getötet oder ihrer Lebensgrundlage beraubt. Wer an Gott glaubt, fragt sich: Wie kann Gott das zulassen?

Im Gegensatz zu heute glaubten zu Beginn des 18. Jahrhunderts die meisten Menschen an Gott – auch wenn sie unterschiedliche Gottesbegriffe hatten – und empfanden die Spannung zwischen dem vermeintlich gütigen, liebenden Gott und dem Leiden in der Welt. Die Bibel selbst enthält im Buch Hiob eine Auseinandersetzung mit dem Thema, dem schließlich Gottfried Wilhelm Leibniz (1646–1716) einen Namen gab: das Theodizee-Problem (von griechisch *theos*, „Gott" und *dike*, „Gerechtigkeit"). Er machte es sich zur Aufgabe, Gott angesichts des Übels in der Welt zu rechtfertigen. Optimistisch nennt er die von Gott erschaffene Welt „die beste aller möglichen Welten". Denn nichts anderes ist für ihn denkbar angesichts eines gütigen, allmächtigen und allwissenden Gottes. Zwar gibt es das Übel in der Welt, doch es überwiegt nicht das Gute, sondern macht dieses erst sichtbar. Uns Menschen ist der Blick auf das Ganze nicht gegeben, sodass wir die Gründe für das Leiden nicht erkennen können.

Leibniz rief mit seiner Auffassung bereits unter seinen Zeitgenossen großen Widerspruch hervor, als 1755 das Erdbeben von Lissabon die portugiesische Hauptstadt fast vollständig vernichtete. Der britische Philosoph des 20. Jahrhunderts Bertrand Russell (1872–1970) äußerte ebenfalls Zweifel daran, dass eine Welt die beste aller möglichen sei, die den Ku-Klux-Klan und die Faschisten hervorbringe.

Heute, wo der Gottesglaube in der Philosophie kaum noch eine Rolle spielt, hat sich die Debatte hin zur angeblichen Güte der Natur verschoben, die im Konflikt mit dem Darwinismus steht.

Bei schrecklichen Naturkatastrophen wie dem Tsunami 2011 in Japan fragen viele Menschen nach dem „Warum". Es fällt schwer zu akzeptieren, dass unsere Welt ein solches Ausmaß an Leiden hervorbringen kann.

siehe auch: Gott, *Seite 48* • Natur, *Seite 64*

Gesellschaft & Politik

Was bedeutet eigentlich „Staat"?

Als Bürger eines Staates müssen wir Steuern bezahlen, wir unterliegen Gesetzen und Vorschriften. Im Gegenzug tut der Staat etwas für uns, er sorgt für eine funktionierende Infrastruktur und schafft ein Bildungs- und Gesundheitssystem. Heute halten viele die Demokratie für die beste Regierungsform, weil nur sie Freiheit und Mitbestimmung der Bürger garantiert. Zu diesem Schluss kamen die politischen Philosophen im Laufe vieler Jahrhunderte. Aber auch die Demokratie schafft nicht zwangsläufig eine gerechte Gesellschaft, auch sie kann Kriege und Unrecht nicht verhindern. Sie muss sich selbst immer wieder weiterentwickeln, um lebendig zu bleiben.

Autonomie

Wie bestimme ich mich selbst?

Was heißt es, über sich selbst zu bestimmen? Autonomie gilt als Ideal unseres modernen Lebens. Der Begriff begegnet in sämtlichen Bereichen, von der Politik über den Beruf bis in den Alltag, vom Eltern-Workshop bis zur Krankenpflege. Überall wird Autonomie oder „mehr Autonomie" gefordert. Ein autonomes Leben halten viele für erstrebenswert.

2014 demonstrierten Katalonen für ihre Unabhängigkeit von Spanien – nur wenige Wochen nachdem ein Referendum in Schottland für die Unabhängigkeit vom United Kingdom nur knapp gescheitert war. In vielen Ländern streben Volksgruppen und Minderheiten nach mehr Autonomie.

Bis heute ist es für Pflegebedürftige und Behinderte schwer, ihr Leben selbstbestimmt den eigenen Wünschen und Bedürfnissen entsprechend zu gestalten. Im Film „Ziemlich beste Freunde" (2011) beginnt der gelähmte Philippe, sein Leben selbst in die Hand zu nehmen.

Das Wort Autonomie bedeutet eigentlich „Selbstgesetzlichkeit". Es leitet sich ab von den griechischen Wörtern *autos* (selbst) und *nomos* (Gesetz) und bezeichnete im antiken Griechenland die Befugnis eines Staates, sich selbst Gesetze zu geben. Unser modernes Autonomieverständnis geht zurück auf Immanuel Kant (1724–1804). In seinem Aufsatz „Was ist Aufklärung?" definierte er die Aufklärung als „Ausgang des Menschen aus seiner selbstverschuldeten Unmündigkeit". Selbstverschuldet sei die Unmündigkeit, weil der Mensch als Vernunftwesen die Mittel habe, sie zu überwinden, indem er seinen eigenen Verstand benutze. Als Naturwesen werden wir nach Kant bestimmt von unseren Neigungen und Trieben. Als Vernunftwesen können wir uns davon jedoch freimachen und selbstbestimmt handeln, und zwar nach Prinzipien, die wir uns selbst geben. Autonomie heißt dabei allerdings nicht, dass wir einfach tun können, was wir wollen. Vielmehr muss unser individuelles Wollen verallgemeinerbar sein. Wir müssen hinter den eigenen Interessen zurücktreten und einen unparteiischen Standpunkt einnehmen, indem wir nur „universalisierbaren" Maximen folgen, also solchen, von denen wir vernünftigerweise annehmen können, dass auch alle anderen sie akzeptieren werden, als wären sie allgemeines Gesetz. Individuelle Gefühle und Neigungen dürfen dabei keine Rolle spielen.

Bereits die Romantiker wandten sich gegen diese vernunftbetonte Sicht Kants; sie stellten Individualität und Authentizität in den Vordergrund. Autonomie bedeute nicht, nach verallgemeinerbaren Prinzipien zu handeln, sondern vielmehr im Einklang mit sich selbst. Ähnlich sahen es später die Existenzialisten.

Auch heutige Auffassungen von Autonomie gehen meist nicht mehr wie Kant von universel-

len Prinzipien aus, sondern vom Handeln der individuellen Person. Aus Sicht des amerikanischen Moralphilosophen Harry Frankfurt (* 1929) etwa handelt eine Person dann autonom, wenn sie sich mit ihren eigenen Wünschen identifizieren kann. Nach Auffassung der Moralphilosophin Christine Korsgaard (* 1952) besteht Autonomie in der Fähigkeit, uns selbst Verpflichtungen aufzuerlegen, die auf unserer „praktischen Identität" beruhen, zu der etwa Beruf, Familie oder bestimmte Überzeugungen gehören. Sogenannte „relationale" Autonomiekonzepte, wie sie etwa manche feministische Philosophinnen vertreten, stellen wiederum die Beziehungen zu anderen in den Vordergrund. Aus dieser Sicht hängt Autonomie davon ab, wie sehr eine Person in der Lage ist, in einem bestimmten sozialen Umfeld ihre eigenen Ziele zu verfolgen.

Vor allem in westlichen Gesellschaften gilt Autonomie heute als Ideal. Allerdings kann Autonomie den Einzelnen auch überfordern, wie etwa im Beruf. Und es gibt Lebenssituationen, in denen wir auf andere angewiesen sind, etwa im höheren Alter – und in denen wir nicht umhin können, ein gewisses Maß an Fremdbestimmung anzunehmen.

> „Autonomie des Willens ist die Beschaffenheit des Willens, dadurch derselbe ihm selbst (unabhängig von aller Beschaffenheit der Gegenstände des Wollens) ein Gesetz ist."

IMMANUEL KANT
Grundlegung zur Metaphysik der Sitten, 1785

---

siehe auch: *Wille, Seite 186* 225

Gesellschaft & Politik • Freiheit

Freiheit

Können wir tun und lassen, was wir wollen?

Frei zu sein – das halten wir in demokratischen Gesellschaften heute für selbstverständlich. Freiheit gilt als Grundrecht, das der Staat seinen Bürgern zugesteht. Doch der Freiheitsbegriff ist bis heute umstritten.

Die philosophische Idee der Freiheit geht vor allem zurück auf englische Philosophen wie Thomas Hobbes (1588–1679) und John Stuart Mill (1806–1873). Hobbes definierte Freiheit als „Abwesenheit äußerer Hindernisse", wobei er natürlich zuerst an die Bewegungsfreiheit dachte. Mill stellte die Freiheit als Erster in den Mittelpunkt der politischen Philosophie. Freiheit ist für ihn der „erste und stärkste Wunsch der menschlichen Natur". Nach Mill brauchen wir Freiheit, um unsere menschlichen Fähigkeiten zu entfalten. Rede- und Meinungsfreiheit etwa bringen die Erkenntnis voran: Wenn andere Meinungen unterdrückt werden, sind wir Vorurteilen und Dogmatismus ausgeliefert. Ohne Meinungsfreiheit können wir zudem unsere Individualität nicht zur Geltung bringen, indem wir zum Ausdruck bringen, was uns wirklich wichtig sind. Alles staat-liche Handeln muss daher darauf ausgerichtet sein, die Freiheit des Individuums zu fördern und zu schützen. Laut Mill darf der Staat in die Freiheit des Individuums nur eingreifen, um sich selbst zu schützen oder Schaden von anderen abzuwenden.

Im Alltag verstehen wir unter Freiheit zumeist, dass wir tun und lassen können, was wir wollen, in unserem Handeln also keinen Einschränkungen unterliegen. Aber diese Definition ist ungenau. Selbst wenn wir es wollten, könnten wir nicht auf dem Wasser gehen, einfach weil uns die Fähigkeit dazu fehlt. Trotzdem würde niemand behaupten, dass wir deswegen unfrei wären. Offenbar kommt es bei der Freiheit auf unsere Beziehung zu anderen an. Man kann Freiheit als Abwesenheit von Zwang durch andere verstehen. Nach einer Definition des britischen Philosophen Bernard Williams (1929–2003) heißt Freiheit denn auch, nicht dem Willen eines anderen unterworfen zu sein.

Freiheit bedeutet, nicht dem Willen eines anderen unterworfen zu sein. Als Nelson Mandela 1990 nach 27 Jahren Haft freigelassen wurde, konnte er seinen Kampf gegen die rassistische Apartheid-Politik in Südafrika fortsetzen.

Der britische Philosoph Isaiah Berlin (1909–1997) wiederum unterschied zwischen „positiver" und „negativer" Freiheit. Negative Freiheit bedeutet, dass wir verschiedene Handlungsalternativen haben, also keinen äußeren Einschränkungen unterliegen. Positive Freiheit hingegen heißt, dass wir unsere Fähigkeiten und Ziele auch tatsächlich realisieren können. Wer etwa arm oder ungebildet ist, kann seine Möglichkeiten nicht verwirklichen, auch wenn ihn niemand daran hindert. Im Sinne des „positiven" Freiheitsbegriffs ist er daher nicht wirklich frei.

Einige Philosophen halten den „negativen" Freiheitsbegriff für unhaltbar. Unsere Freiheit verwirklichen wir ja nicht im luftleeren Raum, sondern innerhalb einer sozialen Realität, wie schon Hegel (1770–1831) feststellte. Wir sind daher immer Beschränkungen ausgesetzt. Sogar in Liebe und Freundschaft müssen – und wollen – wir unsere eigenen Wünsche zugunsten der Wünsche anderer zurückstellen.

Der irische Philosoph Philip Pettit (* 1945) bestimmt Freiheit als Form von Anerkennung. Aus seiner Sicht heißt Freiheit, dass man für das verantwortlich gemacht werden kann, was man tut. Voraussetzung dafür ist nicht nur die Fähigkeit zu rationaler Selbststeuerung, sondern auch die Fähigkeit, in einen Diskurs mit anderen einzutreten. Nicht jeder Zwang macht dies unmöglich, sondern nur willkürliche Machtausübung, die keiner demokratischen Kontrolle durch die Bürger unterliegt.

Der mythische Held Odysseus ließ sich der Sage nach von seinen Kameraden an einen Schiffsmast fesseln, um dem Gesang der Sirenen zu widerstehen. Nach dem „negativen" Freiheitsbegriff hatte er damit seine Freiheit eingebüßt, nach Pettits Theorie nicht, weil er seinen „unfreien" Zustand ja selbst herbeigeführt hatte. Aus Pettits Sicht sind es Abhängigkeitsverhältnisse, die unsere Freiheit beschneiden. Und solche Abhän-

gigkeitsverhältnisse bestehen nicht nur zwischen Bürgern und Staat, sondern zum Beispiel auch in privaten oder beruflichen Beziehungen.

Eine Reihe zeitgenössischer Philosophen schließlich versucht, Freiheit und Gerechtigkeit miteinander zu verbinden. Nicht nur staatliche Eingriffe bedrohen die Freiheit, sondern auch ökonomische Abhängigkeit und gesellschaftliche Ungleichheit. In manchen Situationen ist Freiheit nicht das oberste Bedürfnis: Wer Hunger leidet, der braucht am dringendsten etwas zu essen.

„Der Wert der Freiheit ist nicht für jedermann derselbe."

JOHN RAWLS,
Theorie der Gerechtigkeit, 1971

Wer mit dem Schiff in New York ankommt, wird von der Freiheitsstatue begrüßt. Sie ist eine Personifikation der römischen Göttin Libertas, die uns im „Land der Freien" begrüßt. In der Unabhängigkeitserklärung von 1776 wurde festgelegt, dass die Freiheit ein unveräußerliches Menschenrecht ist.

siehe auch: **Angst**, *Seite 158* • **Wille**, *Seite 186* • **Autonomie**, *Seite 224*

Gesellschaft

Wie können wir zusammen leben?

Menschen lebten immer schon mit anderen zusammen. Aber worauf beruht dieses Zusammenleben? Und was unterscheidet moderne Gesellschaften von mittelalterlichen und antiken Gesellschaftsformen?

Unter „Gesellschaft" verstehen Soziologen heute eine Anzahl von Personen, die miteinander sozial interagieren. Eigentlich meint der Begriff nur das räumliche Beisammensein von Personen, aber auch die Vereinigung von Personen zu einem bestimmten Zweck. Aristoteles (384–322 v. Chr.) unterschied verschiedene Gesellschaftsformen nach der Art der Nahrungsmittelbeschaffung einerseits und nach der Organisation des Zusammenlebens wie Familie, Dorf und *polis* (Stadtstaat) andererseits. Unter *koinonia* verstand er eine Gemeinschaft von Bürgern, die auf einen gemeinsamen Zweck gerichtet ist, nämlich auf das gute Leben. Die berühmte aristotelische Definition des Menschen als *zoon politikon*, also als soziales, politisches Wesen, bezieht sich vermutlich auf beide Aspekte. Erst in der Zeit der Aufklärung entstand allerdings die „bürgerliche Gesellschaft" als Sphäre zwischen Individuum und Staat. Der Gesellschaftsbegriff beruhte dabei auf dem Modell eines Vertrags, in dem die Bürger ihre natürliche Freiheit an das Gemeinwesen abtreten. Ein besonders wirkmächtiges Modell einer solchen Gesellschaft entwickelte Jean-Jacques Rousseau (1712–1778) in seinem Buch „Vom Gesellschaftsvertrag".

Soziologen und Philosophen haben immer wieder versucht, die moderne Gesellschaft von traditionellen Formen des Zusammenlebens abzugrenzen. Besonders einflussreich ist bis heute die Unterscheidung zwischen „Gemeinschaft" und „Gesellschaft", die der Sozialphilosoph und Ökonom Ferdinand Tönnies (1855–1936) vornahm. Unter Gemeinschaft verstand er ein spontanes, naturwüchsiges Miteinander, das auf dem „stillschweigenden Einverständnis" aller beruht. „Gesellschaft" hingegen sei ein künstliches Gebilde, das auf einen Zweck ausgerichtet ist. Die Gemeinschaft binde die Menschen, Gesellschaft hingegen setze sie frei. Helmuth Plessner (1892–1985) wandte sich jedoch gegen die Verklärung der Gemeinschaft, die er bei Tönnies und anderen erblickte. Erst die moderne Gesellschaft erlaube es den Menschen, Masken zu tragen und Rollen zu spielen, um sich vor dem Zugriff anderer zu schützen – und damit auch die eigene Würde zu wahren.

In städtischen Ballungsgebieten hat man eine zunehmend gemischte Gesellschaft, die ihre Regeln für ein friedliches Zusammenleben erst finden muss. Davon träumen jedoch alle.

siehe auch: Anerkennung, *Seite 146* • Staat, *Seite 258*   231

Öffentlichkeit

Was sagt das Publikum?

Was ist Öffentlichkeit? Und wozu brauchen wir sie? Viele Philosophen halten eine funktionierende Öffentlichkeit heute für eine Grundbedingung jeder Demokratie.

Politiker versuchen, die Öffentlichkeit für sich und ihre Ziele zu gewinnen. Eine demokratische Öffentlichkeit, in der „herrschaftsfreie" Diskussionen möglich sind, muss jedoch immer wieder neu erstritten werden.

Die „Öffentlichkeit" hat das Recht, etwas zu erfahren. Etwas liegt im „öffentlichen" Interesse. Die „öffentliche Meinung" sagt dieses oder jenes. – Von „Öffentlichkeit" sprechen wir bei vielen Gelegenheiten. Doch der Begriff ist komplex und kann vieles bedeuten. Wir verstehen darunter gemeinhin einen Bereich, in dem etwas allgemein bekannt und allen zugänglich ist; als Gegensatz zu „öffentlich" gebrauchen wir meist „privat". Allerdings erfasst diese Definition nicht die politische Dimension des Begriffs. Unter Öffentlichkeit verstehen wir eben auch einen sozialen Raum, in dem Menschen zusammenkommen, um über Probleme zu diskutieren. Um Öffentlichkeit zu gewährleisten, muss es freie Medien und Informationsquellen geben, damit sich Meinungen ungestört herausbilden können.

Die aufklärerische Funktion der Öffentlichkeit erkannte bereits Kant (1724–1804). In seinem Aufsatz „Was ist Aufklärung?" schreibt er: „Es ist also für jeden einzelnen Menschen schwer, sich aus der beinahe zur Natur gewordenen Unmündigkeit herauszuarbeiten (…), dass aber ein Publikum sich selbst aufkläre, ist eher möglich, ja es ist, wenn man ihm nur die Freiheit lässt, beinahe unausbleiblich." Entscheidend ist dabei der Glaube an die Universalität der Vernunft, also die Vorstellung, dass die Vernunft überall zu den gleichen Einsichten führen kann, wenn nur eine freie öffentliche Diskussion gewährleistet ist.

Eine einflussreiche moderne Theorie der Öffentlichkeit hat Jürgen Habermas (* 1929) entwickelt. Für ihn ist Öffentlichkeit ein „Netzwerk für Kommunikation", das zwischen dem politischen System und der Lebenswelt vermittelt; sie wirkt als Resonanzraum und Instrument zur Wahrheitsfindung. Nach Habermas kristallisiert sich die öffentliche Meinung in einer Folge von Rede und Gegenrede heraus. Doch ein solcher „herrschaftsfreier" öffentlicher Diskurs ist ein Ideal. Die Realität sieht meist anders aus. In Zeiten von Fernsehen und Internet ist die „öffentliche Meinung" auch manipulierbar. Eine funktionierende demokratische Öffentlichkeit muss deshalb immer wieder neu erstritten werden.

Macht

Wer setzt sich durch?

In der Politik, in der Wirtschaft, im alltäglichen Leben – überall üben Menschen Macht über andere aus. Für die meisten hat der Begriff einen unangenehmen Beigeschmack. Wir denken an Machtgier und Machtmissbrauch. Und doch strebt alle Welt nach Macht bzw. akzeptiert die Macht anderer, etwa die des Chefs, der Eltern, der Bundeskanzlerin. Ohne Machtausübung könnten wir womöglich gar nicht zusammenleben. Eine Welt ganz ohne Macht ist womöglich eine fragwürdige Utopie.

Nicht nur Menschen können Macht haben und ausüben, sondern auch Firmen. Google ist derzeit der größte und mächtigste Internet-Konzern der Welt. Seine Macht beruht auf den Daten, die er mit seinen Diensten über die Nutzer sammelt.

Unter dem Begriff Macht (lateinisch *potentia*) verstehen wir zunächst einmal ein „Können" oder Vermögen, also die Fähigkeit, eine bestimmte Wirkung hervorzubringen. Der erste moderne Denker der Macht war der englische Philosoph Thomas Hobbes (1588–1679). In seinem Hauptwerk „Leviathan" definiert er die Macht so: „Die Macht eines Menschen besteht in seinen gegenwärtigen Mitteln zur Erlangung eines zukünftigen Gutes." Insofern sei das Streben nach Macht „die Haupttriebfeder des Menschen". Den Staat aber brauche es, um das Machtstreben der Menschen zu begrenzen, weil sie sich sonst gegenseitig die Köpfe einschlagen würden.

Hannah Arendt (1906–1975) hielt Macht sogar für eine Bedingung politischen Handelns. Macht halte Gemeinschaften zusammen, sie sei die Grundlage von politischen Institutionen und gehöre zum „Wesen aller staatlichen Gemeinwesen". Jeder Machtanspruch brauche jedoch Legitimation, er müsse gerechtfertigt werden. Nicht legitimierte politische Macht sei Diktatur.

Doch Macht ist nicht nur politische Macht. Allgemeiner könnte man Macht als die Fähigkeit definieren, andere dazu zu bringen, bestimmte Dinge zu tun, die sie eigentlich gar nicht tun wollen. Der Soziologe Max Weber (1864–1920) definierte Macht in seinem Werk „Wirtschaft und Gesellschaft" als „jede Chance, innerhalb einer sozialen Beziehung den eigenen Willen auch gegen Widerstreben durchzusetzen, gleich viel, worauf diese Chance beruht". In diesem Sinne haben auch Eltern Macht über ihre Kinder, und selbst in Liebesbeziehungen gibt es oft ein Gefälle der Macht. Auch der französische Philosoph und Historiker Michel

> *„Die Perfektion der Macht vermag ihre tatsächliche Ausübung überflüssig zu machen."*

MICHEL FOUCAULT
Überwachen und Strafen, 1976

Foucault (1926–1984) verstand unter Macht nicht einfach Regierungsmacht. Macht komme vielmehr von überallher, sie durchdringe alle unsere gesellschaftlichen Beziehungen; es handele sich um „strategische Spiele", in denen Menschen das Verhalten anderer zu lenken versuchen. Als „Bio-Macht" bezeichnete er dagegen Machttechniken, die das Verhalten der ganzen Bevölkerung eines Staates normieren, etwa durch Leitbilder oder Rollenzuschreibungen. Dabei beurteilte Foucault Macht keineswegs negativ. Vielmehr könne es „keine Gesellschaft ohne Machtbeziehungen geben". Allerdings gehe es darum, Macht zu mäßigen, also „innerhalb der Machtspiele mit einem Minimum an Herrschaft zu spielen". Macht hat eine gute, eine produktive Seite, aber nur dann, wenn sie sich nicht ungehindert entfalten kann.

siehe auch: Anerkennung, *Seite 146* • Autonomie, *Seite 224*

Demokratie

Regiert das Volk besser?

Ist Demokratie die beste Regierungsform? Und was zeichnet sie aus? Die Grundlagen unseres modernen Demokratieverständnisses gehen zurück auf die griechische Antike.

In der westlichen Welt ist man sich heute weitgehend einig: Die Demokratie ist die beste und erstrebenswerteste aller Regierungsformen – eng verbunden mit dem Ideal der individuellen Freiheit: In einem demokratisch regierten Land können wir nach unseren eigenen Werten und Bedürfnissen entscheiden, wie wir leben wollen. Niemand zwingt uns seinen Willen auf. Im Gegenteil: Wir haben sogar die Möglichkeit, Recht und Gesetz mitzugestalten.

Dass die Demokratie insbesondere auf dem Grundsatz der Freiheit beruht, arbeitete vor zweieinhalbtausend Jahren Aristoteles (384–322 v. Chr.) in seiner „Politik" heraus. In seinem Tun ist der Mensch seiner Ansicht nach nämlich nicht wie die Ereignisse in der Natur vollständig festgelegt. Vielmehr ist er aufgrund seiner Freiheit und Vernunft in der Lage, sich im Rahmen einer Verfassung eine eigene Gesetzgebung zu geben und sich dieser gemäß zu verhalten. In der Demokratie wird die Freiheit schließlich am besten verwirklicht, insofern das „Regieren und Regiertwerden reihum geht" und „jeder lebt, wie er will".

Dennoch ist die Demokratie überraschenderweise nicht Aristoteles' Favorit unter den Herrschaftsformen, da er unterstellt, dass die herrschende Masse ihre Macht nur zu ihrem Vorteil nutzt, nicht aber zur Förderung des Allgemeinwohls. Die gute Herrschaft der Vielen nennt er *politie*, in der nur die Vernünftigen und Besonnenen herrschen. Beamte etwa sollen gewählt und nicht ausgelost werden wie in Athen, wo man im 5. Jahrhundert die Demokratie erprobt hatte. Was Aristoteles schon zu radikal erschien, hat für unser Verständnis noch wenig mit „echter" Demokratie zu tun, denn selbstverständlich durften Frauen, Sklaven und Ausländer damals nicht daran teilhaben.

Mit der Beteiligung an demokratischen Wahlen haben Bürger die Möglichkeit, Recht und Gesetz in ihrem Land mitzugestalten. Diese Exil-Libyerin nahm 2012 von Berlin aus an den ersten libyschen Parlamentswahlen nach vier Jahrzehnten teil.

siehe auch: Vernunft, *Seite 66* • Freiheit, *Seite 226* • Staat, *Seite 258*

Gerechtigkeit

Wie bekommt jeder das Seine?

Was ist Gerechtigkeit? Was hat Gerechtigkeit mit Gleichheit zu tun? Und wie können wir eine gerechte Gesellschaft verwirklichen? Philosophen haben auf diese Fragen zwar keine eindeutige Antwort. Doch ihre Theorien können Politik und Wirtschaft Orientierung geben.

Unter Gerechtigkeit verstehen wir zumeist, dass jeder bekommt, was ihm zusteht. Dass Gleiches gleich behandelt wird. Dass wir keiner Willkür ausgeliefert sind. Bei Gerechtigkeitsfragen denken wir heute an soziale Zustände, an Institutionen und Gesetze, weniger an menschliche Eigenschaften. Doch von der Antike bis ins Mittelalter galt Gerechtigkeit vor allem als Tugend, als lobenswertes Charaktermerkmal eines Menschen.

Platon (428/427–348/347 v. Chr.) zählte die Gerechtigkeit zu den vier Haupttugenden neben Klugheit, Tapferkeit und der Mäßigung; sie war für ihn sogar die höchste Tugend, weil sie die anderen Tugenden ins richtige Verhältnis bringt. Für Platon ist die Gerechtigkeit eine innere Einstellung, die einen Menschen dazu bringt, das zu tun, was seine Aufgabe ist und was seinen Fähigkeiten entspricht. Auch Aristoteles (384–322 v. Chr.) hielt die Gerechtigkeit für die vollkommene Tugend, die alle anderen Tugenden umfasst. Doch im Unterschied zu Platon betrachtete er sie nicht als abstrakte geistige Idee, an der ein gerechter Mensch Anteil hat, sondern als etwas Menschliches, das sich aus den Anforderungen des Zusammenlebens ergibt. Eine Form der Gerechtigkeit besteht für ihn in gesetzesgemäßem Handeln (allgemeine Gerechtigkeit), die zweite zielt auf die Herstellung von Gleichheit (partikulare Gerechtigkeit). Bei der partikularen Gerechtigkeit unterschied Aristoteles zwischen Verteilungsgerechtigkeit einerseits und Tauschgerechtigkeit sowie „ausgleichender" Gerechtigkeit andererseits. Die Verteilungsgerechtigkeit betrifft die Zuteilung von Gütern wie Ehre, Ämtern oder Geld. Eine gerechte Verteilung bestand für Aristoteles dabei in einer Gleichheit der Verhältnisse: So müssen etwa die Löhne zweier Personen im Verhältnis zu den von ihnen geleisteten Arbeitsstunden stehen. Analog erfordert auch die Tauschgerechtigkeit eine Entsprechung von Leistung und Gegenleistung, ausgleichende Gerechtigkeit eine Entsprechung von Schaden und Schadenersatz. All das sind Prinzipien, die noch unser modernes Zivilrecht prägen.

Eine gerechte Gesellschaft erfordert nicht völlige Gleichheit. Aber sie muss auch den Benachteiligten wie Armen und Kranken eine Chance auf ein gutes Leben ermöglichen.

„Der Wert der Freiheit ist nicht für jedermann der gleiche.“

Jᴏʜɴ Rᴀᴡʟs
Eine Theorie der Gerechtigkeit, 1975

Proportionale Gleichheit, wie Aristoteles sie forderte, ist allerdings keineswegs immer gerecht. Auf viele Fragen lässt sich das Prinzip gar nicht anwenden. So kann man Löhne eben nicht einfach nur anhand der geleisteten Arbeitsstunden vergleichen, sondern auch anhand der Art der Arbeit. Und sogar Ungleichheit kann unter bestimmten Umständen gerechtfertigt sein. Es kommt darauf an, von welchem Gerechtigkeitsprinzip man ausgeht: Zählen die Bedürfnisse der Menschen? Geht es um erworbene Ansprüche? Oder kommt es auf die Verdienste an? Es lässt sich nicht so einfach sagen, warum es gerechter sein sollte, eher die Bedürfnisse von Menschen zu berücksichtigen als deren Leistungen oder deren erworbene Ansprüche. Wer etwa dem Prinzip „jedem nach seinen Bedürfnissen" folgt, steht vor dem Problem zu erklären, welche Bedürfnisse einen Anspruch begründen und welche nicht.

Um diesen inhaltlichen Schwierigkeiten des Gerechtigkeitsbegriffs zu entgehen, setzen viele moderne Philosophen daher auf das Prinzip der „Verfahrensgerechtigkeit". Bis heute einflussreich ist etwa die Gerechtigkeitstheorie des britischen Moralphilosophen John Rawls (1921–2001). Statt einfach bestimmte Gerechtigkeitskriterien festzulegen, entwickelte Rawls ein Gedankenexperiment, das zeigen sollte, wie man auf rationale Weise zu solchen Kriterien gelangen kann. Die zentrale Idee lautet, dass eine Gesellschaftsordnung dann gerecht ist, wenn sich die Mitglieder der Gesellschaft unter den Bedingungen der Unparteilichkeit auf sie geeinigt haben. In einem fiktiven Urzustand sollen rationale Vertragspartner Prinzipien, nach denen die Gesellschaft funktionieren soll, festlegen. Doch sie kennen weder ihre zukünftige soziale Position noch die gesellschaftlichen Kräfteverhältnisse; sie treffen ihre Entscheidung also unter einem „Schleier des Nichtwissens". Als rationale Akteure können sie offenbar keine Grundsätze beschließen, die eine Gruppe schlechter stellen als die andere. Schließlich wissen sie ja nicht, ob sie nicht selbst zu der Gruppe gehören werden. Vernünftigerweise müssen sie sich nach Rawls daher auf zwei Grundsätze einigen. Der erste ist die Sicherstellung gleicher Grundfreiheiten für alle. Der zweite Grundsatz ist zweigeteilt. Zum einen muss jede Umverteilung Chancengleichheit gewährleisten. Dieser Grundsatz hat im Zweifel Vorrang vor dem zweiten Prinzip, nach dem jede Umverteilung den am wenigsten begünstigten Gesellschaftsmitgliedern den relativ größten Vorteil (im Vergleich zu jeder anderen Verteilung) bringen muss (Differenzprinzip). In verteilungspolitischen Fragen wie in der Steuerpolitik bieten Rawls´ Prinzipien immer noch eine wichtige Orientierung, um grobe Ungerechtigkeiten zu vermeiden.

Hinter der Idee der Gerechtigkeit steht die Vorstellung eines Ausgleichs, etwa einer Entsprechung von Leistung und Gegenleistung. Das symbolisiert die Waage der römischen Göttin Justitia. Das Richtschwert steht dafür, dass Gerechtigkeit auch verteidigt und durchgesetzt werden muss.

siehe auch: Tugend, *Seite 204*

Kritik

Was läuft hier falsch?

Kritisieren kann bekanntlich jeder. Und meist mögen wir es nicht sehr, kritisiert zu werden. Aber was genau ist eigentlich Kritik? Und wie kritisiert man richtig?

Viele Künstler sehen es als ihre Aufgabe, die Gesellschaft kritisch zu spiegeln und Unrecht anzuprangern wie der britische Streetart-Künstler und Sprayer Banksy, dessen subversive Graffiti-Kunst (wie hier in Betlehem) seit Jahren Aufsehen erregt.

Heute ist der Begriff der Kritik meist negativ konnotiert. Kritik ist jedoch oft nötig, um Fehlentwicklungen aufzudecken oder falsche Meinungen zu entlarven. Das Wort „Kritik" leitet sich ab vom griechischen *kritike techne*, der „Kunst der Beurteilung". Ihm liegt das Verb *krinein* zugrunde, das „scheiden", „trennen", „beurteilen" bedeutet. Die Kritik ist über die Wortherkunft verwandt mit der Krise, einer entscheidenden, schwierigen Situation. Bereits Platon (428/427–348/347 v. Chr.) sprach von einer „kritischen", also beurteilenden Art der Erkenntnis. Kritisieren kann man Behauptungen, Handlungen, Einstellungen, Institutionen, gesellschaftliche Zustände und vieles mehr – also alles, was Menschen denken, sagen, tun oder hervorbringen. Immanuel Kant (1724–1804) verstand unter Kritik allerdings eine Kritik des Vernunftvermögens überhaupt. Seine Vernunftkritik richtete sich gegen den Dogmatismus der Metaphysik, also gegen die „Anmaßung, mit einer reinen Erkenntnis aus Begriffen (…) ohne Erkundigung der Art und des Rechts, wie sie dazu gelangt ist, allein fortzukommen". Kants Vernunftkritik ist getragen vom aufklärerischen Geist, den Menschen aus seiner Unmündigkeit zu befreien.

In der Tradition der Aufklärung steht auch die moderne philosophische Kritik. Sie richtet sich dabei vielfach auf gesellschaftliche Zustände, im Bestreben, „das Negative der bestehenden Welt aufzuheben" (Hegel). Bei jeder Kritik muss man sich allerdings fragen, nach welchem Kriterium, also Maßstab, sie sich richtet. „Immanente" Kritik orientiert sich am Maßstab des zu Kritisierenden, also etwa an den Zielen oder Prämissen einer bestimmten Handlungsweise. „Transzendente" Kritik hingegen orientiert sich an anderen Maßstäben, Theorien und Vorstellungen. Die „Kritische Theorie" etwa, die in der 1968er-Bewegung vor allem in Deutschland großen Einfluss hatte, versuchte, gesellschaftliche und kulturelle Mechanismen aufzudecken, die der Aufrechterhaltung von Herrschaft dienen. Ihre „einzige Instanz" dabei war die „Aufhebung des gesellschaftlichen Unrechts" (Max Horkheimer). Für den „kritischen Rationalismus" Karl Poppers (1902–1994) hingegen bestand Kritik darin, mögliche Lösungen eines Problems nicht zu verteidigen, sondern sie zu widerlegen zu versuchen. Insofern sollte jede „kritische" Haltung auch selbstkritisch sein. Das heißt, sich immer wieder selbst zu hinterfragen.

siehe auch: Vernunft, *Seite 66* • Aufklärung, *Seite 74*

Geschichte

Was lehrt die Vergangenheit?

Hat die Geschichte einen Sinn? Folgt sie gar einem höheren Ziel? Der Glaube an einen gesetzmäßigen Lauf der Geschichte ist unter den Philosophen in Misskredit geraten.

Die Geschichtsphilosophie hat ihre Wurzeln in der jüdisch-christlichen Heilsgeschichte, die einen Bogen von der Schöpfung bis zum Endgericht schlägt. Vor diesem Hintergrund sah der Kirchenvater Augustinus (354–430) die Geschichte als Drama zwischen dem irdischen Staat und dem „Gottesstaat" (*civitas dei*): Während der irdische Staat von den Mächten des Bösen beherrscht wird, manifestiert sich der „Gottesstaat" in den gläubigen Christen. Erst in der Aufklärung wurde der Mensch selbst zum Geschichtssubjekt. Die moderne Geschichtsphilosophie war zunächst eine Philosophie des Fortschritts, die von einer ständigen Höherentwicklung der Menschheit ausging. Auf dem Höhepunkt des deutschen Idealismus betrachtete Hegel (1770–183) die Geschichte selbst als einen Prozess der Selbstentfaltung des Geistes: „Die Weltgeschichte ist der Fortschritt im Bewusstsein der Freiheit – ein Fortschritt, den wir in seiner Notwendigkeit zu begreifen haben." Nach Hegel manifestiert sich der Geist in der geschichtlichen Entwicklung, indem er die Welt gestaltet und dabei in einem dialektischen Prozess immer höhere Stufen der Selbsterkenntnis erlangt. Später stellten Karl Marx (1818–1883) und

In der Geschichte gibt es immer wieder Brüche, die zu einer Umwälzung der politischen und gesellschaftlichen Verhältnisse führen wie etwa die Juli-Revolution von 1830 in Frankreich. (Eugène Delacroix, „Die Freiheit führt das Volk", 1830. Ausschnitt)

Friedrich Engels (1820–1895) Hegels Geschichtsdialektik gleichsam „vom Kopf auf die Füße". Nach ihrer „materialistischen Geschichtsauffassung" treibt nicht der Geist die Geschichte voran, sondern es sind die ökonomischen Produktionsverhältnisse. Die Geschichte ist für sie ein konfliktreicher Prozess, in dem verschiedene Klassen um die Herrschaft über die Produktionsmittel kämpfen. Diese inneren Gegensätze würden schließlich zum Untergang des Kapitalismus führen – und am Ende zur Aufhebung aller Klassenunterschiede im Sozialismus. Die Erfahrung des realen Kommunismus hat die Vorstellung einer gesetzmäßigen Entwicklung der Geschichte jedoch in Misskredit gebracht. Der postmoderne Philosoph Jean-Francois Lyotard (1924–1998) ver-

> *„Die Weltgeschichte ist der Fortschritt im Bewusstsein der Freiheit – ein Fortschritt, den wir in seiner Notwendigkeit zu begreifen haben."*

GEORG WILHELM FRIEDRICH HEGEL
Vorlesungen über die Philosophie der Geschichte, 1837

kündete sogar das „Ende der großen Erzählungen", zu denen er auch Hegels System und den Marxismus zählte. Dennoch kann man keineswegs von einem „Ende der Geschichte" sprechen, wie dies der US-Politikwissenschaftler Francis Fukuyama (* 1952) anlässlich des Endes der großen totalitären Systeme des Faschismus und des Kommunismus getan hat. Das zeigen die weltweiten Konflikte der letzten Jahre deutlich genug.

siehe auch: Erinnerung, *Seite 88* • Mythos, *Seite 90*

Revolution

Wie verändert sich die Welt?

Die Zahl erfolgreicher und gescheiterter Revolutionen in der Menschheitsgeschichte ist lang. Aber nicht jede Revolution ist von Gewalt geprägt. Sie kann auch ein radikal neues Denken bedeuten.

Als Revolution wird die abrupte, grundlegende Veränderung der bisherigen politischen oder sozialen Verhältnisse durch Gewalt oder auch friedliche Mittel bezeichnet. In Europa hat vor allem die Französische Revolution den Begriff nachhaltig geprägt. Der Sturm auf die Bastille am 14. Juli 1789 steht sinnbildlich für die Revolution als Befreiungsakt des Volkes von der Unterdrückung durch die Mächtigen.

Die Philosophin Hannah Arendt (1906–1975) schrieb 1963, dass das einzige Ziel jeder legitimen Revolution die Idee der Freiheit sei. Das Machtmonopol wird gestürzt, da es der Freiheit der Bürger im Wege steht. Revolutionen werden von der Hoffnung getragen, dass nach dem Umbruch eine bessere Welt entsteht. Wie schwierig die Umsetzung ist, zeigt nicht nur das berühmte Beispiel der Französischen Revolution, wo auf den Sturz des Monarchen eine Schreckensherrschaft folgte. Die Folgen des sogenannten Arabischen Frühlings sind zum Teil verheerend, und selbst auf die Friedliche Revolution in der DDR 1989/90 folgten viele Ungerechtigkeiten. Dies geschieht laut Arendt vor allem dann, wenn sich der Fokus der Revolution vom Gemeinwohl hin zu den Privatinteressen der Revolutionäre verschiebt.

Im alltäglichen Sprachgebrauch hat sich der Begriff der „Revolution" inzwischen auch für technische Erfindungen oder Geistesströmungen etabliert, die – tatsächlich oder vorgeblich – eine besonders große Veränderung bewirken. „Revolutionär" werden Autos, Rasierapparate oder der Beschluss einer Frauenquote für große Unternehmen genannt. Trotz dieser Bagatellisierung übt das Wort nach wie vor eine Anziehungskraft aus, da sich in ihm die utopische Fantasie manifestiert, dass alles auch völlig anders sein könnte, als wir es kennen. Nach Hannah Arendt ist es die menschliche Fähigkeit, neu zu beginnen, die sich in der Revolution ausdrückt.

„Revolution ist nicht Barrikade, Revolution ist Geisteszustand", sagt auch der spanische Philosoph José Ortega y Gasset (1883–1955) und erinnert uns damit daran, dass zum einen Veränderungen im Kopf beginnen und zum anderen im Denken nicht nur alles erlaubt, sondern auch möglich ist. Ohne den Mut mancher, radikal anders und neu zu denken, wären viele Veränderungen im Kleinen wie im Großen nicht möglich.

Revolutionen stürzen das herrschende Machtmonopol. Sie sind getragen von der Hoffnung auf eine bessere Welt, so auch ursprünglich die Aufstände des Arabischen Frühlings seit 2010.

siehe auch: **Freiheit**, *Seite 226* • **Arbeit**, *Seite 264*

Krieg

Wie schaffen wir Frieden?

Kriege bringen unermessliches Leid über die Welt. Sie töten Männer, Frauen und Kinder, verwüsten ganze Landstriche, stürzen Bevölkerungen ins Elend. 200 Millionen Menschen starben allein im 20. Jahrhundert durch Krieg und Völkermord.

Der Blick auf das fast völlig zerstörte Dresden im Jahr 1945 zeigt, welche Verwüstungen der Krieg anrichten kann. Allein im Zweiten Weltkrieg starben mehr als 60 Millionen Menschen.

Krieg und Moral scheinen unvereinbar zu sein. Menschen haben die Pflicht, andere nicht zu töten. Dennoch hat die philosophische Rechtfertigung des Krieges eine lange Geschichte. Kirchenvater Augustinus (354–430) hielt den Krieg zwar für ein Übel. Doch er glaubte auch, dass Kriege manchmal notwendig seien. Als Erster entwickelte er die Vorstellung eines „gerechten Krieges" (*bellum iustum*), der vereinbar sein sollte mit der christlichen Moral: „Als gerechte Kriege pflegt man solche zu bezeichnen, die Unrecht ahnden, wenn ein Volk oder eine Bürgergemeinde (…) es verabsäumte, das von den eigenen Leuten begangene Unrecht zu ahnden oder zurückzugeben, was zu Unrecht weggeschafft wurde." Mit anderen Worten: Man darf Kriege führen, um Rechtsbrüche anderer Staaten zu ahnden. Augustinus war außerdem der Auffassung, dass Kriege nur zu rechtfertigen seien, wenn sie letztlich auf Frieden abzielen. Die Doktrin des gerechten Krieges beruht allerdings auf einer vormodernen Vorstellung von Moral. Erst die Aufklärer wandten sich entschieden gegen den Krieg. In seiner „Metaphysik der Sitten" schreibt Immanuel Kant (1724–1804): „Nun spricht die moralisch-praktische Vernunft in uns ihr unwiderstehliches Veto aus: Es soll kein Krieg sein (…), denn das ist nicht die Art, wie jedermann sein Recht suchen soll." Nach Kant sind Staaten nach dem Kategorischen Imperativ dazu verpflichtet, einen durch Gesetze gesicherten Friedenszustand zu erhalten. Daraus ergibt sich die Frage, ob jede Form von Gewalt grundsätzlich illegitim ist. Der Schutz der Zivilbevölkerung steht im Mittelpunkt jeder Ethik des Krieges. Selbst wenn ein Krieg gerechtfertigt ist: Es ist niemals gerechtfertigt, unbeteiligte Menschen zu töten, um ein Kriegsziel zu erreichen.

siehe auch: Gerechtigkeit, *Seite 238* • Staat, *Seite 258*

Fortschritt

Wird alles immer besser?

Was ist Fortschritt? Gibt es ihn? Und brauchen wir ihn? Mit dem Fortschritt verbinden wir die Errungenschaften von Wissenschaft und Technik, Bildung und Wohlstand. Kaum eine andere Idee prägt so sehr unser modernes westliches Weltbild.

Als Neil Armstrong als erster Mensch den Mond betrat, war dies „ein kleiner Schritt für einen Menschen, aber ein riesiger Sprung für die Menschheit". Technische Fortschritte von der Erfindung der Dampfmaschine über die Raumfahrt bis hin zur Digitalisierung wurden lange rein positiv gewertet. Doch mittlerweile ist hier ein Wandel zu beobachten.

Wer an den Fortschritt glaubt, der hat die Zuversicht, dass sich die Dinge zum Besseren verändern werden. Unter Fortschritt verstehen wir also eine positive, erstrebenswerte Entwicklung. Unsere heutige Idee des Fortschritts geht zurück auf die Aufklärung des 17. und 18. Jahrhunderts. Befeuert von den Erfolgen der modernen Wissenschaft entwickelte sich damals die Idee, dass die menschliche Erkenntnis keine Grenzen hätte und stetig fortschreiten werde. So glaubte etwa der französische Philosoph und Politiker Marquis de Condorcet (1743–1794) an die sukzessive Höherentwicklung der menschlichen Kultur. Allerdings steht eine solche Fortschrittstheorie vor der Schwierigkeit, Phasen des Niedergangs zu erklären wie etwa den Zerfall des römischen Imperiums. Georg Friedrich Wilhelm Hegel (1770–1831) löste das Problem, indem er solche Krisen sogar als Motor des Fortschritts ansah. Die Weltgeschichte begriff er als widersprüchlichen, dialektischen Prozess, in dem sich der Geist selbst entfaltet. Selbst Kriege und andere Tragödien haben demnach einen höheren – guten – Zweck. Kulturpessimisten von Jean-Jacques Rousseau über Arthur Schopen-hauer bis Sigmund Freud dagegen haben die moderne Zivilisationsgeschichte als Geschichte des Niedergangs gesehen.

Heute stellen viele nicht mehr die Frage, ob es Fortschritt gibt, sondern ob er überhaupt erstrebenswert ist bzw. worauf er sich bezieht. Es geht womöglich nicht mehr um wirtschaftliches Wachstum und immer effizientere Technologien, sondern um einen sozial-ökologischen Fortschritt.

siehe auch: Geschichte, *Seite 244* • Kultur, *Seite 252* • Technik, *Seite 262*

Kultur

Was haben wir geschaffen?

Die Kultur formt die Welt und uns selbst, sie bietet uns Orientierung. Doch es gibt nicht die eine Kultur, sondern viele verschiedene. In der Pluralität der Kulturen liegt jedoch nicht nur die Gefahr von Konflikten, sondern auch die Chance für Austausch und Befruchtung.

Mit dem Begriff „Kultur" verbinden wir nicht nur Theater, Literatur, Musik oder Kunst, sondern auch bestimmte Lebensformen und gesellschaftliche Praktiken wie etwa Mode oder Esskultur. Zugleich denken wir dabei oft an fremde Kulturen, die sich durch ihre Religion, ihre Sitten und Gebräuche von unserer eigenen unterscheiden. Im Zusammenhang mit dem Islam steht der Kulturbegriff heute im Mittelpunkt hitziger gesellschaftlicher Debatten.

Unter Kultur im weiten Sinne versteht man im Grunde alles, was Menschen gestaltend hervorbringen; zugleich bezeichnet der Begriff die menschliche Fähigkeit, sich und die Welt zu formen. Das Wort leitet sich vom lateinischen Wort cultura ab und bedeutet eigentlich „Ackerbau". Zugleich hat der Begriff eine religiöse Konnotation, wie das Wort „Kult" zeigt.

Unter Kultur haben die Philosophen stets etwas spezifisch Menschliches verstanden, das uns über die Natur erhebt. So sah die Aufklärung in der Kultur die vernunftgemäße Erziehung der Menschheit; lediglich Jean-Jacques Rousseau (1712–1778) hielt die Kultivierung für einen Verfallsprozess, der den Menschen immer weiter von seinem glücklichen Naturzustand entferne. Immanuel Kant (1724–1804) definierte die Kultur als „Hervorbringung der Tauglichkeit eines vernünftigen Wesens zu beliebigen Zwecken überhaupt (folglich in seiner Freiheit)". Kultur ist also Entfaltung des natürlichen Vernunftvermögens, über das der Mensch als Freiheitswesen verfügt – und somit „letzter Zweck" der Natur. Für Hegel (1770–1838) war die Kultur ebenfalls

Teil eines Bildungsprozesses, in dem sich der Geist entfaltet. Auch der Romantiker Johann Gottfried Herder (1706–1763) verstand Kultur als die Lebensform eines Volkes und zugleich als etwas Prozesshaftes, nämlich als fortschreitende Humanisierung und Zivilisierung. In diesem Prozess formen sich verschiedene kulturelle Identitäten; an die Stelle einer einheitlichen „Menschheitskultur" tritt bei ihm dabei erstmals eine Pluralität von Kulturen.

Anthropologisch orientierte Philosophen betonten stets die Funktion der Kultur, Defizite der menschlichen Natur auszugleichen. Laut Arnold Gehlen (1904–1976) ist der Mensch als „Mängelwesen" auf Kultur angewiesen, um sich

Die „Mona Lisa" gehört heute zu den großen Kulturschätzen der Welt. Täglich kommen Tausende Besucher in den Pariser Louvre, um das Bild zu sehen – sein künstlerischer Wert wird über die Kulturen hinweg geschätzt.

> *„Humanität ist der Schatz und die Ausbeute aller menschlichen Bemühungen, gleichsam die Kunst unseres Geschlechtes."*

JOHANN GOTTFRIED HERDER
Briefe zur Beförderung der Humanität,
1793–97

gleichsam eine „zweite Natur" zu schaffen. Erst die Kultur ermögliche Menschen überhaupt, eine reflexive Selbstdistanz zu entwickeln, glaubte auch Helmuth Plessner (1892–1985): Als vorgefundene Wirklichkeit kann Kultur Sinn stiften.

Gerade die modernen Philosophen haben die Kultur allerdings auch kritisch betrachtet. Der Soziologe und Philosoph Georg Simmel (1885–1918) sah in ihr sogar eine „große, anhaltende Tragödie". Nach Simmel braucht der Mensch Kultur. Doch kann er sich die Fülle der von ihm hervorgebrachten Kulturleistungen gar nicht mehr aneignen, seine persönliche „Kultivierung" fällt hinter der kulturellen Entwicklung zurück. Es kommt zu Entfremdung zwischen Mensch und Kultur, der subjektive und der objektive Geist fallen auseinander und die Kultur erstickt die Lebendigkeit, aus der sie sich entwickelt hat.

Ähnlich meinte auch Theodor W. Adorno (1903–1969), die verdinglichte Kultur verliere den Bezug zum menschlichen Subjekt.

Wie schon Herder bemerkte, gibt es jedoch nicht nur eine Kultur, sondern viele ganz unterschiedliche. Als unterschiedliche Deutungssysteme können sie auch miteinander in Konflikt treten. Interkulturelle Ansätze betonen jedoch vor allem die Austauschprozesse zwischen verschiedenen Kulturen. Das „transkulturelle" Modell, entwickelt vom deutschen Philosophen Wolfgang Welsch (* 1946), geht von der These aus, dass es in der Begegnung verschiedener Kulturen zu einer Verwischung und sogar Aufhebung der Grenzen kommen kann. Die Idee der Transkulturalität grenzt sich somit von einer multikulturellen Gesellschaft ab, in der verschiedene kulturelle und ethnische Gruppen existieren können, ohne einem Druck zur Assimilation ausgesetzt zu sein. Auf ein Weltbürgertum setzt hingegen der britische Philosoph Anthony Kwame Appiah (* 1954), der in Ghana aufgewachsen ist. Unter Kosmopolitismus versteht er „Universalität plus Differenz". Kulturelle Unterschiede sind aus seiner Sicht zu respektieren, aber nur so lange, wie sie Menschen nicht schaden und universellen Werten nicht zuwiderlaufen. Wie verschieden die Kulturen auch sein mögen: Jede von ihnen sollte letztlich darauf abzielen, uns menschlicher zu machen. Denn eine unmenschliche Kultur ist keine Kultur, sondern Barbarei.

siehe auch: **Natur**, *Seite 64* • **Werte**, *Seite 168*   255

Tabu

Was ist verboten und warum eigentlich?

Wieso spricht man über manche Dinge nicht? Die Aussage, etwas sei „absolut tabu", hat jeder schon einmal gehört. Sie erstickt jede Diskussion im Keim.

Das Wort „Tabu" ist polynesischen Ursprungs und bezeichnet ursprünglich etwas Heiliges, Unantastbares. Tabus sind kulturbedingt und nur aus ihrem gesellschaftlichen Kontext heraus verständlich. Gehörten Nacktheit und Sexualität in den westlichen Gesellschaften noch bis vor einigen Jahrzehnten in den Tabubereich, ist es bei manchen indigenen Völkern seit jeher völlig normal, sich in der Öffentlichkeit nackt zu zeigen. Obwohl das Tabu per Definition von einem religiösen Gebot unterschieden wird, haben viele gesellschaftliche Tabus einen religiösen Bezug wie zum Beispiel das im Islam weithin geltende Verbot, den Propheten abzubilden, oder das Verbot für Hindus, Rinder zu schlachten und zu essen. Ganz allgemein sind Tabus soziale Regeln, die einfach da sind und gewisse Bereiche aus dem Leben ausklammern und unter Verschluss halten. Sie werden nicht hinterfragt. Selbst der Gedanke daran ist nicht erlaubt. Nun könnte man meinen, solch ein Dogmatismus passe nicht zu unserer heutigen, aufgeklärten Gesellschaft. Unsere Regeln sind heute viel liberaler: Man kann öffentlich über Sex sprechen, Bücher über menschliche Ausscheidungen veröffentlichen oder den Papst karikieren. „Tabubrüche" sind quasi Mode geworden und deshalb kaum noch als solche zu bezeichnen. Dennoch gibt es nach wie vor Tabus – sie haben nur ihren Inhalt verändert. Inzest etwa ist ein modernes Tabuthema oder der Tod. Auch Konventionen wie „über Geld spricht man nicht" sind Formen von Tabus. Das Problem ist, so sah es schon der Philosoph und Ökonom John Stuart Mill (1806–1873), dass Tabus durch ihre Unantastbarkeit einen offenen Diskurs verhindern. Mill hatte auf die Frage, worüber man sprechen dürfe, eine eindeutige Antwort: Über alles. Denn wenn etwas gar nicht erst auf den Verhandlungstisch kommt und unhinterfragt bleibt, verpasst eine Gesellschaft die Chance, die eigenen Überzeugungen zu prüfen und vielleicht zu korrigieren. Etwas zu tabuisieren ändert nichts daran, dass es da ist. Sind Tabus also gänzlich abzulehnen oder gibt es Schutzbereiche, die es sich lohnt zu erhalten?

Tabus sind kulturabhängig. In manchen Ländern wie in China ist es völlig normal, Hunde zu essen. In vielen anderen Kulturen wäre das ein eklatanter Tabubruch.

siehe auch: **Tod**, *Seite 162* • **Pflicht**, *Seite 180*

Staat

Wer herrscht mit welchem Recht?

Was ist der Staat? Und worauf beruht seine Legitimität? Die Grundlagen
unseres modernen Staatsverständnisses stammen von Philosophen des
17. und 18. Jahrhunderts.

Ohne Staat gäbe es keine öffentliche Infrastruktur, keine Rechts- und Bildungsinstitutionen, keine sozialen Sicherungssysteme. Und doch stehen viele Menschen heute dem Staat kritisch gegenüber. Die einen fordern mehr Mitspracherechte, die anderen wehren sich gegen staatliche Eingriffe und Bevormundung.

Unter einem Staat versteht man zumeist einen rechtlich organisierten sozialen Verband, der über ein bestimmtes Gebiet souverän herrscht. Dass es überhaupt Staaten gibt, denen wir als Bürger angehören, scheint uns heute selbstverständlich. Doch schon in der Antike fragten sich die Philosophen, wie Staaten eigentlich entstehen, worin ihr Zweck besteht und worauf ihre Legitimität beruht. Für Platon (428/427–348/347 v. Chr.) gründete die staatliche Ordnung in der Idee der göttlichen Gerechtigkeit, an der die menschliche Seele Anteil hat. Seinen Idealstaat entwarf er als einen Organismus, in dem jeder das beiträgt, was er am besten kann; herr-schen sollten in diesem Staat die Philosophen. Für Aristoteles (384–322 v. Chr.) dagegen war der Staat nicht das Werk der göttlichen Vernunft, sondern ein Werk von Menschen, die sich über das Nützliche und Gerechte verständigen. Der Staat soll der Verwirklichung der menschlichen Fähigkeiten dienen – und damit einem guten Leben im Sinne der Glückseligkeit (*eudaimonia*).

Als einer der Begründer der modernen Staatstheorie gilt der englische Philosoph Thomas Hobbes (1588–1679). In seinem bahnbrechenden Werk „Leviathan" beschrieb er den Staat als gewaltige Maschine. Ausgangspunkt seiner Theorie ist ein fiktiver Naturzustand, in dem es noch keinen Staat gibt. In diesem Naturzustand streben die Menschen nach Selbsterhaltung und Macht, jeder kann jeden töten – es herrscht der „Krieg aller gegen alle". Doch als Vernunftwesen erkennen die Menschen irgendwann, dass dieser Naturzustand viele Nachteile hat. Schließlich beschließen sie, ihr naturgegebenes „Recht auf alles" aufzugeben und dieses Recht in Form eines Vertrags an eine staatliche Zwangsgewalt abzutreten. Dieser Verzicht läuft letztlich auf eine totale Ermächtigung des Staates hinaus: Der Souverän darf alles, er kann für nichts zur Rechenschaft gezogen werden, er herrscht absolut.

Das Wesen des Staates liegt in der souveränen Herrschaft. Mit seinem „Leviathan" schuf der englische Philosoph Thomas Hobbes die Grundlage der modernen Staatstheorie, nach der der Staat auf einem Vertrag mit den Bürgern beruht.

Non est potestas Super Terram quæ Comparetur ei Iob 41

„Der Mensch wird frei geboren, und überall liegt er in Ketten."

Jean-Jacques Rousseau
Gesellschaftsvertrag, 1762

Das „Vereinigte Königreich" gilt als das Mutterland der modernen Demokratie. Zwar ist die offizielle Staatsform eine konstitutionelle Monarchie, doch die Macht des Königshauses beschränkt sich auf repräsentative und zeremonielle Funktionen.

Von einem Naturzustand geht auch die Staatstheorie John Lockes (1632–1704) aus. Ihm zufolge haben die Menschen schon in diesem Naturzustand Anspruch auf Schutz von Freiheit und Eigentum, und es gibt bereits Verpflichtungen zwischen den Menschen wie etwa jene, Abmachungen einzuhalten. Allerdings fehlt die Sanktionsgewalt, um Verstöße zu ahnden. Das motiviert die Menschen schließlich zur Gründung eines Staates, der ihre Freiheiten und Güter sichern soll. Die Staatsgründung bedarf bei Locke der expliziten Zustimmung aller. Am Anfang steht ein „ursprünglicher Vertrag", bei dem die Menschen einen Teil ihrer Rechte an den Staat abtreten. Im Gegenzug erhalten sie politische Teilhabe. Die Regierung hat dabei den Status eines Treuhänders und ist den Interessen des Volkes verpflichtet. Locke zählt neben Montesquieu (1689–1755) auch zu den Begründern der Idee der Gewaltenteilung zwischen Legislative und Exekutive. Für die ideale Staatsform hielt er die konstitutionelle Monarchie, in der die gesetzgebende Gewalt bei einer parlamentarischen Versammlung liegt, die durch Wahlen aus dem Volk hervorgegangen ist. Nach Locke haben die Bürger auch ein Widerstandsrecht, wenn die Regierung das in sie gesetzte Vertrauen bricht. Lockes Staatskonzeption ist bis heute das Grundmodell des liberalen Rechtsstaats: Der Staat soll im Wesentlichen Freiheit und Eigentum sichern – und sich sonst weitgehend zurückhalten. Die Idee eines Sozialstaats etwa war Locke fremd.

Als Alternative zu Lockes Modell entwickelte der französische Philosoph Jean-Jacques Rousseau (1712–1778) die Idee eines Gesellschaftsvertrags, der die Rechte aller schützt und zugleich deren Freiheit gewährleistet. In diesem Modell ist das Volk der Souverän; es gibt sich selbst die Gesetze im Sinne einer radikalen Basisdemokratie. Die Legitimität der Herrschaft gründet dabei auf dem „Gemeinwillen" (volonté générale), also dem gemeinsamen Interesse der Bürger. Die Gesetze müssen dem Gemeinwillen entsprechen und dadurch aufs Wohl aller zielen. Wenn die Regierung diesem Gemeinwillen nicht mehr entspricht, kann sie auch abberufen werden. Der Gemeinwille ist allerdings nicht etwa die Summe der Willen der Bürger. Vielmehr handelt es sich dabei um eine metaphysische Wesenheit, in der sich nach Rousseau jeder Bürger wiederfindet, sofern er sich in seinem Wollen am Gemeinwohl orientiert. Was dieser „Gemeinwille" allerdings genau sein soll, bleibt ziemlich dunkel. Eine klare Gewaltenteilung und Rechte des Bürgers gegen staatliche Eingriffe gibt es bei Rousseau nicht; im Gegenteil, die Bürger müssen ihre Rechte komplett abtreten. Rousseaus politische Philosophie ist bis heute umstritten. Während die einen Rousseau als Revolutionär sehen, halten ihn andere für einen Vorläufer des Totalitarismus. Heute wissen wir, dass auch der beste Staat die ständige Kontrolle durch seine Bürger braucht.

siehe auch: Gemeinwohl, *Seite 174* • Glück, *Seite 200* • Gesellschaft, *Seite 230*

Technik

Wie viel Macht haben Maschinen?

Die Technik bestimmt immer mehr unseren Alltag. Ist sie nur ein neutrales Mittel zum Zweck? Oder manipuliert und beherrscht sie uns?

Moderne Technologien erweitern nicht nur viele menschliche Fähigkeiten, sondern ersetzen auch viele – wie etwa Kopfrechnen, schnelles Reagieren oder koordinierte Bewegung.

Die Technik erleichtert uns das Leben, sie ist Motor von Innovation und wirtschaftlichem Wachstum. Doch zugleich wächst bei vielen Menschen das Unbehagen gegenüber dem technischen Fortschritt. Neue Technologien ersetzen nicht nur zunehmend menschliche Fähigkeiten, sie werden auch zur Überwachung und Kontrolle eingesetzt. Unter „Technik" (griechisch *technikos*, „kunstgemäß", „künstlich") versteht man im ursprünglichen Sinne die Tätigkeit der Gestaltung und Erschließung natürlicher Stoffe sowie deren Erzeugnisse. Lange Zeit sah man die Technik vor allem als Instrument an, um die Natur zu verändern und zu verbessern. Der spanische Philosoph Ortega y Gasset (1883–1955) definierte sie als „Reform der Natur", um das Überleben der Menschen zu sichern. Mithilfe der Technik passt der Mensch die Natur an seine Bedürfnisse an. Insofern ist sie eine kulturelle Leistung. Indem uns die Technik Anstrengung erspart, gibt sie uns die Freiheit, uns als Menschen weiterzuentwickeln. Der deutsche Technikphilosoph Ernst Kapp (1808–1896) sah technische Artefakte sogar als „Organprojektionen". So sei etwa ein Hammer nichts anderes als eine weiterentwickelte menschliche Faust, ein Teleskop eine Erweiterung des Auges, und die aufkommende Telegrafie betrachtete Kapp in Analogie zum menschlichen Nervensystem.

Doch schon zur Zeit der industriellen Revolution gab es Proteste gegen den Maschineneinsatz, den man für die Verschlechterung von Lohn- und Arbeitsbedingungen verantwortlich machte. Und im 20. Jahrhundert wurde die Technik zum Gegenstand der Zivilisationskritik: Viele sahen im technischen Fortschritt die Ursache für kulturellen Verfall. Besonderen Einfluss erlangte die Technikkritik Martin Heideggers (1889–1975). Das Wesen der Technik sei „nichts Technisches", sagte er. Die Technik sei nicht bloß Mittel zum Zweck, sondern vielmehr eine „Weise des Entbergens", worunter Heidegger ein Hervorbringen oder „zum Vorschein Bringen" versteht. Insofern habe Technik mit Wahrheit zu tun. Doch die moderne Technik fordere die Natur heraus, sie „stelle" das zu Entbergende, indem sie

„Das Wesen der Technik ist nichts Technisches."

MARTIN HEIDEGGER
Die Frage nach der Technik, 1953

es zu beherrschen versuche. Das Wesen der modernen Technik nennt Heidegger daher „Gestell". Dieses „Gestell" nun verstelle dem Menschen den Zugang zur Wahrheit, weil sie das Seiende auf eine bloße Ressource reduziere. Die moderne Technik, das rechnende und planende Denken, entfremde uns daher vom Sein.

Radikale Technikkritik im Stil Heideggers findet heute wieder Anklang. Im Zeitalter der Computer und Algorithmen scheint es, als hätte sich das technische Denken – und damit Heideggers „Gestell" – durchgesetzt. Doch diese Art der Technikkritik bietet wenige Ansätze, um zwischen segensreichen und möglicherweise gefährlichen Formen der Technik zu unterscheiden. Eine solche differenzierte Technikkritik brauchen wir heute mehr denn je.

siehe auch: Fortschritt, *Seite 250* • Kultur, *Seite 252*

Arbeit

Selbstverwirklichung oder Mittel zum Zweck?

Ist Arbeit nur ein Mittel zum Zweck? Oder verwirklichen wir uns darin selbst? Die Philosophen haben die Arbeit lange Zeit verachtet. Doch ein guter Job trägt auch zu einem guten Leben bei.

Die Arbeit hat keinen guten Ruf. Es heißt, sie macht uns krank, sie frisst uns auf und hindert uns am wahren Leben. Schon das Wort selbst ist in vielen Sprachen vorbelastet. Das germanische *arebeit* bedeutete „Mühe", „Not" und „Plage". Das französische *travailler* hieß im Hochmittelalter so viel wie „martern" oder „quälen", das slawische Wort *robota* wiederum bezeichnete ursprünglich die Zwangsarbeit, die ein Leibeigener für seinen Herrn leisten musste. In der Philosophie hat die Verachtung der Arbeit eine lange Tradition, die von Aristoteles (384–322 v. Chr.) über Hannah Arendt (1906–1975) bis zu Jürgen Habermas (*1929) reicht. Aristoteles meinte gar, Arbeit verhindere ein tugendhaftes Leben, da sie den Menschen der dazu nötigen Muße beraube. In der griechischen Gesellschaft wurden nur nichtökonomische Tätigkeiten wie Politik, Theater und Kunst

wertgeschätzt; die Arbeit war den Sklaven vorbehalten. Nach Aristoteles sollte das ideale Staatswesen sogar all jene vom Bürgerrecht ausschließen, die auf Arbeit zum Broterwerb angewiesen wären.

Erst das Christentum wertete die Arbeit auf. Man betrachtete sie als Fortführung des Schöpfungswerks und damit als Gottesdienst. Im mittelalterlichen Klosterleben spielte daher Arbeit eine zentrale Rolle. Viele klösterliche Bewegungen wie die Benediktiner oder Zisterzienser verpflichteten sich der Regel *ora et labora* – „bete und arbeite". Und auch der Reformator Martin Luther wetterte gegen den Müßiggang und hielt die Arbeit für eine Glaubenspflicht. Der Soziologe Max Weber (1864–1920) stellte später die These auf, der „Geist des Kapitalismus" beruhe auf einer Haltung innerweltlicher Askese, die ihre Wurzeln im Protestantismus habe. Er prägte dafür den Begriff der „protestantischen Arbeitsethik", der bis heute dafür bemüht wird, das Wohlstandsgefälle etwa zwischen Nord- und Südeuropa zu erklären.

Lange Zeit betrachtete man die Arbeit vor allem als Mühsal und Qual. Heute dient sie häufig auch der Selbstverwirklichung. Tierarzt gilt zum Beispiel vielen als „Traumberuf".

Auch die Philosophen des 18. und 19. Jahrhunderts, geprägt durch die christliche Sicht wie durch den Beginn der Industrialisierung, sahen die Arbeit meist in einem wesentlich günstigeren Licht als einst Aristoteles. Hegel (1770–1831) hielt Arbeit für „Verdinglichung", durch die wir uns erst selbst erzeugen. Die Arbeit forme die äußere Welt und zugleich bilde sie uns selbst. Doch das bedeute nicht isolierte Selbstverwirklichung. Vielmehr steht Arbeit für Hegel in einem sozialen Zusammenhang, indem sie der wechselseitigen Befriedigung der Bedürfnisse anderer dient. Erst auf dieser Gegenseitigkeit beruht die soziale Anerkennung, die wir durch Arbeit erfahren.

Der frühe Kapitalismus mit seinen unmenschlichen Arbeitsbedingungen brachte aber auch eine neue Kritik an der Arbeit hervor. Schon Hegel hatte bemerkt, dass die abstumpfende Arbeit in den Fabriken nur dem Reichtum anderer diente. Doch erst Karl Marx (1818–1883) zog daraus revolutionäre Konsequenzen. Zwar hielt er die Arbeit für eine „ewige Naturnotwendigkeit". Doch unter kapitalistischen Bedingungen hätten die Arbeiter keine Kontrolle über ihre Produktionsmittel, weshalb sie sich nicht nur dem Produkt ihrer Tätigkeit entfremden, sondern auch der Tätigkeit selbst.

Generell lassen sich philosophische Theorien der Arbeit nach „instrumentellen" und „expressiven" Ansätzen unterscheiden. Nach dem instrumentellen Modell, das auf Aristoteles zurückgeht, ist Arbeit nur ein Mittel zum Zweck; wir arbeiten, um Güter zu produzieren und unsere Existenz zu sichern. Diese Zweck-Mittel-Logik steht jedoch unseren Bedürfnissen nach einem guten Leben entgegen. Nach dem expressiven Modell, wie es etwa Hegel und Marx vertraten, hat Arbeit einen inneren Wert, der in der Tätigkeit selbst liegt. In der Arbeit verwirklichen wir uns selbst. Wir sind, was wir tun.

Hannah Arendt analysierte in ihrem Buch „Vita Activa" (1960) die Rolle der Arbeit in der modernen Industriegesellschaft. In der Tradition von Aristoteles unterschied sie dabei drei menschliche Grundtätigkeiten: das Arbeiten, das Herstellen und das Handeln. Arbeit sichert unser Überleben und damit den Fortbestand der Gattung. Das Herstellen hingegen erschafft Dinge, es erzeugt etwas Dauerhaftes und Beständiges. Aber auch das Herstellen reduziert menschliche Tätigkeit auf ein bloßes Mittel zum Zweck. Nur im Sprechen und Handeln manifestiert sich das wahre Menschsein. Diese Sphäre des Handelns sei im Laufe der Geschichte aber immer mehr zurückgedrängt worden. Durchgesetzt habe sich das *animal laborans*, das „arbeitende Tier". In der modernen Massengesellschaft gehe es letztlich nur noch um Produktivität und Befriedigung von Konsumbedürfnissen, die Gesellschaft verwandle sich in eine Gesellschaft von „Jobholdern". Wie Aristoteles unterschied auch Arendt zwischen der Arbeit als Notwendigkeit zum Überleben und den wahren, höheren Zwecken des Lebens, nämlich einem vernunftgeleiteten Handeln, das wir nur außerhalb der Arbeit verwirklichen können. Ähnlich wie Arendt unterscheidet auch Jürgen Habermas strikt zwischen Arbeit und Interaktion. Unter Arbeit versteht er instrumentelles Handeln, das in Zweck-Mittel-Beziehungen verhaftet sei. Kommunikatives Handeln, also sprachlich vermittelte Interaktion, lasse sich hingegen nur außer-

Die meisten Menschen müssen arbeiten, um ihren Lebensunterhalt zu verdienen. Vor allem in den Schwellen- und Entwicklungsländern wie hier in Indonesien herrschen bis heute oft unwürdige Arbeitsbedingungen.

halb der Arbeit im politischen Diskurs verwirklichen. Diese „instrumentelle" Sicht entwertet die Arbeit und erklärt nicht, warum uns Arbeit auch Freude machen kann. Umgekehrt vernachlässigt die „expressive" Sicht, dass Arbeit eben auch ein Mittel zum Zweck ist. Wir arbeiten nicht nur, um uns selbst zu verwirklichen, sondern auch, um Geld zu verdienen. Beides brauchen wir für ein gutes Leben.

„Dies ist das unendliche Recht des Subjekts, dass es sich selbst in seiner Tätigkeit und Arbeit befriedigt findet."

GEORG WILHELM FRIEDRICH HEGEL
Vorlesungen über die Philosophie der Geschichte, 1837

siehe auch: Eigentum, *Seite 106* • Entfremdung, *Seite 116* • Revolution, *Seite 246*

Geld

Warum können wir bezahlen?

Vom Auto bis zum Doktortitel: Für Geld kann man heute fast alles kaufen. Aber Geld kann uns auch der Welt entfremden.

„Geld regiert die Welt," so sagt man. Und das ist nicht falsch. Das Geld war noch nie so mächtig wie heute. Es durchdringt fast alle Lebensbereiche, es prägt unsere Gesellschaft, es diktiert unser Handeln. Viele empfinden Unbehagen über die Macht des Geldes – und über ein Wirtschaftssystem, das die Geldvermehrung zum Selbstzweck macht.

Die meisten zeitgenössischen Ökonomen sehen Geld vor allem als Zahlungs- und Tauschmittel. Tatsächlich hat das Geld einen langen Abstraktionsprozess durchlaufen: vom ursprünglichen Warengeld, das aus Naturgegenständen oder Schmuckstücken bestand, bis zum heutigen Buchgeld, das bargeldlos von Konto zu Konto überwiesen wird. Schon Aristoteles (384–322 v. Chr.) erkannte, dass Geld (griechisch *nomisma*) seinen Wert nicht von Natur aus besitzt, sondern durch den *nomos*, also das Gesetz, „weil es in unserer Macht steht, dasselbe zu verändern oder unbrauchbar zu machen". Für ihn war Geld ein Tauschmittel, das Vergleichbarkeit zwischen Gütern herstellt: „Ohne solche Berechnung kann kein Austausch und keine Gemeinschaft sein." Der Tauschhandel sollte allerdings nur der le-

bensnotwendigen Versorgung dienen; „gewinnsüchtige Erwerbskunst" dagegen lehnte Aristoteles ab.

Der Philosoph und Soziologe Georg Simmel (1858–1918) betrachtete die Geldwirtschaft als Kennzeichen der Moderne. In seiner „Philosophie des Geldes" analysierte er, wie das Geld in modernen Gesellschaften zum universellen Wertmaßstab wurde. Mit der Ablösung des Warentauschs durch das Geld setzte sich nach Simmel die Quantität gegen die Qualität durch; zudem kam es zu einer Nivellierung aller Unterschiede: Wertvoll ist am Ende nur mehr das, was sich in Geld ausdrücken lässt. Die moderne Geldwirtschaft schafft zwar Freiheit, weil sie die Menschen von traditionellen Abhängigkeiten befreit. Aber zugleich höhlt sie den Wert der Dinge für uns aus. Simmel erläutert dies am Beispiel eines Bauern, der seinen Boden verkauft – und damit das „zuverlässige Objekt persönlicher Betätigung" verliert. Simmels Befund gilt bis heute: Geld kann uns zwar helfen, Bedürfnisse zu befriedigen. Aber Geld kann uns auch der Welt entfremden.

Früher tauschte man Waren, heute benutzen wir elektronisches Geld. Das funktioniert nur, weil wir abstrakte Werte wie ein Guthaben auf dem Bankkonto als Stellvertreter für reale Besitztümer akzeptieren.

siehe auch: Entfremdung, *Seite 116* • Werte, *Seite 168*

Utopie

Welche Zukunft wünschen wir uns?

Was sind Utopien? Und warum brauchen wir sie? Zu allen Zeiten haben Philosophen positive Zukunftsbilder entwickelt – meist als Gegenentwürfe zu einer unerfreulichen Wirklichkeit.

„Es gibt weder Arme noch Bettler dort, und obwohl keiner etwas besitzt, sind doch alle reich."

THOMAS MORUS
Utopia, 1516

Wer möchte nicht in einer Gesellschaft leben, in der die Menschen nicht arbeiten müssen, in einer Welt des Wohlstands, in der jeder seine Fähigkeiten entfalten kann? Das sei doch „utopisch", sagen viele – und oft meinen sie damit eine Art realitätsfremder Schwärmerei. Unter einer „Utopie" versteht man generell eine positive Zukunftsvorstellung. Solche Entwürfe einer besseren, erstrebenswerten Gesellschaft gehen zurück bis in die Antike und waren stets verbunden mit Kritik an den herrschenden Zuständen. Der Soziologe Karl Mannheim (1893–1947) definierte die Utopie entsprechend als „ein Bewusstsein, das sich mit dem es umgebenden ‚Sein' nicht in Deckung befindet".

Eine der wirkmächtigsten Utopien der Philosophiegeschichte entwickelte Platon (428/427–348/347 v. Chr.). In seiner „Politeia" beschreibt er zuerst den Aufstieg einer Stadt zum prosperierenden Gemeinwesen. Doch das „Mehrhabenwollen" (Pelonexie) führt schließlich zum Sittenverfall – und am Ende zum Zusammenbruch. Um die Entwicklung zu korrigieren, übernimmt die Vernunft die Herrschaft, und zwar in der Seele jedes Bürgers wie im Staat. Gerechtigkeit herrscht nach Platon dann, wenn jeder gesellschaftliche Stand und jeder Seelenteil das „Seinige" tut, also das, was ihm am besten entspricht. Die Regierung übernehmen die Philosophen, da nur sie Einsicht haben in die höchste Idee des Guten. Und da sie nur an der Wahrheit interessiert sind, hält Platon sie für unkorrumpierbar. Seinen Idealstaat dürfte der Philosoph allerdings selbst für ziemlich unrealistisch gehalten haben; seine Verwirklichung machte er jedenfalls abhängig von göttlicher Fügung.

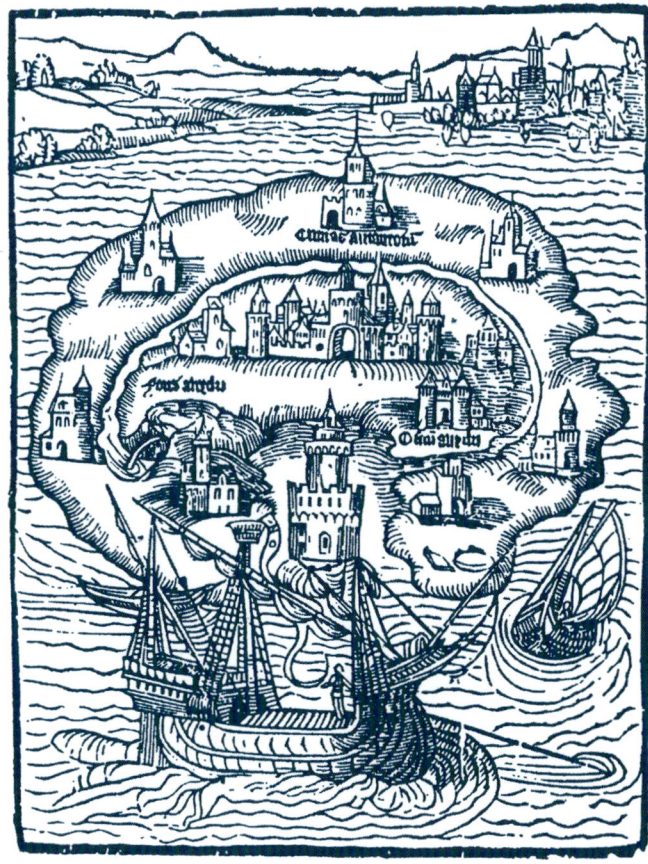

Auf der fiktiven Insel Utopia gibt es weder Privateigentum noch Arbeit. In der Gesellschaftsutopie des englischen Philosophen Thomas Morus hat das Gemeinwohl Vorrang gegenüber dem Einzelinteresse (Titelholzschnitt der Erstausgabe, 1516).

Im Jahr 1516 erfand der englische Philosoph Thomas Morus (1478–1535) eine Inselrepublik namens „Utopia", in der es weder Privateigentum noch Armut gibt. Das Ziel des Staates der Utopier liegt darin, allen Bürgern möglichst viel Freiheit und Zeit zu geben, um ihren Geist weiterzuentwickeln – und auf diese Weise das Glück zu erlangen. Wie in vielen Gesellschaftsutopien hat das Gemeinwohl den Vorrang vor dem Wohl des Einzelnen. Der Preis ist allerdings, dass der Staat die Kontrolle über das Privatleben übernimmt.

Eine Utopie anderer Art entwickelte der englische Philosoph Francis Bacon (1561–1626). In seinem Buch „Nova Atlantis" geht es um eine abgeschlossene Inselrepublik namens Bensalem, in der die Menschen dank Wissenschaft und Technik die Macht über die Natur erlangt haben – eine äußerst einflussreiche Utopie des modernen Fortschrittsoptimismus. Doch immer wieder wurden Gesellschaftsutopien auch wegen ihrer Beliebigkeit kritisiert. So distanzierten sich bereits Marx und Engels von den Ideen der „utopischen Sozialisten", wie etwa Henri de Saint-Simon (1760–1825), die sie als „unwissenschaftlich" ablehnten. Der österreichisch-britische Philosoph Karl Popper (1902–1994) sah im utopischen Denken sogar einen gefährlichen Hang zum Totalitarismus. Dennoch brauchen wir manchmal Vorstellungen, die das Gegebene transzendieren – und die „rufen, was nicht ist", wie Ernst Bloch (1895–1977) einmal schrieb. Nur dürfen wir nicht glauben, dass die Utopie morgen schon Wirklichkeit wird.

siehe auch: Glück, *Seite 200* • Staat, *Seite 258*

Kurzbiografien

Theodor W. Adorno wurde am 11. September 1903 als Theodor Ludwig Wiesengrund in Frankfurt am Main geboren. Sein Vater war vom Judentum zum Protestantismus übergetreten und besaß eine Weingroßhandlung, die Mutter war eine erfolgreiche Sängerin. Nach seiner Emigration in die USA kehrte Adorno 1949 nach Frankfurt zurück und leitete dort zusammen mit Max Horkheimer das „Institut für Sozialforschung". Mit Horkheimer begründete Adorno die gesellschafts- und kulturkritische „Frankfurter Schule"; zugleich wirkte er als Musiktheoretiker und Komponist. Adorno starb am 6. August 1969.

Hauptwerke: „Dialektik der Aufklärung" (1947, mit Max Horkheimer), „Negative Dialektik" (1966), „Ästhetische Theorie" (1970)

Hannah Arendt wurde am 14. Oktober 1906 in Hannover geboren. Sie war Schülerin von Martin Heidegger und eine Zeit lang dessen Geliebte. Wegen ihrer jüdischen Herkunft musste sie 1933 emigrieren. Sie ging zuerst nach Frankreich und 1940 in die USA, wo sie als Professorin in Chicago und New York wirkte. Arendt untersuchte unter anderem die historischen Wurzeln des Totalitarismus und entwickelte eine Theorie der menschlichen Tätigkeit. Arendt starb am 4. Dezember 1975.

Hauptwerke: „Elemente und Ursprünge totalitärer Herrschaft" (1951), „Vita activa oder Vom tätigen Leben" (1958), „Eichmann in Jerusalem" (1963)

Aristoteles wurde 384 v. Chr. in Stageira geboren. Er war ein Schüler Platons und gehörte der platonischen Akademie an. Später berief ihn der makedonische König Philipp II. als Erzieher seines Sohns Alexander an seinen Hof. Aristoteles begründete zahlreiche philosophische und naturwissenschaftliche Disziplinen. Sein Denken beeinflusste die christliche Scholastik des Mittelalters ebenso wie arabische und persische Philosophen. Nach dem Tod Alexanders des Großen musste Aristoteles nach Chalkis fliehen. Er starb 322 v. Chr.

Hauptwerke: „Nikomachische Ethik", „Metaphysik", „Politik"

Augustinus wurde am 13. Januar 354 in Tagaste (Numidien) geboren. Er studierte klassische Literatur und Rhetorik und wurde zum kaiserlichen Rhetor nach Mailand berufen. Dort bekehrte er sich zum Christentum, wurde Priester und schließlich Bischof. Augustinus gilt als bedeutendster Kirchenlehrer und Philosoph des christlichen Altertums. In seinen „Bekenntnissen" berichtete er von seinem Weg zum Glauben, in seinem Buch über den „Gottesstaat" („De civitate Dei") entwarf er eine einflussreiche Geschichtstheologie. Augustinus starb am 28. August 430 in Hippo Regius im heutigen Algerien.

Hauptwerke: „Confessiones" (Bekenntnisse, 398 n. Chr.), „De Divitate Dei" (Über den Gottesstaat, 426 n. Chr.), „Doctrina Christiana" (397 n. Chr.)

Simone de Beauvoir wurde am 9. Januar 1908 in Paris geboren. Ursprünglich Lehrerin, wirkte sie ab 1943 als freie Schriftstellerin. Ihr Leben war maßgeblich geprägt durch ihre Partnerschaft mit Jean-Paul Sartre. De Beauvoir war eine der bis heute einflussreichsten Theoretikerinnen des Feminismus. In ihrer Studie „Das andere Geschlecht" untersuchte sie, wie Frauen ihre Fremdbestimmung durch vorgegebene Normen und Rollen verinnerlichen. De Beauvoir starb am 14. April 1986.

Hauptwerke: „Das andere Geschlecht" (1949), „Memoiren einer Tochter aus gutem Hause" (1958), „Zeremonien des Abschieds" (1981)

Jeremy Bentham wurde am 15. Januar 1748 in London geboren. Beeinflusst war er unter anderem von David Hume, John Locke und Adam Smith. In seinen Schriften trat er für Staats- und Sozialreformen ein. Bentham gilt als einer der Begründer des Utilitarismus, einer philosophischen Richtung, die Handlungen nach ihrem Nutzen beurteilt. In seinem Hauptwerk „Prinzipien der Gesetzgebung" entwickelte er das ethische Prinzip des „größten Glücks der größten Zahl". Bentham starb am 6. Juni 1832 in London.

Hauptwerke: „Eine Einführung in die Prinzipien der Moral und der Gesetzgebung" (1789), „Prinzipien der Gesetzgebung" (1786)

George Berkeley wurde am 12. März 1685 in Disert Castle (Irland) geboren. Berkeley besuchte das Trinity College in Dublin. Er war Philosoph und Theologe. In den Jahren 1729 bis 1731 versuchte er, ein Missionszentrum auf den Bermuda-Inseln aufzubauen. Nach seiner Rückkehr 1734 wurde er zum Bischof von Cloyne ernannt. In seinen Schriften versuchte Berkeley, die Annahme einer bewusstseinsunabhängigen Außenwelt zu widerlegen. Berkeley starb am 14. Januar 1753 in Oxford.

Hauptwerke: „Eine Abhandlung über die Prinzipien der menschlichen Erkenntnis" (1710), „Drei Dialoge zwischen Hylas und Philonous" (1713), „Philosophisches Tagebuch"

Judith Butler wurde am 24. Februar 1956 in Cleveland (Ohio, USA) geboren. Sie stammt aus einer jüdischen Familie und besuchte eine jüdische Schule. Butler ist Professorin für Rhetorik und Komparatistik an der University of California, Berkeley. Philosophiegeschichtlich wird sie dem Poststrukturalismus zugerechnet; sie gilt als eine der wichtigsten Vordenkerinnen der Gender- und Queer-Theorie. Berühmt wurde Butler mit ihrem 1990 veröffentlichten Buch „Gender Trouble", in dem sie ein „performatives" Modell des Geschlechts entwickelte, nach dem die Kategorien „männlich" und „weiblich" durch Wiederholung immer wieder bestätigt werden.

Hauptwerke: „Das Unbehagen der Geschlechter" (1990), „Körper von Gewicht" (1993), „Die Macht der Geschlechternormen" (2004)

Donald Davidson wurde am 6. März 1917 in Springfield (Massachusetts, USA) geboren. Er studierte an der Harvard University, trat zunächst als Schauspieler auf und schrieb mit Leonard Bernstein eine Operette. Davidson lehrte unter anderem an der Stanford-University sowie in Princeton. Er war ein Schüler von Willard Van Orman Quine und gilt als wichtiger Vertreter der analytischen Philosophie. Unter anderem leistete er bahnbrechende Beiträge zur Sprach- und Handlungstheorie sowie zur Philosophie des Geistes. Davidson starb am 30. August 2003 in Berkeley.

Hauptwerke: „Handlung und Ereignis" (1980), „Wahrheit und Interpretation" (1984), „Der Mythos des Subjektiven. Philosophische Essays" (1993)

Demokrit wurde um 460 v. Chr. in Abdera in Thrakien geboren und unternahm Reisen nach Babylonien und Ägypten; von seinen Schriften sind nur Fragmente erhalten. Demokrit gehört zu den wichtigsten vorsokratischen Philosophen. Er war Materialist und Begründer der Lehre des Atomismus. Die Vielheit der Welt erklärte er damit, dass alles Seiende aus unzähligen unteilbaren Einheiten bestehe, deren unterschiedliche Anordnung der Grund für die Verschiedenheit der Dinge sei. Demokrit starb zwischen 380 und 370 v. Chr.

René Descartes wurde am 31. März 1596 in La Haye (Frankreich) geboren. Er stammte aus einem alten Adelsgeschlecht und erhielt seine Ausbildung am Jesuitenkolleg in La Fleche. Descartes gilt als Begründer des neuzeitlichen Rationalismus. Berühmt wurde er durch seine auf methodischen Zweifel gegründete Einsicht „Ich denke, also bin ich". Seine dualistische Trennung von Geist und Materie war jahrhundertelang äußerst einflussreich. Descartes starb am 11. Februar 1650 in Stockholm.

Hauptwerke: „Diskurs über die Methode" (1637), „Meditationen über die Grundlagen der Philosophie" (1641), „Die Leidenschaften der Seele" (1649)

John Dewey wurde am 20. Oktober 1859 in Burlington (Vermont, USA) geboren. Er war Professor für Philosophie in Chicago und New York. Der Philosoph und Pädagoge gehörte zu den Hauptvertretern des Pragmatismus, einer philosophischen Richtung, die vom Vorrang des praktischen Handelns gegenüber der Theorie ausgeht. Deweys Werk beeinflusste nicht nur die amerikanische Philosophie, sondern auch die Pädagogik maßgeblich. Dewey starb am 1. Juni 1952 in New York.

Hauptwerke: „Demokratie und Erziehung" (1916), „Erfahrung und Natur" (1925), „Die Suche nach Gewissheit" (1929)

Epikur wurde 341 v. Chr. auf Samos geboren. Er lehrte in Athen, Mytilene und Lampsakos. 306 v. Chr. gründete er in einem Garten eine philosophische Schule, weshalb man seine Lehre „Philosophie des Gartens" nannte. Von seinen angeblich 300 Schriften sind nur Fragmente erhalten. Epikur gilt als Vertreter des antiken Hedonismus. Seine Lehre zielt auf das Erreichen von Lust und die Freiheit von Schmerz. Als Materialist glaubte er, dass alle Dinge – auch die menschliche Seele – aus Atomen bestehe. Epikur begründete den Epikureismus, eine philosophische Haltung, die nur das persönliche Glück als Lebensziel anerkennt. Epikur starb 271 v. Chr. in Athen.

Johann Gottlieb Fichte wurde am 19. Mai 1762 im sächsischen Rammenau bei Bi-

schofswerda geboren. Er stammte aus einer armen Weberfamilie. Nach einem Theologiestudium arbeitete er einige Jahre als Hauslehrer. Im Jahr 1790 lernte er Immanuel Kant kennen und wurde 1794 Professor in Jena. Fichte war ein Anhänger der Französischen Revolution; 1807/1808 hielt er seine „Reden an die deutsche Nation" im von Napoleon besetzten Berlin. Fichte war einer der wichtigsten Vertreter des deutschen Idealismus; seine Philosophie geht von der Freiheit des „absoluten Ichs" aus. Johann Gottlieb Fichte starb am 29. Januar 1814.

Hauptwerke: „Grundlage der gesammten Wissenschaftslehre" (1794), „Die Bestimmung des Menschen" (1808), „Reden an die deutsche Nation" (1808)

Michel Foucault wurde am 15. Oktober 1926 in Paris geboren. Seit 1970 hatte er den Lehrstuhl für Geschichte der Denksysteme am College de France inne. Foucault gilt als einer der Hauptvertreter des französischen Strukturalismus sowie des Poststrukturalismus. Sein Denken war maßgeblich von Friedrich Nietzsche und Martin Heidegger beeinflusst. Im Vordergrund von Foucaults vielschichtigen Forschungen steht die Analyse von gesellschaftlichen Diskursen und Machttechniken. Foucault starb am 25. Juni 1984 in Paris.

Hauptwerke: „Die Ordnung der Dinge" (1966), „Überwachen und Strafen" (1975), „Die Geschichte der Sexualität" (1976–1984)

Gottlob Frege wurde am 8. Januar 1848 in Wismar geboren. Er studierte Mathematik, Physik, Chemie und Philosophie und wirkte ab 1879 als Professor für Mathematik in Jena. Frege gilt als Begründer der modernen Logik sowie als wichtiger Wegbereiter der sprachanalytischen Philosophie. Einflussreich war unter anderem seine Unterscheidung zwischen Sinn und Bedeutung sowie sein „Kontextprinzip", wonach die Bedeutung von Wörtern immer im Satzzusammenhang liegt. Frege starb am 26. Juli 1925 in Bad Kleinen.

Hauptwerke: „Begriffsschrift" (1879), „Die Grundlagen der Arithmetik" (1884), „Über Sinn und Bedeutung" (1892)

Jürgen Habermas wurde am 18. 6. 1929 in Düsseldorf geboren. In den Jahren 1955 bis 1959 war er Assistent an dem von Max Horkheimer und Theodor W. Adorno geleiteten „Institut für Sozialforschung" in Frankfurt am Main, danach Professor in Frankfurt sowie Direktor am Max-Planck-Institut zur Erforschung der Lebensbedingungen der wissenschaftlich-technischen Welt in Starnberg. 1983 kehrte er als Professor für Sozial- und Geschichtsphilosophie nach Frankfurt zurück. Er gilt als Vertreter der „Frankfurter Schule"; seine Philosophie stellt die vernünftige sprachliche Verständigung in den Mittelpunkt.

Hauptwerke: „Theorie des kommunikativen Handelns" (1981), „Strukturwandel der Öffentlichkeit" (1962), „Erkenntnis und Interesse" (1968)

Georg Friedrich Wilhelm Hegel wurde am 27. August 1770 in Stuttgart geboren. Hegel studierte Philosophie und Theologie im Tübinger Stift. In dieser Zeit war er befreundet mit Schelling und dem Dichter Friedrich Hölderlin. Nach einer Tätigkeit als Hauslehrer wirkte er ab 1801 als Professor in Jena, ab 1816 lehrte er als Nachfolger Fichtes an der Universität Berlin. Hegel war der bedeutendste Philosoph des deutschen Idealismus. Im Zentrum seines Systems steht die Selbstentfaltung des Geistes in einem dialektischen historischen Prozess. Sein Werk beeinflusste unter anderem Marx und den Marxismus. Hegel starb am 14. November 1831 in Berlin.

Hauptwerke: „Phänomenologie des Geistes" (1807), „Enzyklopädie der philosophischen Wissenschaften" (1817), „Grundlinien der Philosophie des Rechts" (1820)

Martin Heidegger wurde am 26. September 1889 im oberschwäbischen Meßkirch geboren. Heidegger studierte katholische Theologie, Philosophie, Geschichte und Mathematik in Freiburg. Er war zunächst Assistent von Edmund Husserl in Freiburg, danach wurde er Professor in Marburg und 1928 Nachfolger Husserls in Freiburg. Zwischen 1933 und 1934 war er Rektor der Universität Freiburg. Wegen seines Engagements für den Nationalsozi-

alismus erhielt er von 1946 bis 1949 Lehrverbot durch die französische Besatzungsmacht, 1951 wurde er emeritiert. Heidegger gilt als einer der einflussreichsten und zugleich umstrittensten Philosophen des 20. Jahrhunderts. Martin Heidegger starb am 26. Mai 1976.

Hauptwerke: „Sein und Zeit" (1927), „Einführung in die Metaphysik" (1935), „Wegmarken" (1919–1961)

Thomas Hobbes wurde am 5. April 1588 im englischen Westport geboren. Er studierte in Oxford und verdingte sich zunächst als Hauslehrer. 1640 flüchtete er vor dem Ausbruch des Englischen Bürgerkriegs nach Paris; 1651 kehrte er nach England zurück. Hobbes war einer der Begründer der modernen Staatstheorie. Nach seiner Lehre sind die Menschen im Naturzustand durch ihren Selbsterhaltungstrieb bestimmt. Nur durch die Übertragung aller Macht auf einen rechtsetzenden Souverän können sie den „Krieg aller gegen alle" verhindern. Hobbes starb am 4. Dezember 1679.

Hauptwerke: „Leviathan" (1651), „Vom Bürger" (1642), „Vom Menschen (1658)

David Hume wurde am 26. April 1711 in Edinburgh geboren. Er studierte Jura, brach sein Studium aber ab. Später studierte er die Werke von John Locke und die französischen Philosophen. Neben seiner philosophischen Tätigkeit arbeitete er als Bibliothekar und Sekretär. Hume gilt als einer der bedeutendsten Vertreter des englischen Empirismus, der die Erfahrung als Grundlage aller Erkenntnis betrachtet. Humes Werk beeinflusste unter anderem Immanuel Kant. Er starb am 25. August 1776.

Hauptwerke: „Traktat über die menschliche Natur" (1739-1740), „Eine Untersuchung über den menschlichen Verstand" (1748), „Untersuchung über die Prinzipien der Moral" (1751)

William James wurde am 11. Januar 1842 in New York geboren. Er war von 1876 bis 1907 Professor an der Harvard University, wo er Psychologie und Philosophie lehrte. James ist einer der Begründer der modernen empirisch-experimentellen Psycholo-

gie. Als Philosoph zählt er neben Charles Sanders Peirce und John Dewey zu den wichtigsten Vertretern des amerikanischen Pragmatismus, der alles Erkennen im Hinblick auf seine praktische Nützlichkeit hin beurteilt. In seinen späteren Werken wandte sich James der Religionsphilosophie zu. James starb am 26. August 1910.

Hauptwerke: „Pragmatismus" (1907), „Die Vielfalt der religiösen Erfahrung" (1902), „The Principles of Psychology" (1890)

Immanuel Kant wurde am 22. April 1724 im ostpreußischen Königsberg (heute Kaliningrad) geboren. Er stammte aus einer pietistischen Handwerkerfamilie; als Universitätsgelehrter führte er ein streng geregeltes, diszipliniertes Leben. Kant gilt als der wichtigste Philosoph der deutschen Aufklärung. Sein „kritisches" Denken – „Habe Mut, dich deines eigenen Verstandes zu bedienen" – begründete die moderne Philosophie. Er setzte neue Maßstäbe in fast allen philosophischen Disziplinen, darunter Erkenntnistheorie, Ethik, Ästhetik und Religionsphilosophie. Seine Heimatstadt Königsberg verließ er zeitlebens nicht. Kant starb am 12. Februar 1804.

Hauptwerke: „Kritik der reinen Vernunft" (1781), „Kritik der praktischen Vernunft" (1788), „Kritik der Urteilskraft" (1790)

Sören Kierkegaard wurde am 5. Mai 1813 in Kopenhagen geboren. Er studierte zunächst Theologie und Philosophie. Einige Zeit lang wirkte er als Lehrer und Prediger in seiner Geburtsstadt, bevor er sich von der „gemäßigten" Lehre der dänischen Staatskirche abwandte. Nach einer persönlichen Krise lebte er als freier Schriftsteller in Kopenhagen. Kierkegaard war ein Kritiker Hegels und einer der Begründer der Existenzphilosophie. Im Vordergrund seines Denkens stand die Freiheit des Individuums, das sich durch seine Entscheidungen in Schuld verstrickt. Kierkegaard starb am 11. November 1855.

Hauptwerke: „Entweder-Oder" (1843), „Furcht und Zittern" (1843), „Der Begriff Angst" (1844)

Georg Gottfried Wilhelm Leibniz wurde am 1. Juli 1646 in Leipzig geboren. Nach einem Studium der Rechtswissenschaften trat er in juristische und diplomatische Dienste, später wirkte er als Bibliothekar und politischer Berater. Leibniz war ein Universalgelehrter. Als Mathematiker entwickelte er unabhängig von Isaac Newton die Differenzialrechnung, zudem konstruierte er die erste mechanische Rechenmaschine. Als Philosoph berühmt wurde er unter anderem durch seine „Monadologie", in der er die Welt aus dimensionslosen Grundbausteinen erklärt, die in einer von Gott vorherbestimmten Harmonie stehen. Leibniz starb am 14. November 1716.

Hauptwerke: „Monadologie" (1720, posthum), „Neue Abhandlungen über den menschlichen Verstand"(1704), „Theodizee" (1710)

John Locke wurde am 29. August 1632 in Wrington (England) geboren. Er wuchs in einer puritanischen Familie auf und studierte Philosophie und Medizin in Oxford. Später übernahm er diverse Ämter in Politik und Verwaltung, arbeitete als Arzt und Sekretär im Dienst des Earl von Shaftesbury. Locke gilt als einer der Hauptvertreter des Empirismus und der Aufklärung. In seiner Philosophie versuchte Locke, die Erkenntnistheorie auf die Grundlage der Erfahrung zu stellen. Locke leistete auch wichtige Beiträge zur Theorie der personalen Identität sowie zur modernen Staatstheorie. Er starb am 28. Oktober 1704.

Hauptwerke: „Ein Versuch über den menschlichen Verstand in vier Büchern" (1689), „Zwei Abhandlungen über die Regierung" (1690), „Briefe über Toleranz" (1686)

Karl Marx wurde am 5. Mai 1818 in Trier geboren. Nach dem Studium der Rechtswissenschaft und Philosophie betätigte er sich in Berlin zunächst als Journalist. Ab 1846 arbeitete er zusammen mit seinem Freund Friedrich Engels an der Gründung einer revolutionären proletarischen Partei. Nach dem Scheitern der Revolution ging er nach England ins Exil. Marx war Philosoph, Historiker und Ökonom. Mit En-

gels gilt er als Begründer des dialektischen Materialismus. Er starb am 14. März 1883 in London.

Hauptwerke: „Ökonomisch-philosophische Manuskripte" (1844), „Manifest der kommunistischen Partei" (1847), „Das Kapital" (1867)

John Stuart Mill wurde am 20. Mai 1806 in London geboren. Er hatte unter anderem leitende Positionen in der Britischen Ostindien-Kompanie inne und war von 1865 bis 1868 Mitglied des Unterhauses. Der Philosoph und Ökonom war einer der bedeutendsten liberalen Denker des 19. Jahrhunderts. Er gilt als Vertreter einer utilitaristischen Ethik, die den moralischen Wert von Handlungen nach deren Nutzen beurteilt. Berühmt wurde Mill unter anderem durch seine Abhandlung über Freiheit und Toleranz. Mill starb am 8. Mai 1873.

Hauptwerke: „Über die Freiheit" (1859), „Utilitarismus" (1863), „Betrachtungen über die Repräsentativregierung" (1861)

Michel de Montaigne wurde am 28. Februar 1533 auf Schloss Montaigne im französischen Département Dordogne geboren. Nach einer humanistischen Schulbildung studierte er Rechtswissenschaften und arbeitete später als Steuerrat und Parlamentsrat. 1570 legte er seine Ämter nieder und zog sich auf sein Schloss zurück; von 1581 bis 1585 war er Bürgermeister von Bordeaux. Seine „Essais" beschäftigen sich mit dem Menschen und seiner Selbstfindung. Montaigne war ein Skeptiker, der die Möglichkeit gesicherter Erkenntnis bezweifelte. Er starb am 13. September 1592.

Hauptwerk: „Essais" (1580)

George Edward Moore wurde am 4. November 1873 in London geboren. Er studierte Philosophie und Philologie und wurde 1925 Professor in Cambridge. Moore war ein Kritiker des Idealismus. Zusammen mit Bertrand Russell gilt er als einer der Begründer der modernen sprachanalytischen Philosophie. Gegenstand von Moores Analysen war unter anderem die Ethik. Berühmt wurde seine These, dass sich die Bedeutung des Wortes „gut" nicht definie-

ren lasse. Moore starb am 24. November 1958.

Hauptwerke: „Principia Ethica" (1903), „Grundprobleme der Ethik" (1912)

Friedrich Nietzsche wurde am 15. Oktober 1844 in Röcken (Sachsen-Anhalt) geboren. Er war Sohn eines lutherischen Pfarrers und studierte Theologie und Altphilologie; 1869 wurde er Professor für klassische Philosophie in Basel. Besonderen Einfluss auf ihn hatte die Freundschaft mit Richard Wagner. Ab 1871 verschlechterte sich Nietzsches psychischer Zustand. Nietzsche war einer der bedeutendsten antimetaphysischen Philosophen; er stellte die Moral ebenso infrage wie den Wahrheitsbegriff. Er starb am 25. August 1900.

Hauptwerke: „Zur Genealogie der Moral" (1887), „Die fröhliche Wissenschaft" (1882), „Jenseits von Gut und Böse" (1886)

Parmenides von Elea wurde um 515 v. Chr. geboren. Er gilt als einer der bedeutendsten vorsokratischen Philosophen. Seine Wirkung reicht bis zur heutigen Ontologie. Parmenides war der wichtigste Vertreter der Eleaten, einer Philosophenschule in der griechischen Kolonie Elea (Unteritalien). In seinem Lehrgedicht „Über die Natur" vertrat Parmenides die Auffassung, dass Sein und Denken dasselbe seien. Nach Parmenides ist das Sein unwandelbar und ewig, alle Veränderung und Bewegung hingegen sind nur Schein. Er starb um 445 v. Chr.

Hauptwerke: „Über die Natur" (ca. 500 v. Chr.)

Blaise Pascal wurde am 19. Juni 1623 in Clermont-Ferrand (Frankreich) geboren. Schon in jungen Jahren trat er mit mathematischen Abhandlungen hervor, entwickelte eine Rechenmaschine und entdeckte wichtige physikalische Gesetze. Im Jahr 1654 erlebte Pascal eine religiöse Erleuchtung und zog sich in das Kloster Port-Royal zurück, das Zentrum des katholischen Jansenismus war, einer spirituellen Reformbewegung. Pascal war Religionsphilosoph, Mathematiker und Physiker. In seinen „Pensées" versuchte er, die Grenzen zwischen Glauben und Wissen zu bestimmen; darin schrieb er der Vernunft nur einen begrenzten Erkenntnisbereich zu. Er starb am 19. August 1662.

Hauptwerke: „Gedanken über die Religion und andere Themen" (1669), „Kleine Schriften zur Religion und Philosophie"

Charles Sanders Peirce wurde am 10. September 1839 in Cambridge (Massachusetts, USA) geboren, wo sein Vater Professor für Astronomie und Mathematik an der Harvard University war. Peirce beschäftigte sich schon als Jugendlicher mit Philosophie, studierte aber Chemie. Von 1859 bis 1891 war er als Geodät bei der „United States Coast and Geodetic Survey" tätig; nebenher hielt er Vorlesungen über Logik und Wissenschaftstheorie. Später wurde er Professor in Boston und Baltimore. Peirce gilt als Begründer der Semiotik, der Relationenlogik und des Pragmatismus. Peirce starb am 19. April 1914.

Hauptwerke: „Vorlesungen über Pragmatismus" (1903), Semiotische Schriften" (1865–1903)

Platon wurde 427 v. Chr. in Athen geboren. Er war ein Schüler von Sokrates und gründete eine philosophische Akademie in Athen. Seine gesamte Philosophie fasste er in Form von Dialogen ab. Berühmt wurden unter anderem seine Ideenlehre und sein Modell vom Idealstaat. Platon gilt neben Aristoteles als der größte Philosoph der Antike. Sein Denken beeinflusste die gesamte Philosophiegeschichte. Platon starb 328/347 v. Chr.

Hauptwerke: „Der Staat", „Phaidon", „Das Gastmahl"

William Van Orman Quine wurde am 25. Juni 1908 in Akron (Ohio, USA) geboren. Quine war von 1948 bis 1978 Professor an der Harvard University. Als einer der wichtigsten analytischen Philosophen des 20. Jahrhunderts leistete er einflussreiche Beiträge zur Erkenntnis- und Wissenschaftstheorie ebenso wie zur Ontologie und Sprachphilosophie. Quine war geprägt vom logischen Empirismus und vertrat eine holistische Position, wonach keine

einzelnen Sätze, sondern immer nur ganze Theorien empirisch gerechtfertigt werden können. Er starb am 25. Dezember 2000.

Hauptwerke: „Wort und Gegenstand" (1960), „Zwei Dogmen des Empirismus" (1951), „Unterwegs zur Wahrheit" (1990)

John Rawls wurde am 21. Februar 1921 in Baltimore (USA) geboren. Der Rechtsanwaltssohn studierte in Princeton; im Krieg wurde er als Infanterist im Pazifik eingesetzt. Rawls lehrte von 1959 bis 1991 an der Harvard University und war einer der bedeutendsten Moralphilosophen und politischen Philosophen des 20. Jahrhunderte. Berühmt wurde er vor allem mit seiner liberalen Theorie der Gerechtigkeit. Rawls starb am 24. November 2002.

Hauptwerke: „Eine Theorie der Gerechtigkeit" (1971), „Politischer Liberalismus" (1993), „Das Recht der Völker" (1999)

Jean-Jacques Rousseau wurde am 28. Juni 1712 in Genf geboren. Der Autodidakt ging 1742 nach Paris und arbeitete dort als Schriftsteller. Rousseau war ein Kritiker der modernen Zivilisation und ein Gegner des Absolutismus. Mit seinem „Gesellschaftsvertrag" leistete er einen wichtigen Beitrag zum modernen Demokratieverständnis. Rousseau starb am 2. Juli 1778.

Hauptwerke: „Über den Ursprung und die Grundlagen der Ungleichheit unter den Menschen" (1755), „Der Gesellschaftsvertrag" (1762), „Emile oder über die Erziehung" (1762)

Bertrand Russell wurde am 18. Mai 1872 in Trelleck (England) geboren und studierte Mathematik und Philosophie in Cambridge. Weil er zur Kriegsdienstverweigerung aufgefordert hatte, wurde der Pazifist 1918 für sechs Monate inhaftiert. Russell gilt als einer der Begründer der sprachanalytischen Philosophie. Neben seinen fachphilosophischen Beiträgen veröffentlichte er auch erfolgreiche populärwissenschaftliche Bücher. Er starb am 18. Mai 1872.

Hauptwerke: „Principia Mathematica" (1910–1913, mit Alfred North Whitehead), „Die Analyse des Geistes" (1921), „Philosophie des Abendlandes" (1946)

Jean-Paul Sartre wurde am 21. Juni 1905 in Paris geboren, wo er Psychologie, Philosophie, Soziologie und Philologie studierte. Später arbeitete er als Gymnasiallehrer. Nach seiner Kriegsgefangenschaft und seiner Arbeit in der Résistance lebte Sartre ab 1945 als freier Schriftsteller in Paris, wo er unter anderem die politisch-literarische Zeitschrift „Les temps modernes" gründete. 1964 lehnte er den Literatur-Nobelpreis ab, der ihm verliehen werden sollte. Sartre gilt als Begründer des französischen Existenzialismus. Er starb am 15. April 1980.

Hauptwerke: „Die Transzendenz des Ego" (1936/37), „Das Sein und das Nichts" (1943), „Ist der Existenzialismus ein Humanismus?" (1946)

Friedrich Wilhelm Joseph Schelling wurde am 27. Januar 1775 in Leonberg (Baden-Württemberg) geboren. Schelling war ein hochbegabtes Kind und begann bereits im Alter von 15 Jahren, am Tübinger Stift Theologie zu studieren. Während seines Studiums befreundete er sich mit Hegel und dem Dichter Friedrich Hölderlin. 1798 wurde er Professor in Jena, wo er mit den Dichtern und Denkern der Frühromantik in Kontakt kam. Schelling war einer der Hauptvertreter des deutschen Idealismus und gilt als Begründer einer spekulativen Naturphilosophie. Schelling starb am 20. August 1854.

Hauptwerke: „Philosophie der Offenbarung" (1854), „System der gesamten Philosophie und der Naturphilosophie insbesondere" (1804), „Vom Wesen der menschlichen Freiheit" (1809)

Arthur Schopenhauer wurde am 22. Februar 1788 in Danzig (heute Polen) geboren. Schopenhauer studierte in Göttingen erst Medizin, dann Philosophie. Ab 1820 lehrte er an der Universität Berlin – zur gleichen Zeit wie Hegel. Wegen eines Choleraausbruchs ging er 1831 nach Frankfurt und zog sich ins Privatleben zurück. Öffentliche Anerkennung erhielt er erst gegen Ende seines Lebens. Schopenhauer war ein vehementer Kritiker der Kant'schen Philosophie. Die Welt verstand er als Manifestation des „Willens", einer blinden, instinkthaften Kraft. Schopenhauer starb am 21. September 1860.

Hauptwerke: „Die Welt als Wille und Vorstellung" (1819), „Die beiden Grundprobleme der Ethik" (1841), „Parerga und Paralipomena" (1851)

John Searle wurde am 31. Juli 1932 in Denver (Colorado, USA) geboren. Der Sohn eines Elektroingenieurs wurde bereits im Alter von 30 Jahren als Professor an die University of California, Berkeley berufen, wo er seither lehrt. In den 1960er-Jahren unterstützte er die dortigen Studentenproteste. Searle arbeitet auf den Gebieten der Sprachphilosophie, der Philosophie des Geistes sowie der Sozialontologie. Berühmt wurde er durch seine Weiterentwicklung der von John Austin begründeten Sprechakttheorie und seine Untersuchungen zur Intentionalität.

Hauptwerke: „Sprechakte" (1969), „Intentionalität" (1983), „Wie wir die soziale Welt machen" (2010)

Lucius Annaeus Seneca, der Jüngere, wurde um 4 v. Chr. in Córdoba (Spanien) geboren. Von dort ging er nach Rom und begann eine Ämterlaufbahn. Im Jahr 49 n. Chr. wurde er Erzieher von Kaiser Nero und später auch dessen Berater. Seneca war ein stoischer Philosoph und Dramatiker, der in seinen viel gelesenen Schriften praktische Lebenskunst vermittelte. Aufgrund seiner Nähe zu Nero war Seneca in Rom hochangesehen und sehr wohlhabend. Später beschuldigte ihn Nero jedoch der Teilnahme an einer Verschwörung und zwang ihn zum Selbstmord. Seneca starb 65 n. Chr.

Hauptwerke: „Briefe an Lucilius über Ethik", „Vom glücklichen Leben", „Von der Kürze des Lebens"

Sokrates wurde um 470 v. Chr. in Athen geboren. Neben seiner Tätigkeit als philosophischer Lehrer soll Sokrates auch im Peloponnesischen Krieg gegen Sparta gekämpft haben. Er hatte verschiedene politische Ämter inne und war verheiratet mit Xanthippe. Schließlich wurde er wegen Verführung der Jugend angeklagt und zum Tod durch Schierlingsgift verurteilt. Sokrates lehrte auf dem Marktplatz von Athen und hinterließ keine Schriften. Berühmt wurde er vor allem durch seine besondere Methode des philosophischen Gesprächs, das darauf abzielt, vermeintliches Wissen als unbegründete Meinung zu entlarven. Sokrates starb 399 v. Chr.

Thomas von Aquin wurde 1224 oder 1225 auf Schloss Roccasecca bei Aquino (Italien) geboren. Thomas stammte aus neapolitanischem Adel, seine Erziehung erhielt er im Benediktinerkloster Monte Cassino. 1244 trat er in den Dominikanerorden ein und lehrte später in Paris, Orviato, Viterbo und Rom. Wegen innerkirchlicher Streitigkeiten kehrte er 1269 nach Paris zurück. Thomas von Aquin war der wohl einflussreichste Vertreter der mittelalterlichen Scholastik. In seiner Lehre verband er den Augustinismus mit der Philosophie von Aristoteles. Thomas starb am 7. März 1274.

Hauptwerke: „Summa Theologiae", „Von der Wahrheit", „Über das Seiende und das Wesen"

Voltaire wurde als François-Marie Arouet am 21. November 1694 in Paris geboren und im Jesuitenkolleg Louis-le-Grand erzogen. Schon früh kam er in Kontakt mit den Gedanken der Aufklärung. Wegen seiner Kritik an den Herrschenden wurde er 1717 zu elfmonatiger Haft in der Bastille verurteilt. Nach dem Tod seiner Geliebten, der Marquise du Chatelet, ging Voltaire an den Hof Friedrichs des Großen von Preußen, wo er später in Ungnade fiel. Voltaire war der wichtigste Vertreter der französischen Aufklärung. In seinen philosophischen und literarischen Werken übte er Kritik an der katholischen Kirche und trat für Religionsfreiheit ein. Er starb am 30. Mai 1778.

Hauptwerke: „Candide" (1759), „Über die Toleranz" (1789), „Über Gewissensfreiheit" (1786)

Max Weber wurde am 21. April 1864 in Erfurt geboren. Er studierte Rechtswissenschaft, Geschichte, Nationalökonomie und Philosophie und war zunächst Professor für Ökonomie in Berlin, Freiburg im Breisgau und Heidelberg. Wegen verschiedener Krankheiten musste er seine Lehrtätigkeit immer wieder unterbrechen. 1918 wurde er Professor für Soziologie in Wien und lehrte ab 1919 in München. Weber gilt als Begründer der modernen empirischen Soziologie und wichtiger Theoretiker der Moderne. Er starb am 14. Juni 1920.

Hauptwerke: „Wirtschaft und Gesellschaft" (1922, posthum), „Die protestantische Ethik und der Geist des Kapitalismus" (1904), „Politik als Beruf" (1919)

Bernard Williams wurde am 21. September 1929 in Essex (England) geboren. Williams studierte Philosophie in Oxford. Nach dem Dienst bei der Royal Air Force wurde er Professor für Moralphilosophie an der Universität Cambridge und später Leiter des King's College. Nach einer Professur in Berkeley kehrte Williams nach England zurück und lehrte bis zu seinem Tod Moralphilosophie in Oxford. Williams war einer der bedeutendsten Ethiker des 20. Jahrhunderts. Bekannt wurde er vor allem als Kritiker des Utilitarismus sowie der Kant'schen Moralphilosophie. Williams starb am 10. Juni 2003.

Hauptwerke: „Der Begriff der Moral" (1972), „Ethik und die Grenzen der Philosophie" (1985), „Wahrheit und Wahrhaftigkeit" (2003)

Ludwig Wittgenstein wurde am 26. April 1889 in Wien geboren. Er stammte aus einer Großindustriellenfamilie und absolvierte zunächst ein Ingenieursstudium. 1911 ging er nach Cambridge und studierte dort bei Bertrand Russell und G. E. Moore Philosophie und Psychologie. Nach neunmonatiger Kriegsgefangenschaft kehrte Wittgenstein nach Wien zurück, verzichtete auf sein Erbe und arbeitete unter anderem als Lehrer. 1929 kehrte er nach Cambridge zurück. Wittgenstein gilt als Wegbereiter der modernen Sprachphilosophie. Er starb am 29. April 1951 in Cambridge.

Hauptwerke: „Tractatus logico-philosophicus" (1921), „Philosophische Untersuchungen" (1953, posthum)

Literaturangaben

Anselm von Canterbury, „Proslogion", 1077/78

Arendt, Hannah, „Über das Böse", 1965

Arendt, Hannah, „Über die Revolution", 1963

Aristoteles, „Nikomachische Ethik", 350 v. Chr.

Augustinus, „Bekenntnisse", ca. 397–401

Austin, John L., „Zur Theorie der Sprechakte"

Bacon, Francis, „Novum Organum", 1620

Beauvoir, Simone de, „Das andere Geschlecht", 1949

Bentham, Jeremy, „Introduction to the Principles of Morals and Legislation", 1789

Bloch, Ernst, „Das Prinzip Hoffnung", 1938–1947

Bollnow, Otto Friedrich, „Mensch und Raum", 1963

Cassirer, Ernst, „Versuch über den Menschen", 1944

Dewey, John, „Die Suche nach Gewissheit", 1929

Fichte, Johann Gottlieb, „Grundlage der gesamten Wissenschaftslehre", 1794

Foucault, Michel, „Überwachen und Strafen", 1976

Frankfurt, Harry, „The Reasons of Love", 2004

Fromm, Erich, „Die Kunst des Liebens", 1956

Habermas, Jürgen, „Theorie des kommunikativen Handelns", 1981

Hegel, Georg Wilhelm Friedrich, „Die Phänomenologie des Geistes", 1807

Hegel, Georg Wilhelm Friedrich, „Grundlinien der Philosophie des Rechts", 1835

Hegel, Georg Wilhelm Friedrich, „Vorlesungen über die Ästhetik", 1835–1838

Hegel, Georg Wilhelm Friedrich, „Vorlesungen über die Philosophie der Geschichte", 1837

Heidegger, Martin, „Brief über den Humanismus", 1946

Heidegger, Martin, „Die Frage nach der Technik", 1954

Herder, Johann Gottfried, „Briefe zur Beförderung der Humanität", 1793–97

Jaspers, Karl, „Der philosophische Glaube, 1948

Jonas, Hans, „Das Prinzip Verantwortung", 1979

Kant, Immanuel, „Grundlegung zur Metaphysik der Sitten", 1785

Kant, Immanuel, „Kritik der praktischen Vernunft", 1788

Kant, Immanuel, „Kritik der reinen Vernunft", 1781

Kant, Immanuel, „Kritik der Urteilskraft", 1790

Kant, Immanuel, „Schriften zur Anthropologie", 1764–1798

Kierkegaard, Søren, „Der Begriff Angst", 1844

Kierkegaard, Søren, „Die Krankheit zum Tode", 1849

Leibniz, Gottfried Wilhelm, „Die Vernunftprinzipien der Natur und der Gnade", 1714

Locke, John, „Versuch über den menschlichen Verstand", 1690

Locke, John, „Zwei Abhandlungen über die Regierung", 1689

MacIntyre, Alasdair, „Der Verlust der Tugend. Zur moralischen Krise der Gegenwart", 1981

Marx, Karl, „Ökonomisch-philosophische Manuskripte", 1844

Mill, John Stuart, „Über die Freiheit", 1859

Mill, John Stuart, „Von den Fehlschlüssen". In: „System der deduktiven und induktiven Logik", 1843

Montaigne, Michel de, „Essais", 1 572–1592

Morus, Thomas, „Utopia", 1516

Nietzsche, Friedrich, „Also sprach Zarathustra", 1883

Nietzsche, Friedrich, „Unzeitgemäße Betrachtungen", 1873–1876

Pascal, Blaise, „Pensées", 1670

Platon, „Charmides", ca. 380 v. Chr.

Platon, „Theaitetos", ca. 360 v. Chr.

Rawls, John, „Theorie der Gerechtigkeit", 1971

Rousseau, Jean-Jacques, „Gesellschaftsvertrag", 1762

Sartre, Jean-Paul, „Selbstbewusstsein und Selbsterkenntnis", 1948

Scheler, Max, „Die Stellung des Menschen im Kosmos", 1928

Schelling, Friedrich Wilhelm Joseph, „Darstellung des philosophischen Empirismus", 1836

Schopenhauer, Arthur, „Die Welt als Wille und Vorstellung", 1819

Seneca, „Epistulae morales", 65 n. Chr.

Thomas von Aquin, „Summa theologiae", 1265–1273

Wittgenstein, Ludwig, „Philosophische Untersuchungen", 1953

Wittgenstein, Ludwig, „Tractatus logico-philosophicus", 1918

Wittgenstein, Ludwig, „Über Gewissheit", 1970

Bildnachweis

AKG Images: 249

American Honda Motor Co., Inc.: 94

Emilia Stasiak: 123

iStock: 42 (zeljkosantrac), 44 (RapidEye), 85 (JohnnyGreig), 187 (anatoliy_gleb), 254 (filmfoto)

Joerg Bittner: 50

Peter Delius Verlag: 49, 89, 195

Picture Alliance: 220 (dpa/Asahi Shimbun), 226 (Graeme Williams), 236 (dpa/Claudia Levetzow)

Pixabay: 99, 217

Shutterstock: 3 (Anastasios71), 8 (Giovanni Cancemi), 11 (racorn), 14 (Maridav), 19 (hipproductions), 21, 22 (Everett Collection), 27 (Mopic), 28 (Chokniti Khongchum), 31 (Elena Stepanova), 32 (Dmytro Zinkevych), 34 (Vladimir Korostyshevskiy), 37 (Ruggiero Scardigno), 38 (SpeedKingz), 41 (Scanrail1), 49 (Kaspri), 52 (Attila JANDI), 57 (Renata Sedmakova), 59 (Banana Republic images), 63 (suns07butterfly), 64 (Sergieiev), 66 (Matej Kastelic), 71 (ollirg), 72 (xavier gallego morell), 77 (Nomad_Soul), 80 (florinnina), 82 (Robbie Taylor), 86 (Eugene Onischenko), 89 (Denizo71), 92 (AJP), 97 (Oksana Kuzmina), 101 (AsiaTravel), 102 (Everett Collection), 104 (pixinoo), 106 (beboy), 109 (PinkyWinky), 110 (Procyk Radek), 113 (Angela Waye), 115 (Germanskydiver), 116 (bokan), 119 (Bartlomiej Magierowski), 120 (Roman Yanushevsky), 124 (Yavuz Sariyildiz), 126 (bitt24), 128 (Dudarev Mikhail), 130 (ndphoto), 132 (Photographee.eu), 135 (Everett Historical), 137 (Tinxi), 141 (mimagephotography), 143 (EpicStockMedia), 144 (Dennis Diatel), 147 (Rena Schild), 148 (Lisa F. Young), 150 (Eugenio Marongiu), 153 (Tom Wang), 154 (Muzhik), 157 (ESB Professional), 158 (Alex Emanuel Koch), 160 (Asianet-Pakistan), 162, 164 (Waa), 167 (Inga Ivanova), 168 (AS Inc), 170 (Pressmaster), 173 (J5M), 175 (photo-denver), 176 (Rinelle), 180 (StudioByTheSea), 182 (Denizo71), 185 (Antonio Nardelli), 188 (megaflopp), 191 (visivastudio), 192 (warin yuprasert), 197 (Syda Productions), 198 (Olga Danylenko), 200 (Kichigin), 203 (Darren Baker), 207 (ruigsantos), 211 (Anneka), 213 (Iurii Osadchi), 215 (Masson), 219 (S-F), 222 (360b), 225 (Iakov Filimonov), 229 (UTBP), 230 (AC Manley), 233 (Joseph Sohm), 235 (antb), 239 (Lisa S.), 240 (Ralf Gosch), 242 (VanderWolf Images), 245 (Oleg Golovnev), 246 (Mido-Semsem), 251 (Castleski), 253 (Christian Bertrand), 256 (Grigvovan), 263 (Yauhen_D), 264 (Hung Chung Chih), 267 (Ekkachai), 268 (LDprod)

The Weinstein Company: 224

20th Century Fox: 78

UN Photo/Loey Felipe: 178

Warner Bros., Inc.: 205

weclipart.com: 206

Wikimedia Commons: 10, 13, 17, 24, 47, 54, 69, 74, 208, 259, 260, 271

Mein besonderer Dank gilt Greta Lührs, „Hohe Luft"-Redakteurin, für ihre engagierte Mitarbeit an diesem Projekt.

Thomas Vašek

Impressum

© by Peter Delius Verlag, Berlin
Lizenzausgabe für die Wissenschaftliche Buchgesellschaft

Die Deutsche Nationalbibliothek verzeichnet diese Publikation in der Deutschen Nationalbibliografie; detaillierte bibliografische Daten sind im Internet über http://dnb.d-nb.de abrufbar.

Das Werk ist in allen seinen Teilen urheberrechtlich geschützt. Jede Verwertung ist ohne Zustimmung des Verlags unzulässig. Das gilt insbesondere für Vervielfältigungen, Übersetzungen, Mikroverfilmungen und die Einspeicherung in und Verarbeitung durch elektronische Systeme.

Der Theiss Verlag ist ein Imprint der WBG.

© 2018 by WBG (Wissenschaftliche Buchgesellschaft), Darmstadt

Die Herausgabe des Werkes wurde durch die Vereinsmitglieder der WBG ermöglicht.

Lektorat: Juliane von Laffert
Bildredaktion: Juliane von Laffert, Marc Vidal
Design, Layout: Dirk Brauns
Korrektorat: Marion Mönch
Einbandgestaltung: Harald Braun, Berlin

Gedruckt auf säurefreiem und alterungsbeständigem Papier

Printed in Germany 2018

Besuchen Sie uns im Internet:
www.wbg-wissenverbindet.de

ISBN 978-3-8062-3631-6

Wie man jede Debatte gewinnt

Sind Sie mit den großen Fragen des Lebens auch oft überfordert? Möchten Sie denken, sprechen und argumentieren
wie ein großer Philosoph? Seien Sie beruhigt: Dieses Buch
hilft Ihnen.

Diese Gebrauchsanweisung zum Philosophieren gibt
Auskunft über die großen Themen, mit denen sich die
Philosophen seit Jahrhunderten beschäftigen. Zahlreiche
Beispiele von ›Family Guy‹ bis ›Monty Python's Flying
Circus‹ illustrieren die philosophischen Ideen.

Gary Cox
Wie werde ich Philosoph?
oder Wie man fast sicher sein kann, dass fast nichts sicher ist
172 Seiten, geb. mit SU
ISBN 978-3-8062-3030-7

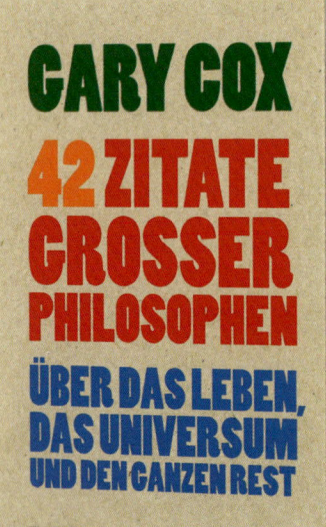

Von Platon bis Douglas Adams

Cary Cox nimmt uns mit auf eine einzigartige Reise durch
die Geschichte der Philosophie.

Anhand 42 der wichtigsten, provokantesten, falsch zitierten
und falsch verstandenen Gedanken gibt er einen kompakten
Überblick über die Lehren der größten Denker und erläutert
was mit den Zitaten ursprünglich gemeint war.

Gary Cox
42 Zitate großer Philosophen
Über das Leben, das Universum und den ganzen Rest
228 Seiten, geb. mit SU
ISBN 978-3-8062-3290-5

Eine Philosophie der Sehnsucht

Nicht die Erfüllung unserer Träume verleiht unserer Existenz Sinn, sondern die Sehnsucht und das Warten auf das Glück!

Das zeigt der preisgekrönte holländische Philosoph und Schriftsteller Coen Simon in dieser anregenden philosophischen Betrachtung. Dafür ruft er Erinnerungen an die Freundin aus dem Kindergarten, an ein Bruce-Springsteen-Konzert oder auch an die Landschaft seiner Jugend ab.

Coen Simon
Warten macht glücklich!
Eine Philosophie der Sehnsucht
192 Seiten, geb. mit SU
ISBN 978-3-8062-3031-4

Alle in einem!

Wer sich mit Philosophie befasst, wird vor allem mit einem konfrontiert: mit Argumenten. Wie in keiner anderen Wissenschaft werden Thesen und Positionen strikt mit logischen Argumenten belegt und widerlegt. Dieses Buch fasst die 100 wichtigsten philosophischen Standardargumente prägnant und übersichtlich zusammen. Einführende Hinweise ermöglichen eine Einordnung in den jeweiligen Kontext der Debatte.

M. Bruce / S. Barbone (Hrsg.)
Die 100 wichtigsten philosophischen Argumente
408 Seiten, kart.
ISBN 978-3-534-26771-2